William Shakespeare

The Winter's Tale
Das Wintermärchen

Englisch / Deutsch

Übersetzt und herausgegeben von
Herbert Geisen

Philipp Reclam jun. Stuttgart

Für Ulrich Suerbaum
zum 60. Geburtstag

RECLAMS UNIVERSAL-BIBLIOTHEK Nr. 8393

Bibliographisch ergänzte Ausgabe 2008
Umschlagabbildung: John Opie, *The Winter's Tale,* 2. Akt, 2. Szene.
Stich von Jean-Pierre Simon (1793)
Gesamtherstellung: Reclam, Ditzingen. Printed in Germany 2008

ISBN 978-3-15-008393-2

www.reclam.de

The Winter's Tale
Das Wintermärchen

CHARACTERS IN THE PLAY

LEONTES, *King of Sicilia.*
MAMILLIUS, *young Prince of Sicilia.*
CAMILLO, ANTIGONUS, CLEOMENES, DION, } *Four Lords of Sicilia.*
POLIXENES, *King of Bohemia.*
FLORIZEL, *Prince of Bohemia.*
ARCHIDAMUS, *a Lord of Bohemia.*
OLD SHEPHERD, *reputed father of Perdita.*
CLOWN, *his son.*
AUTOLYCUS, *a rogue.*
A Mariner.
A Gaoler.

HERMIONE, *Queen to Leontes.*
PERDITA, *daughter to Leontes and Hermione.*
PAULINA, *wife to Antigonus.*
EMILIA, *a lady attending on Hermione.*
MOPSA, DORCAS, } *Shepherdesses.*

Other Lords and Gentlemen, Ladies, Officers, and Servants, Shepherds, and Shepherdesses.

TIME, *as Chorus.*

PERSONEN

Leontes, *König von Sizilien*[1]
Mamillius, *junger Prinz von Sizilien*
Camillo
Antigonus } *vier sizilianische Lords*
Cleomenes
Dion
Polixenes, *König von Böhmen*
Florizel, *Prinz von Böhmen*
Archidamus, *ein böhmischer Lord*
Alter Schäfer, *angeblicher Vater Perditas*
Clown, *sein Sohn*
Autolycus, *ein Schelm*
Ein Seemann
Ein Gefängniswärter

Hermione, *Königin, Gattin des Leontes*
Perdita, *Tochter von Leontes und Hermione*
Paulina, *Frau des Antigonus*
Emilia, *eine Dame im Dienst Hermiones*
Mopsa } *Schäferinnen*
Dorcas

Weitere Lords und Edelleute, Damen, Gerichtsbeamte[2] *und Diener, Schäfer und Schäferinnen*

Zeit, *als Chor*

ACT I

SCENE I

Sicilia: in or near Leontes' palace.

Enter Camillo and Archidamus.

Arch. If you shall chance, Camillo, to visit Bohemia, on the like occasion whereon my services are now on foot, you shall see, as I have said, great difference betwixt our Bohemia and your Sicilia.

Cam. I think, this coming summer, the King of Sicilia means to pay Bohemia the visitation which he justly owes him.

Arch. Wherein our entertainment shall shame us: we will be justified in our loves: for indeed –

Cam. Beseech you –

Arch. Verily I speak it in the freedom of my knowledge: we cannot with such magnificence – in so rare – I know not what to say – We will give you sleepy drinks, that your senses (unintelligent of our insufficience) may, though they cannot praise us, as little accuse us.

Cam. You pay a great deal too dear for what's given freely.

Arch. Believe me, I speak as my understanding instructs me, and as mine honesty puts it to utterance.

Cam. Sicilia cannot show himself over-kind to Bohemia. They were trained together in their childhoods, and there rooted betwixt them then such an affection which cannot choose but branch now. Since their more mature dignities and royal necessities made separation of their society, their encounters, though not personal, have been royally

AKT I

SZENE 1

Sizilien: in oder nahe dem Palast des Leontes.

Camillo und Archidamus treten auf.

Arch. Wenn Ihr, Camillo, zufällig Böhmen besucht, aus dem gleichen Anlaß, aus dem jetzt meine Dienste im Gange sind, werdet Ihr, wie ich schon gesagt habe, einen großen Unterschied zwischen unserem Böhmen und Eurem Sizilien feststellen.[1]

Cam. Ich glaube, der König von Sizilien beabsichtigt, diesen kommenden Sommer Böhmen den Besuch abzustatten, den er ihm[2] gerechterweise schuldet.

Arch. Wobei unsere Bewirtung[3] uns Schande machen wird: unsere Rechtfertigung wird in unserer Liebe liegen: denn in der Tat –

Cam. Ich bitte Euch –

Arch. Wahrhaftig, ich sage es in der Freiheit meines Wissens: wir können nicht mit solcher Pracht – auf so seltene – ich weiß nicht, was ich sagen soll – wir werden euch Einschläferndes zu trinken geben, damit eure Sinne (unsere Unzulänglichkeit nicht erkennend)[4], wenn sie uns schon nicht loben können, uns ebensowenig anklagen können.

Cam. Ihr zahlt erheblich zu teuer für etwas, das kostenlos gewährt wird.

Arch. Glaubt mir, ich rede, wie mein Verstand mich unterweist und wie meine Redlichkeit es zum Ausdruck bringt.

Cam. Sizilien kann sich Böhmen gar nicht gütig genug zeigen.[5] Sie wurden in ihrer Jugend zusammen geschult, und zwischen ihnen wurzelte eine solche Zuneigung, daß sie sich jetzt notwendig verzweigen muß.[6] Seit ihre reiferen hohen Ämter und königlichen Notwendigkeiten Trennung ihres Umgangs bewirkt haben, werden ihre Begegnungen, wenn auch nicht in Person, so doch königlich

attorneyed with interchange of gifts, letters, loving embassies, that they have seemed to be together, though absent; shook hands, as over a vast; and embraced, as it were, from the ends of opposed winds. The heavens continue their loves!

Arch. I think there is not in the world either malice or matter to alter it. You have an unspeakable comfort of your young prince Mamillius: it is a gentleman of the greatest promise that ever came into my note.

Cam. I very well agree with you in the hopes of him: it is a gallant child; one that, indeed, physics the subject, makes old hearts fresh: they that went on crutches ere he was born desire yet their life to see him a man.

Arch. Would they else be content to die?

Cam. Yes; if there were no other excuse why they should desire to live.

Arch. If the king had no son, they would desire to live on crutches till he had one.

Exeunt.

SCENE II

In Leontes' palace.

Enter Leontes, Hermione, Mamillius, Polixenes, Camillo, and Attendants.

Pol. Nine changes of the watery star hath been
The shepherd's note since we have left our throne
Without a burden. Time as long again
Would be fill'd up, my brother, with our thanks;
And yet we should, for perpetuity,
Go hence in debt: and therefore, like a cipher
(Yet standing in rich place) I multiply

vertreten durch Austausch von Geschenken, lieben[7] Botschaften, so daß es scheint, als seien sie zusammen, obgleich abwesend; als gäben sie sich die Hand wie über eine grenzenlose See hinweg; und als umarmten sie sich sozusagen von den Enden entgegengesetzter Winde[8] aus. Der Himmel[9] lasse ihre Liebe andauern!

Arch. Ich glaube, es gibt auf der Welt weder Bosheit noch Anlaß, um sie zu ändern.[10] Euer junger Prinz Mamillius ist ein unsäglicher Glücksfall für euch: er ist der vielversprechendste Edelmann, von dem ich je Kenntnis genommen habe.

Cam. Ich stimme Euch in der Hoffnung, die Ihr in ihn setzt, völlig zu. Er ist ein außergewöhnliches Kind; eines, das in der Tat den Untertan kuriert,[11] alte Herzen frisch macht: die auf Krücken gingen, bevor er geboren wurde, wünschen sich jetzt das Leben, um ihn als Mann zu erleben.

Arch. Wären sie es sonst zufrieden zu sterben?

Cam. Ja, wenn es keine andere Entschuldigung gäbe, warum sie wünschen sollten weiterzuleben.

Arch. Wenn der König keinen Sohn hätte, würden sie wünschen, auf Krücken zu leben, bis er einen hätte.[12]

Sie gehen ab.

SZENE 2

In Leontes' Palast.

Leontes, Hermione, Mamillius, Polixenes, Camillo und Diener treten auf.

Pol. Neun Wechsel des wäßrigen Gestirns[1] waren des Schäfers Zeichen[2], seit wir unseren Thron ohne Bürde ließen. Noch einmal so lange Zeit wäre, mein Bruder, mit unserem Dank gefüllt; und doch würden wir auf ewig als Schuldner von hier gehen: und darum multipliziere ich, wie eine

With one 'We thank you' many thousands moe
That go before it.
Leon. Stay your thanks a while,
And pay them when you part.
Pol. Sir, that's to-morrow.
I am question'd by my fears, of what may chance
Or breed upon our absence; that may blow
No sneaping winds at home, to make us say
'This is put forth too truly'. Besides, I have stay'd
To tire your royalty.
Leon. We are tougher, brother,
Than you can put us to 't.
Pol. No longer stay.
Leon. One seve'night longer.
Pol. Very sooth, to-morrow.
Leon. We'll part the time between 's then: and in that
I'll no gainsaying.
Pol. Press me not, beseech you, so.
There is no tongue that moves, none, none i' th' world,
So soon as yours, could win me: so it should now,
Were there necessity in your request, although
'Twere needful I denied it. My affairs
Do even drag me homeward: which to hinder
Were (in your love) a whip to me; my stay,
To you a charge and trouble: to save both,
Farewell, our brother.
Leon. Tongue-tied our queen? speak you.
Her. I had thought, sir, to have held my peace until
You had drawn oaths from him not to stay. You, sir,
Charge him too coldly. Tell him, you are sure
All in Bohemia's well: this satisfaction
The by-gone day proclaim'd: say this to him,
He 's beat from his best ward.
Leon. Well said, Hermione.
Her. To tell, he longs to see his son, were strong:
But let him say so then, and let him go;
But let him swear so, and he shall not stay,

Null[3] (doch an reicher Stelle stehend) mit einem »Wir danken Euch« viele tausend mehr, die ihr vorangehen.

Leon. Haltet Euren Dank eine Weile zurück und stattet ihn ab, wenn Ihr scheidet.[4]

Pol. Sir, das ist morgen. Von meiner Furcht[5] wird mir die Frage vorgelegt, was wegen unserer Abwesenheit geschehen oder sich zusammenbrauen kann; diese kann zu Hause keine beißenden Winde wehen und uns dadurch sagen lassen: »Dies ist zu natürlich hervorgesprossen.« [6] Außerdem bin ich schon so lange hier, daß ich Euer Majestät ermüde.

Leon. Wir sind zäher, Bruder, als daß Ihr uns in Bedrängnis bringen könntet.[7]

Pol. Kein Längerbleiben.

Leon. Nur sieben Tage noch.

Pol. Ganz wirklich, morgen.

Leon. Wir wollen dann die Zeit zwischen uns teilen: und darin will ich keinen Widerspruch.

Pol. Drängt mich, ich bitte Euch, nicht so. Keine Zunge, die sich regt, keine, keine auf der ganzen Welt könnte mich eher als die Eure besiegen: das sollte sie jetzt auch, wäre Notwendigkeit in Eurer Bitte, selbst wenn es erforderlich wäre, sie abzuschlagen.[8] Meine Angelegenheiten zerren mich geradezu nach Hause. Das zu verhindern, wäre (bei Eurer Liebe) eine Geißel für mich; mein Bleiben für Euch eine Last und Bürde: um uns beides zu ersparen, lebt wohl, unser Bruder.

Leon. Zungenlahm, unsere Königin? Sprecht Ihr.

Her. Ich hatte, Sir, schweigen wollen, bis Ihr ihm Schwüre entlockt hättet, daß er nicht bleibt. Ihr, Sir, setzt ihm zu kalt zu. Sagt ihm, Ihr seid sicher, daß in Böhmen alles gutgeht: diese Genugtuung verkündete der vergangene Tag; sagt ihm dies, und er ist aus seiner besten Verteidigungsstellung[9] getrieben.

Leon. Wohl gesprochen, Hermione.

Her. Zu sagen, er sehnt sich danach, seinen Sohn zu sehen, wäre stark: laßt es ihn dann nur sagen, und laßt ihn gehen: laßt es ihn nur schwören,[10] und er soll nicht blei-

We'll thwack him hence with distaffs.
Yet of your royal presence I'll adventure
The borrow of a week. When at Bohemia
You take my lord, I'll give him my commission
To let him there a month behind the gest
Prefix'd for's parting: yet, good deed, Leontes
I love thee not a jar o' th' clock behind
What lady she her lord. You'll stay?

Pol. No, madam.
Her. Nay, but you will?
Pol. I may not, verily.
Her. Verily!
You put me off with limber vows; but I,
Though you would seek t' unsphere the stars with oaths,
Should yet say 'Sir, no going'. Verily,
You shall not go: a lady's Verily's
As potent as a lord's. Will you go yet?
Force me to keep you as a prisoner,
Not like a guest: so you shall pay your fees
When you depart, and save your thanks? How say you?
My prisoner? or my guest? By your dread 'Verily',
One of them you shall be.
Pol. Your guest then, madam:
To be your prisoner should import offending;
Which is for me less easy to commit
Than you to punish.
Her. Not your gaoler then,
But your kind hostess. Come, I'll question you
Of my lord's tricks, and yours, when you were boys.
You were pretty lordings then?
Pol. We were, fair queen,
Two lads that thought there was no more behind,
But such a day to-morrow as to-day,
And to be boy eternal.
Her. Was not my lord
The verier wag o' th' two?

ben; wir wollen ihn mit Spinnrocken davonprügeln. Doch von Eurer königlichen Person[11] will ich die Leihgabe einer Woche riskieren. Wenn Ihr meinen Herrn in Böhmen aufnehmt, will ich ihm meine Vollmacht geben, daß er dort einen Monat über die Etappe[12] hinaus bleiben darf, die für seinen Abschied vorherbestimmt ist; doch tatsächlich, Leontes, ich liebe dich nicht um den Schlag einer Uhr weniger als irgendeine Dame[13] ihren Herrn. Ihr bleibt?

Pol. Nein, Madame.

Her. Nein, aber Ihr wollt?

Pol. Ich darf nicht, wahrhaftig.

Her. Wahrhaftig! Ihr speist mich ab mit schwammigen Eiden; doch ich, selbst wenn Ihr die Sterne mit Schwüren aus ihren Sphären[14] heben wolltet, würde doch sagen: »Sir, kein Gehen.« Wahrhaftig, Ihr sollt nicht gehen; einer Dame »Wahrhaftig« ist ebenso mächtig wie das eines Herrn. Wollt Ihr doch gehen? Zwingt Ihr mich, Euch als Gefangenen zu halten, nicht wie einen Gast: damit Ihr Eure Gebühren[15] zahlt, wenn Ihr davongeht, und Euch den Dank spart? Was sagt Ihr? Mein Gefangener? oder mein Gast? Bei Eurem schrecklichen »Wahrhaftig«, eins von beiden sollt Ihr sein.

Pol. Euer Gast dann, Madame: Euer Gefangener zu sein, würde einen Verstoß anzeigen, den zu begehen für mich weniger leicht ist als für Euch zu bestrafen.

Her. Also nicht Euer Gefängniswärter, sondern Eure gütige Wirtin. Kommt, ich will Euch nach meines Herrn und Euren Streichen fragen, als ihr Jungen wart. Ihr wart damals hübsche Herrchen?

Pol. Das waren wir, schöne Königin, zwei Burschen, die glaubten, daß nichts mehr nachfolgte als morgen ein solcher Tag wie heute und ewig Junge zu sein.

Her. War nicht mein Herr der größere Schelm von beiden?

Pol. We were as twinn'd lambs that did frisk i' th' sun,
And bleat the one at th' other: what we chang'd
Was innocence for innocence: we knew not
The doctrine of ill-doing, nor dream'd
That any did. Had we pursu'd that life,
And our weak spirits ne'er been higher rear'd
With stronger blood, we should have answer'd heaven
Boldly 'not guilty', the imposition clear'd
Hereditary ours.
Her. By this we gather
You have tripp'd since.
Pol. O my most sacred lady,
Temptations have since then been born to 's: for
In those unfledg'd days was my wife a girl;
Your precious self had then not cross'd the eyes
Of my young play-fellow.
Her. Grace to boot!
Of this make no conclusion, lest you say
Your queen and I are devils. Yet go on;
Th' offences we have made you do, we'll answer,
If you first sinn'd with us, and that with us
You did continue fault, and that you slipp'd not
With any but with us.
Leon. Is he won yet?
Her. He'll stay, my lord.
Leon. At my request he would not.
Hermione, my dearest, thou never spok'st
To better purpose.
Her. Never?
Leon. Never but once.
Her. What! have I twice said well? when was't before?
I prithee tell me: cram 's with praise, and make 's
As fat as tame things: one good deed, dying tongueless,
Slaughters a thousand, waiting upon that.
Our praises are our wages. You may ride 's
With one soft kiss a thousand furlongs ere
With spur we heat an acre. But to th' goal:

Pol. Wir waren wie Zwillingslämmer, die in der Sonne umhertollten und einander anblökten: was wir tauschten, war Unschuld für Unschuld; wir kannten nicht die Lehre des Böses-Tuns, noch ließen wir uns träumen, daß andere sie kannten. Hätten wir weiter dieses Leben geführt und wären unsere schwachen Lebensgeister nicht von stärkerem Blut mehr erregt worden, so hätten wir dem Himmel kühn »Nicht schuldig« geantwortet, wenn man von dem Vorwurf absieht, der unser Erbe ist.[16]

Her. Daraus folgern wir, daß Ihr seitdem gestrauchelt seid.

Pol. Oh, meine heiligste Dame, Versuchungen sind uns erst seitdem geboren: denn in jenen noch nicht flüggen Tagen war meine Frau ein Kind; Eure kostbare Person hatte damals noch nicht die Augen meines Spielgefährten gekreuzt.

Her. Gnade steh uns bei![17] Bringt dies nicht zum Abschluß, damit Ihr nicht sagt, Eure Königin und ich seien Teufel. Doch fahrt fort: Für die Vergehen, zu denen wir euch veranlaßten, wollen wir uns verantworten, wenn ihr zuerst mit uns gesündigt habt, und falls ihr mit uns den Fehltritt fortgesetzt habt und falls ihr mit niemandem außer uns ausgerutscht seid.[18]

Leon. Ist er schon gewonnen?

Her. Er bleibt, Mylord.

Leon. Auf meine Bitte wollte er nicht. Hermione, meine Liebste, du hast nie für etwas Besseres Wichtiges gesprochen.

Her. Nie?

Leon. Nie außer einmal.

Her. Was! Habe ich zweimal gut gesprochen? Wann war es früher? Ich bitte dich, sag's mir; stopf uns mit Lob und mach uns so fett wie zahme Geschöpfe. Eine gute Tat, die ungepriesen stirbt, schlachtet tausend, die aus ihr folgen. Lob ist unser Lohn. Ihr könnt uns mit einem sanften Kuß tausend Achtelmeilen reiten, ehe wir unter Sporen über einen Morgen hetzen. Aber zur Sache. Meine letzte gute

My last good deed was to entreat his stay:
What was my first? It has an elder sister,
Or I mistake you: O, would her name were Grace!
But once before I spoke to th' purpose? when?
Nay, let me have't: I long!

Leon. Why, that was when
Three crabbed months had sour'd themselves to death,
Ere I could make thee open thy white hand,
And clap thyself my love; then didst thou utter
'I am yours for ever.'

Her. 'Tis Grace indeed.
Why lo you now; I have spoke to th' purpose twice:
The one, for ever earn'd a royal husband;
Th' other, for some while a friend.

Giving her hand to Pol.

Leon. [*Aside.*] Too hot, too hot!
To mingle friendship far, is mingling bloods.
I have *tremor cordis* on me: my heart dances,
But not for joy – not joy. This entertainment
May a free face put on, derive a liberty
From heartiness, from bounty, fertile bosom,
And well become the agent: 't may, I grant:
But to be paddling palms, and pinching fingers,
As now they are, and making practis'd smiles
As in a looking-glass; and then to sigh, as 'twere
The mort o' th' deer – O, that is entertainment
My bosom likes not, nor my brows. Mamillius,
Art thou my boy?

Mam. Ay, my good lord.

Leon. I' fecks:
Why that's my bawcock. What! hast smutch'd thy nose?
They say it is a copy out of mine. Come, captain,
We must be neat; not neat, but cleanly, captain:
And yet the steer, the heifer and the calf
Are all call'd neat. – Still virginalling
Upon his palm! – How now, you wanton calf!
Art thou my calf?

Tat war, um sein Bleiben zu bitten; was war meine erste? Sie hat eine ältere Schwester, oder ich verstehe Euch falsch; oh, ich wollte, ihr Name wäre Gnade![19] Nur einmal vorher habe ich etwas Wichtiges gesprochen? Wann? Nein, laßt es mich wissen: ich möchte es.

Leon. Nun, das war damals, als drei mürrische Monate sich zu Tode versauert hatten, ehe ich dich dazu bringen konnte, deine weiße Hand zu öffnen und dich durch Handschlag meine Liebste zu nennen; damals erklärtest du: »Ich bin auf ewig Euer.«

Her. Sie heißt tatsächlich Gnade. Warum schaut Ihr jetzt so; ich habe zweimal etwas Wichtiges gesprochen: beim einen Mal für immer einen königlichen Gatten verdient; beim andern Mal für eine Weile einen Freund.

Gibt Polixenes die Hand.

Leon. (beiseite). Zu heiß, zu heiß! Freundschaft stark zu mischen, heißt Blut mischen. Ich habe *tremor cordis*:[20] mein Herz tanzt, aber nicht aus Freude – nicht Freude. Vielleicht zeigt diese Artigkeit ein offenes Gesicht, bezieht Freiheit aus Herzlichkeit, aus Großmut, freigebiger Brust, und steht der Handelnden gut an: vielleicht, das gebe ich zu; aber die Hände tätscheln und die Finger kneifen, wie sie es jetzt tun, und sich geübt anlächeln wie vor einem Spiegel; und dann seufzen, als sei es das »Rehtot«[20a] – oh, das ist Artigkeit, die meiner Brust nicht gefällt noch meinen Brauen. Mamillius, bist du mein Junge?

Mam. Ja, mein guter Herr.

Leon. Ehrlich:[21] Also, du bist mein prächtiges Kerlchen. Was! Hast du dir die Nase schmutzig gemacht? Man sagt, sie sei eine Kopie der meinen. Komm, Schlingel, wir müssen reinlich sein; nicht reinlich, sondern sauber[22], Schlingel: und doch nennt man den Stier, die Kuh und das Kalb alle Hornvieh. Immer noch Virginal[23] spielen auf seiner Hand! Wie nun! Ihr übermütiges Kalb! Bist du mein Kalb?

Mam. Yes, if you will, my lord.
Leon. Thou want'st a rough pash and the shoots that I have
To be full like me: yet they say we are
Almost as like as eggs; women say so,
(That will say any thing): but were they false
As o'er-dy'd blacks, as wind, as waters; false
As dice are to be wish'd by one that fixes
No bourn 'twixt his and mine, yet were it true
To say this boy were like me. Come, sir page,
Look on me with your welkin eye: sweet villain!
Most dear'st, my collop! Can thy dam? – may't be? –
Affection! thy intention stabs the centre:
Thou dost make possible things not so held,
Communicat'st with dreams; – how can this be? –
With what's unreal thou coactive art,
And fellow'st nothing: then 'tis very credent
Thou may'st co-join with something; and thou dost,
(And that beyond commission) and I find it,
(And that to the infection of my brains
And hard'ning of my brows).

Pol. What means Sicilia?
Her. He something seems unsettled.
Pol. How, my lord?
What cheer? how is't with you, best brother?
Her. You look
As if you held a brow of much distraction:
Are you mov'd, my lord?
Leon. No, in good earnest.
How sometimes nature will betray its folly,
Its tenderness, and make itself a pastime
To harder bosoms! Looking on the lines
Of my boy's face, methoughts I did recoil
Twenty-three years, and saw myself unbreech'd,
In my green velvet coat; my dagger muzzl'd
Lest it should bite its master, and so prove,
As ornaments oft do, too dangerous:

Mam. Ja, wenn Ihr wollt, Mylord.

Leon. Dir fehlen ein zottiger Kopf und die Schößlinge, die ich habe, um ganz wie ich zu sein; doch sagt man, wir ähneln uns fast wie ein Ei dem andern; Frauen sagen das, (die alles mögliche sagen). Aber wären sie falsch wie zu oft gefärbte schwarze Kleidung,[24] wie Wind, wie Wasser; falsch wie dessen Würfel zu wünschen sind, der keine Grenze setzt zwischen Sein und Mein, doch wäre es wahr zu sagen, dieser Junge sei mir ähnlich. Kommt, Herr Page, schaut mich mit Eurem himmelblauen Auge an: süßer Spitzbube! mein Allerliebster, Stück von meinem Fleisch! Kann deine feine Mutter? – kann es sein? Wollust![25] dein Bestreben sticht mitten durch: du machst Dinge möglich, die man nicht für möglich hält; ähnelst dem Wesen von Träumen; – wie kann das sein? – mit dem, was unwirklich ist, wirkst du zusammen und hast Nichts zum Gefährten: dann ist es sehr glaubhaft, daß du dich mit Etwas zusammentust; und das tust du (und über deine Vollmacht hinaus), und ich finde es heraus (und das zur Entzündung meines Hirns und zur Verhärtung meiner Brauen[26]).

Pol. Was meint Sizilien?

Her. Er scheint etwas aus der Fassung.

Pol. Wie, Mylord? Wie geht es Euch? Wie steht es mit Euch, bester Bruder?

Her. Ihr seht aus, als sei Eure Stirn[27] ganz verstört: Seid Ihr erregt, Mylord?

Leon. Nein, in vollem Ernst. Wie manchmal die Natur ihre Narrheit verrät, ihre Zärtlichkeit, und härteren Herzen zum Zeitvertreib dient! Als ich die Züge im Gesicht meines Jungen ansah, erschien es mir, als spulte ich dreiundzwanzig Jahre zurück und sähe mich ohne Hosen,[28] in meinem grünen Samtrock; mein Dolch mit einem Maulkorb, damit er seinen kleinen Herrn nicht beiße und sich so, wie es Schmuck oft tut, als zu gefährlich zeige:

How like, methought, I then was to this kernel,
This squash, this gentleman. Mine honest friend,
Will you take eggs for money?

Mam. No, my lord, I'll fight.

Leon. You will? Why, happy man be's dole! My brother,
Are you so fond of your young prince, as we
Do seem to be of ours?

Pol. If at home, sir,
He's all my exercise, my mirth, my matter:
Now my sworn friend, and then mine enemy;
My parasite, my soldier, statesman, all.
He makes a July's day short as December;
And with his varying childness cures in me
Thoughts that would thick my blood.

Leon. So stands this squire
Offic'd with me: we two will walk, my lord,
And leave you to your graver steps. Hermione,
How thou lov'st us, show in our brother's welcome;
Let what is dear in Sicily be cheap:
Next to thyself, and my young rover, he's
Apparent to my heart.

Her. If you would seek us,
We are yours i' th' garden: shall 's attend you there?

Leon. To your own bents dispose you: you'll be found,
Be you beneath the sky. [*Aside.*] I am angling now,
Though you perceive me not how I give line.
Go to, go to!
How she holds up the neb, the bill to him!
And arms her with the boldness of a wife
To her allowing husband!

Exeunt Polixenes, Hermione, and Attendants.

Gone already!
Inch-thick, knee-deep; o'er head and ears a fork'd one.
Go, play, boy, play: thy mother plays, and I
Play too; but so disgrac'd a part, whose issue
Will hiss me to my grave: contempt and clamour
Will be my knell. Go, play, boy, play. There have been,

wie ähnlich war ich damals, so erschien es mir, diesem Kern, dieser Erbsenschote, diesem Edelmann. Mein ehrlicher Freund, nehmt Ihr Eier als Geld?[29]

Mam. Nein, Mylord, ich kämpfe.

Leon. Ja? Na, glücklich zu sein, sei sein Los! Mein Bruder, habt Ihr Euren jungen Prinzen auch so lieb wie wir, so scheint's, den unsern?

Pol. Wenn zu Hause, Sir, ist er all meine Beschäftigung, meine Fröhlichkeit, mein Thema: jetzt mein geschworener Freund und dann mein Feind; mein Parasit, mein Soldat, Staatsmann, alles. Er macht einen Juli-Tag so kurz wie Dezember und heilt durch seine wechselnde Kindlichkeit Gedanken in mir, die das Blut verdicken würden.

Leon. Das gleiche Amt erfüllt dieser Junker mir: wir zwei wollen gehen, Mylord, und euch euren gewichtigeren[30] Schritten überlassen. Hermione, wie du uns liebst, zeig durch das Willkommen für unseren Bruder; laß, was auf Sizilien teuer ist, billig sein: nach dir selbst und unserem jungen Stromer ist er der rechtmäßige Erbe meines Herzens.

Her. Wenn Ihr uns sucht, stehen wir Euch im Garten zur Verfügung; sollen wir Euch dort aufsuchen?

Leon. Folgt eurer eigenen Neigung: ihr werdet gefunden, und wärt ihr unter dem Himmel. *(Beiseite.)* Jetzt angle ich, wenn ihr auch nicht bemerkt, wie ich Leine gebe. Nur zu, nur zu! Wie sie ihm den Mund, den Schnabel hinhält! und sich mit der Kühnheit einer Ehefrau gegenüber ihrem billigenden Mann wappnet!

Polixenes, Hermione und Diener gehen ab.

Schon fort! Zoll-dick, knietief; über Kopf und Ohren ein Gehörnter. Geh, spiel, Junge, spiel. Deine Mutter spielt, und ich spiel auch; aber eine so entehrte Rolle, daß ihr Ende mich ins Grab zischen wird: Verachtung und Geschrei werden meine Totenglocke sein. Geh, spiel, Junge, spiel. Es hat schon früher (oder ich irre mich sehr)

(Or I am much deceiv'd) cuckolds ere now,
And many a man there is (even at this present,
Now, while I speak this) holds his wife by th' arm,
That little thinks she has been sluic'd in 's absence
And his pond fish'd by his next neighbour, by
Sir Smile, his neighbour: nay, there's comfort in't,
Whiles other men have gates, and those gates open'd,
As mine, against their will. Should all despair
That have revolted wives, the tenth of mankind
Would hang themselves. Physic for't there's none;
It is a bawdy planet, that will strike
Where 'tis predominant; and 'tis powerful, think it,
From east, west, north, and south; be it concluded,
No barricado for a belly. Know 't,
It will let in and out the enemy,
With bag and baggage: many thousand on 's
Have the disease, and feel 't not. How now, boy?

Mam. I am like you, they say.

Leon. Why, that's some comfort.
What, Camillo there?

Cam. Ay, my good lord.

Leon. Go play, Mamillius; thou'rt an honest man.
Exit Mamillius.
Camillo, this great Sir will yet stay longer.

Cam. You had much ado to make his anchor hold:
When you cast out, it still came home.

Leon. Didst note it?

Cam. He would not stay at your petitions; made
His business more material.

Leon. Didst perceive it?
[*Aside.*] They're here with me already; whisp'ring, rounding
'Sicilia is a so-forth': 'tis far gone,
When I shall gust it last. – How cam 't, Camillo,
That he did stay?

Cam. At the good queen's entreaty.

Leon. At the queen's be 't: 'good' should be pertinent,

Hahnreie gegeben. [191] Und mancher Mann (gerade in diesem Augenblick, jetzt, da ich dies sage) hält seine Frau im Arm und denkt wohl kaum, daß ihre Schleusen[31] in seiner Abwesenheit geöffnet wurden und daß sein Teich von seinem nächsten Nachbarn, von [195] Herrn Lächeln, seinem Nachbarn, befischt wurde: nein, darin liegt Trost, solange andere Männer Tore haben und diese Tore geöffnet werden, wie meine, gegen ihren Willen. Verzweifelten alle, die abtrünnige Frauen haben, so würde sich ein Zehntel der Menschheit erhängen; Heilmittel dafür gibt's nicht; [200] es ist ein unzüchtiger Planet,[32] der einschlägt, wo er vorherrscht; und er ist mächtig, da sei sicher, aus Ost, West, Nord und Süd; sei es abgeschlossen, keine Barrikade[33] für einen Leib. Wisse es, er läßt den Feind [205] mit Sack und Pack aus und ein: viele Tausend von uns haben die Krankheit und fühlen sie nicht. Wie nun, Junge?

Mam. Ich bin wie Ihr, sagt man.

Leon. Wie, das ist ein wenig Trost. Was, Camillo da?

Cam. Ja, mein guter Herr. [210]

Leon. Geh spielen, Mamillius, du bist ein ehrlicher Mann.

Mamillius geht ab.

Camillo, dieser große Herr, wird jetzt länger hierbleiben.

Cam. Ihr hattet viel Mühe, bis Ihr seinen Anker zum Fassen brachtet; als Ihr ihn auswarft, kam er immer wieder los.[34]

Leon. Hast du es bemerkt?

Cam. Er wollte auf Eure Bitten nicht bleiben; machte [215] seine Geschäfte gewichtiger.

Leon. Hast du es wahrgenommen? *(Beiseite.)* Sie haben schon etwas über mich bemerkt; flüstern, tuscheln: »Sizilien ist ein Und-so-weiter«; es ist schon weit gekommen, wenn ich es zuletzt schmecke. – Wie kam es, Camillo, daß er blieb?

Cam. Auf die Bitten der guten Königin hin. [220]

Leon. Auf die der Königin hin sei es: »gut« sollte angebracht

But so it is, it is not. Was this taken
By any understanding pate but thine?
For thy conceit is soaking, will draw in
More than the common blocks: not noted, is't,
But of the finer natures? by some severals
Of head-piece extraordinary? lower messes
Perchance are to this business purblind? say!
Cam. Business, my lord? I think most understand
Bohemia stays here longer.
Leon. Ha?
Cam. Stays here longer.
Leon. Ay, but why?
Cam. To satisfy your highness, and the entreaties
Of our most gracious mistress.
Leon. Satisfy?
Th' entreaties of your mistress? satisfy?
Let that suffice. I have trusted thee, Camillo,
With all the nearest things to my heart, as well
My chamber-counsels, wherein, priest-like, thou
Hast cleans'd my bosom: I from thee departed
Thy penitent reform'd. But we have been
Deceiv'd in thy integrity, deceiv'd
In that which seems so.
Cam. Be it forbid, my lord!
Leon. To bide upon't: thou art not honest: or,
If thou inclin'st that way, thou art a coward,
Which hoxes honesty behind, restraining
From course requir'd: or else thou must be counted
A servant grafted in my serious trust,
And therein negligent; or else a fool,
That seest a game play'd home, the rich stake drawn,
And tak'st it all for jest.
Cam. My gracious lord,
I may be negligent, foolish, and fearful;
In every one of these no man is free,
But that his negligence, his folly, fear,
Among the infinite doings of the world,

sein, aber wie die Dinge stehen, ist es das nicht. Hat dies außer deinem verständigen Schädel noch einer bemerkt? Denn dein Scharfsinn saugt auf, nimmt mehr auf als die gewöhnlichen Klotzköpfe.[35] Nicht bemerkt, nein, außer von den edleren Naturen? von einigen Personen[36] mit außergewöhnlichen Helmen? Niedrigere Messen sind vielleicht stockblind für diese Sache? Sag!

Cam. Sache, Mylord? Ich glaube, die meisten haben mitbekommen, daß Böhmen länger bleibt.

Leon. Ha?

Cam. Länger bleibt.

Leon. Ja, aber warum?

Cam. Um Euer Hoheit zu befriedigen und die Bitten unserer gnädigsten Herrin.

Leon. Befriedigen? Die Bitten Eurer Herrin? Befriedigen? Laß das genug sein! Ich habe dir, Camillo, alles anvertraut, was meinem Herzen am nächsten ist, auch meine innersten Gedanken, von denen du, wie ein Priester, meine Brust reingewaschen hast: ich schied dann von dir wie dein bekehrter Büßer. Aber wir haben uns in deiner Integrität getäuscht, getäuscht in dem, was so scheint.

Cam. Bewahre, Mylord!

Leon. Um dabeizubleiben: du bist nicht redlich; oder wenn du dazu neigst, bist du ein Feigling, der der Redlichkeit von hinten die Achillessehne durchschneidet, sie vom erforderlichen Kurs zurückhält; oder sonst muß man dich für einen Diener halten, der meinem ernstzunehmenden Vertrauen aufgepfropft und darin nachlässig ist, oder sonst für einen Toren, der sieht, daß ernst gespielt, hoher Einsatz gemacht wird, und alles für Spaß hält.

Cam. Mein gnädiger Herr, ich mag nachlässig, töricht und ängstlich sein; von all diesem ist kein Mensch so frei, daß seine Nachlässigkeit, seine Torheit, Furcht in dem unendlichen Treiben der Welt nicht manchmal hervor-

Sometime puts forth. In your affairs, my lord,
If ever I were wilful-negligent,
It was my folly: if industriously
I play'd the fool, it was my negligence,
Not weighing well the end: if ever fearful
To do a thing, where I the issue doubted,
Whereof the execution did cry out
Against the non-performance, 'twas a fear
Which oft infects the wisest: these, my lord,
Are such allow'd infirmities that honesty
Is never free of. But, beseech your Grace,
Be plainer with me; let me know my trespass
By its own visage: if I then deny it,
'Tis none of mine.

Leon. Ha' not you seen, Camillo?
(But that's past doubt: you have, or your eye-glass
Is thicker than a cuckold's horn) or heard?
(For to a vision so apparent rumour
Cannot be mute) or thought? (for cogitation
Resides not in that man that does not think)
My wife is slippery? If thou wilt confess,
Or else be impudently negative,
To have nor eyes, nor ears, nor thought, then say
My wife's a hobby-horse, deserves a name
As rank as any flax-wench that puts to
Before her troth-plight: say't and justify't!

Cam. I would not be a stander-by, to hear
My sovereign mistress clouded so, without
My present vengeance taken: 'shrew my heart,
You never spoke what did become you less
Than this; which to reiterate were sin
As deep as that, though true.

Leon. Is whispering nothing?
Is leaning cheek to cheek? is meeting noses?
Kissing with inside lip? stopping the career
Of laughter with a sigh (a note infallible
Of breaking honesty)? horsing foot on foot?

sprießt. Wenn ich, Mylord, in Euren Angelegenheiten je willentlich nachlässig war, lag dies an meiner Torheit; wenn ich absichtlich den Toren spielte, lag es an meiner Nachlässigkeit, die das Ende nicht recht erwog; wenn ich je fürchtete, etwas zu tun, über dessen Ausgang ich im Zweifel war, dessen Durchführung die Nicht-Erfüllung laut verklagte, lag es an einer Furcht, die oft die Klügsten ansteckt: dies, Mylord, sind solche zugestandenen Schwächen, von denen Redlichkeit nie frei ist. Aber ich bitte Euer Gnaden, seid offener zu mir. Laßt mich meine Verfehlung an ihrem eigenen Gesicht erkennen, wenn ich sie dann leugne, habe ich nichts mit ihr zu tun.[37]

Leon. Habt Ihr nichts gesehen, Camillo? (Doch das steht außer Zweifel: Ihr habt, oder Eure Netzhaut ist dicker als das Horn eines Hahnreis) oder gehört? (denn für einen so offensichtlichen Anblick kann das Gerücht nicht stumm sein) oder Euch gedacht (denn Überlegung wohnt nicht in dem Mann, der das nicht denkt), daß meine Frau schlüpfrig ist? Wenn du behaupten oder etwa unverschämt verneinen willst, daß du weder Augen noch Ohren noch Denken hast, dann sag, meine Frau ist eine Stute zum Zeitvertreib,[38] verdient einen ebenso derben Namen wie jede Flachsdirne, die sich vor der Verlobung[39] dranmacht: sagt es und rechtfertigt es!

Cam. Ich würde nicht dabeistehen und meine höchste Herrin so trüben hören, ohne sogleich Rache zu nehmen: verwünscht sei mein Herz, nie habt Ihr etwas gesagt, das Euch weniger als dies anstand. Dies zu wiederholen, wäre ebenso schwere Sünde, selbst wenn wahr.

Leon. Ist Flüstern nichts? Wange an Wange lehnen? mit den Nasen sich berühren? Französisch küssen? den vollen Lauf des Lachens mit einem Seufzer stoppen (unfehlbares Zeichen des Treuebruchs)? Fuß den Fuß decken? sich in

Skulking in corners? wishing clocks more swift?
Hours, minutes? noon, midnight? and all eyes
Blind with the pin and web, but theirs; theirs only.
That would unseen be wicked? is this nothing?
Why then the world, and all that's in't, is nothing,
The covering sky is nothing, Bohemia nothing,
My wife is nothing, nor nothing have these nothings,
If this be nothing.

Cam. Good my lord, be cur'd
Of this diseas'd opinion, and betimes,
For 'tis most dangerous.

Leon. Say it be, 'tis true.

Cam. No, no, my lord.

Leon. It is: you lie, you lie:
I say thou liest, Camillo, and I hate thee,
Pronounce thee a gross lout, a mindless slave,
Or else a hovering temporizer that
Canst with thine eyes at once see good and evil,
Inclining to them both: were my wife's liver
Infected, as her life, she would not live
The running of one glass.

Cam. Who does infect her?

Leon. Why, he that wears her like her medal, hanging
About his neck, Bohemia; who, if I
Had servants true about me, that bare eyes
To see alike mine honour as their profits,
Their own particular thrifts, they would do that
Which should undo more doing: ay, and thou
His cupbearer, – whom I from meaner form
Have bench'd and rear'd to worship, who may'st see
Plainly as heaven sees earth and earth sees heaven,
How I am gall'd, – might'st bespice a cup,
To give mine enemy a lasting wink;
Which draught to me were cordial.

Cam. Sir, my lord,
I could do this, and that with no rash potion,
But with a ling'ring dram, that should not work

Ecken drücken? Uhren schneller wünschen? Stunden, Minuten? Mittag, Mitternacht? und alle Augen blind vom grauen Star[40] außer den ihren; ihren nur. Die, ungesehen, lasterhaft wären? Ist dies nichts? Wie, dann ist die Welt und alles, was in ihr ist, nichts, der verdeckende Himmel ist nichts, Böhmen nichts, meine Frau ist nichts, und nichts haben diese Nichtse, wenn dies nichts ist.

Cam. Mein guter Herr, laßt Euch von dieser kranken Meinung heilen, und beizeiten, denn sie ist sehr gefährlich.

Leon. Und sagt Ihr es auch, es ist wahr.

Cam. Nein, nein, Mylord.

Leon. Doch, Ihr lügt, Ihr lügt: ich sag, du lügst, Camillo, und ich hasse dich, nenne dich einen stumpfen Lümmel, einen geistlosen Lumpen oder sonst einen wankelmütigen Taktierer, der mit seinen Augen zugleich Gut und Böse sehen kann und ihnen beiden zuneigt; wäre die Leber meiner Frau so angesteckt wie ihr Leben, würde sie nicht ein Stundenglas leben.

Cam. Wer steckt sie an?

Leon. Wie, er, der sie wie ihr Medaillon trägt, das an seinem Hals hängt, Böhmen;[41] wenn ich treue Diener um mich hätte, die Augen hätten, zugleich meine Ehre und ihren Profit zu sehen, ihren ganz eigenen Gewinn, würden sie das tun, das mehr Tun ungetan machen sollte: ja, und du, sein Mundschenk – den ich von gewöhnlicherer Bank in Würde eingesetzt[42] und emporgehoben habe, der du sehen kannst, klar wie der Himmel die Erde sieht und die Erde den Himmel sieht, welche Qual ich leide, könntest ein Glas würzen, um meinem Feind auf Dauer die Augen zu schließen: dieser Trunk würde mein Herz erfrischen.

Cam. Sir, Mylord, ich könnte dies tun, und nicht mit einem raschen Getränk, sondern einem langsamen Schlückchen, das nicht heftig wirken sollte wie Gift: doch ich kann

Maliciously, like poison: but I cannot
Believe this crack to be in my dread mistress
(So sovereignly being honourable).
I have lov'd thee, –

Leon. Make that thy question, and go rot!
Dost think I am so muddy, so unsettled,
To appoint myself in this vexation; sully
The purity and whiteness of my sheets,
(Which to preserve is sleep, which being spotted
Is goads, thorns, nettles, tails of wasps)
Give scandal to the blood o' th' prince, my son,
(Who I do think is mine and love as mine)
Without ripe moving to 't? Would I do this?
Could man so blench?

Cam. I must believe you, sir:
I do; and will fetch off Bohemia for't;
Provided, that when he's removed, your highness
Will take again your queen, as yours at first,
Even for your son's sake, and thereby for sealing
The injury of tongues in courts and kingdoms
Known and allied to yours.

Leon. Thou dost advise me
Even so as I mine own course have set down:
I'll give no blemish to her honour, none.

Cam. My lord,
Go then; and with a countenance as clear
As friendship wears at feasts, keep with Bohemia,
And with your queen. I am his cupbearer:
If from me he have wholesome beverage,
Account me not your servant.

Leon. This is all:
Do't, and thou hast the one half of my heart;
Do't not, thou splitt'st thine own.

Cam. I'll do't, my lord.

Leon. I will seem friendly, as thou hast advis'd me.

Exit.

Cam. O miserable lady! But, for me,

nicht glauben, daß in meiner erhabenen Herrin (so majestätisch ehrenhaft) ein solcher Sprung ist. Ich habe dich[43] immer geliebt –

Leon. Laß das deine Sorge sein und geh, verfaule! Glaubst du, ich bin so getrübt, so aus der Fassung, daß ich mir selbst diese Qual zuweise; die Reinheit und das Weiß meiner Laken besudle (die zu bewahren Schlaf ist; die, wenn sie befleckt sind, zu Stacheln, Dornen, Nesseln, Wespenstichen werden), das Blut des Prinzen, meines Sohns verleumde (den ich für den meinen halte und wie den meinen liebe), ohne dafür reifen Beweggrund zu haben? Würde ich dies tun? Könnte jemand sich so verirren?

Cam. Ich muß Euch glauben, Sir: ich tu's; und will dafür Böhmen beseitigen[44], vorausgesetzt, Euer Hoheit nehmen, wenn er entfernt ist, Eure Königin wieder, wie zuerst, als die Eure zu sich, und sei es nur um Eures Sohnes willen und um dadurch den Schaden durch Gerede in Höfen und Königreichen abzudichten, die Eurem bekannt und verbündet sind.

Leon. Du rätst mir genau so, wie ich mir selbst meinen Plan zurechtgelegt habe: ich werde ihrer Ehre keinen Flekken geben, keinen.

Cam. Mylord, geht dann, und bleibt mit einem ebenso klaren Gesicht, wie die Freundschaft es bei Festen zeigt, bei Böhmen und bei Eurer Königin. Ich bin sein Mundschenk: wenn er von mir gesundes Getränk bekommt, nennt mich nicht Euren Diener.

Leon. Das ist alles: tu's, und du hast die eine Hälfte meines Herzens; tu's nicht, du spaltest dein eigenes.

Cam. Ich will es tun, Mylord.

Leon. Ich will freundlich scheinen, wie du es mir geraten hast.

Er geht ab.

Cam. Oh, beklagenswerte Lady! Aber ich, in welcher

What case stand I in? I must be the poisoner
Of good Polixenes, and my ground to do't
Is the obedience to a master; one
Who, in rebellion with himself, will have
All that are his, so too. To do this deed,
Promotion follows. If I could find example
Of thousands that had struck anointed kings
And flourish'd after, I'd not do't: but since
Nor brass, nor stone, nor parchment bears not one,
Let villainy itself forswear't. I must
Forsake the court: to do't, or no, is certain
To me a break-neck. Happy star reign now!
Here comes Bohemia.

Enter Polixenes.

Pol. This is strange: methinks
My favour here begins to warp. Not speak?
Good day, Camillo.

Cam. Hail, most royal sir!

Pol. What is the news i' th' court?

Cam. None rare, my lord.

Pol. The king hath on him such a countenance
As he had lost some province, and a region
Lov'd as he loves himself: even now I met him
With customary compliment, when he,
Wafting his eyes to th' contrary, and falling
A lip of much contempt, speeds from me, and
So leaves me, to consider what is breeding
That changes thus his manners.

Cam. I dare not know, my lord.

Pol. How, dare not? do not? Do you know, and dare not?
Be intelligent to me: 'tis thereabouts:
For, to yourself, what you do know, you must,
And cannot say you dare not. Good Camillo,
Your chang'd complexions are to me a mirror
Which shows me mine chang'd too; for I must be
A party in this alteration, finding
Myself thus alter'd with 't.

Lage bin ich? Ich muß den guten Polixenes vergiften, und mein Grund, dies zu tun, ist Gehorsam gegenüber einem Herrn; einem, der will, weil er gegen sich selbst rebelliert[45], daß alle, die sein sind, es auch tun. Diese Tat zu tun, zieht Beförderung nach sich. Wenn ich Beispiele Tausender fände, die gesalbte Könige erschlagen hatten und danach gediehen, ich würd's nicht tun; aber da weder Messing noch Stein noch Pergament auch nur einen enthält, soll Schurkerei selbst dieser Tat abschwören. Ich muß den Hof verlassen: es zu tun oder nicht, bricht mir gewiß das Genick.[46] Glücklicher Stern herrsche nun! Hier kommt Böhmen.

Polixenes tritt auf.

Pol. Das ist merkwürdig: mir scheint, meine Gunst beginnt sich hier zu verziehen[47]. Nicht sprechen? Guten Tag, Camillo.

Cam. Heil, höchst königlicher Sir!

Pol. Was gibt es Neues bei Hofe?

Cam. Nichts Besonderes, Mylord.

Pol. Der König macht ein Gesicht, als hätte er eine Provinz verloren und ein Gebiet, das er liebt, wie er sich selbst liebt: jetzt gerade bin ich ihm mit üblichem Gruß begegnet, worauf er seine Augen in die entgegengesetzte Richtung wendet, einen ganz verächtlichen Mund zieht, von mir eilt und mich so zurückläßt, um zu überlegen, was sich da zusammenbraut, das seine Manieren so verändert.

Cam. Ich trau mich nicht, es zu wissen, Mylord.

Pol. Wie, nicht trauen? Nicht? Wißt Ihr es und traut Euch nicht? Macht Euch mir verständlich: so ungefähr ist es; denn Euch selbst müßt Ihr verständlich machen, was Ihr wißt, und könnt nicht sagen, Ihr traut Euch nicht. Guter Camillo, Eure gewechselte Farbe ist mir ein Spiegel, der mir zeigt, daß ich meine auch gewechselt habe; denn ich muß an dieser Veränderung teilhaben, da ich mich durch sie so verändert finde.

Cam. There is a sickness
Which puts some of us in distemper, but
I cannot name the disease, and it is caught
Of you, that yet are well.
Pol. How caught of me?
Make me not sighted like the basilisk.
I have look'd on thousands, who have sped the better
By my regard, but kill'd none so. Camillo, –
As you are certainly a gentleman, thereto
Clerk-like experienc'd, which no less adorns
Our gentry than our parents' noble names,
In whose success we are gentle, – I beseech you,
If you know aught which does behove my knowledge
Thereof to be inform'd, imprison 't not
In ignorant concealment.
Cam. I may not answer.
Pol. A sickness caught of me, and yet I well?
I must be answer'd. Dost thou hear, Camillo?
I conjure thee, by all the parts of man
Which honour does acknowledge, whereof the least
Is not this suit of mine, that thou declare
What incidency thou dost guess of harm
Is creeping toward me; how far off, how near,
Which way to be prevented, if to be:
If not, how best to bear it.
Cam. Sir, I will tell you;
Since I am charg'd in honour, and by him
That I think honourable. Therefore mark my counsel,
Which must be ev'n as swiftly follow'd as
I mean to utter it, or both yourself and me
Cry lost, and so good night!
Pol. On, good Camillo.
Cam. I am appointed him to murder you.
Pol. By whom, Camillo?
Cam. By the king.
Pol. For what?
Cam. He thinks, nay, with all confidence he swears,

Cam. Es gibt eine Krankheit, die einige von uns in Verwirrung stürzt, aber [385] ich kann das Leiden nicht nennen, und er hat es sich bei Euch geholt, der Ihr doch gesund seid.

Pol. Wie von mir geholt? Sagt nicht, ich hätte ein Auge wie der Basilisk[48]. Ich habe schon Tausende angesehen, denen es durch meinen Blick um so besser ging, aber noch keinen dadurch getötet. Camillo – [390] da Ihr sicher ein Edelmann seid, dazu erfahren wie ein Gelehrter, was unsern Adel nicht weniger ziert als unserer Eltern edle Namen, durch deren Nachfolge wir adlig sind –, ich bitte Euch, wenn Ihr etwas wißt, wovon informiert zu sein meinem Wissen ansteht, kerkert es nicht [396] in unwissender Verheimlichung[49] ein.

Cam. Ich darf nicht antworten.

Pol. Eine Krankheit von mir geholt, und ich doch gesund? Ich muß eine Antwort haben. Hörst du, Camillo? Ich beschwöre dich bei allen Pflichten eines Mannes, [400] die die Ehre anerkennt, worunter diese meine Bitte nicht die geringste ist, mir zu erklären, von was für einem schädlichen Vorfall du glaubst, er krieche auf mich zu; wie weit weg, wie nah, wie zu verhindern, wenn überhaupt: [405] wenn nicht, wie am besten zu ertragen.

Cam. Sir, ich will es Euch sagen; da es mir bei Ehre aufgetragen wird und von dem, den ich für ehrenhaft halte. Darum beachtet meinen Rat, dem Ihr gerade so schnell folgen müßt, wie ich ihn äußern will, oder Ihr wie auch ich [410] rufen beide »Verloren«, und damit »Gute Nacht!«

Pol. Weiter, guter Camillo.

Cam. Ich bin von ihm angewiesen, Euch zu ermorden.

Pol. Von wem, Camillo?

Cam. Vom König.

Pol. Weswegen?

Cam. Er denkt, nein, mit aller Sicherheit schwört er, als hätte

As he had seen 't, or been an instrument
To vice you to't, that you have touch'd his queen
Forbiddenly.

Pol. O then, my best blood turn
To an infected jelly, and my name
Be yok'd with his that did betray the Best!
Turn then my freshest reputation to
A savour that may strike the dullest nostril
Where I arrive, and my approach be shunn'd,
Nay, hated too, worse than the great'st infection
That e'er was heard or read!

Cam. Swear his thought over
By each particular star in heaven, and
By all their influences; you may as well
Forbid the sea for to obey the moon,
As or by oath remove or counsel shake
The fabric of his folly, whose foundation
Is pil'd upon his faith, and will continue
The standing of his body.

Pol. How should this grow?

Cam. I know not: but I am sure 'tis safer to
Avoid what's grown than question how 'tis born.
If therefore you dare trust my honesty,
That lies enclosed in this trunk; which you
Shall bear along impawn'd, away to-night!
Your followers I will whisper to the business,
And will by twos and threes, at several posterns,
Clear them o' th' city. For myself, I'll put
My fortunes to your service, which are here
By this discovery lost. Be not uncertain,
For by the honour of my parents, I
Have utter'd truth: which if you seek to prove,
I dare not stand by; nor shall you be safer
Than one condemned by the king's own mouth,
Thereon his execution sworn.

Pol. I do believe thee:
I saw his heart in 's face. Give me thy hand,

er es gesehen oder als sei er ein Werkzeug gewesen, um Euch dazu zu zwingen, Ihr hättet seine Königin unerlaubt angerührt.

Pol. Oh, dann verwandle sich mein bestes Blut in entzündetes Gelee, und mein Name werde mit dem Namen dessen zusammengeschlossen, der den Besten verriet![50] Verwandle sich dann mein reinster Ruf in einen Geruch, der die stumpfeste Nase[51] anfällt, wo ich hinkomme, und mein Nahen werde gemieden, nein, auch gehaßt, mehr als die schlimmste Entzündung, von der man je hörte oder las!

Cam. Beschwört sein Denken bei jedem einzelnen Stern am Himmel und bei all ihrem Einfluß; Ihr könnt ebensogut der See verbieten, dem Mond zu gehorchen, wie das Gefüge seiner Narrheit durch einen Schwur beseitigen oder durch Rat erschüttern: das Fundament seiner Narrheit ist auf seinen Glauben gehäuft und wird fortdauern, solange sein Körper besteht.[52]

Pol. Wie sollte dies wachsen?

Cam. Ich weiß nicht; aber es ist sicherer, dem auszuweichen, was gewachsen ist, als danach zu fragen, wie es entstand. Wenn Ihr daher wagt, meiner Redlichkeit zu trauen, die in diesem Rumpf verschlossen liegt, den Ihr als Pfand mitnehmen sollt, dann fort heute abend! Eurem Gefolge will ich die Sache zuflüstern und will sie zu zweit und zu dritt durch verschiedene Nebenpforten aus der Stadt schaffen. Was mich angeht, ich will mein Geschick Eurem Dienst übergeben, das hier durch diese Enthüllung verloren ist. Seid nicht unsicher, denn bei der Ehre meiner Eltern, ich habe die Wahrheit gesprochen: wenn Ihr dies erproben wollt, wage ich nicht dazu zu stehen; noch werdet Ihr sicherer sein als jemand, der von des Königs eigenem Mund verurteilt wurde, der obendrein noch seine Hinrichtung geschworen hat.

Pol. Ich glaube dir; ich sah sein Herz in seinem Gesicht. Gib mir die Hand, sei mein Lotse, und dein Platz soll immer

Be pilot to me, and thy places shall
Still neighbour mine. My ships are ready, and
My people did expect my hence departure
Two days ago. This jealousy
Is for a precious creature: as she's rare,
Must it be great; and, as his person's mighty,
Must it be violent; and, as he does conceive
He is dishonour'd by a man which ever
Profess'd to him; why, his revenges must
In that be made more bitter. Fear o'ershades me:
Good expedition be my friend, and comfort
The gracious queen, part of his theme, but nothing
Of his ill-ta'en suspicion! Come, Camillo,
I will respect thee as a father if
Thou bear'st my life off. Hence! let us avoid.

Cam. It is in mine authority to command
The keys of all the posterns: please your highness
To take the urgent hour. Come sir, away.

Exeunt.

ACT II

SCENE I

In Leontes' palace.

Enter Hermione, Mamillius, and Ladies.

Her. Take the boy to you: he so troubles me,
'Tis past enduring.

First Lady. Come, my gracious lord,
Shall I be your play-fellow?

Mam. No, I'll none of you.

First Lady. Why, my sweet lord?

Mam. You'll kiss me hard, and speak to me as if
I were a baby still. I love you better.

Sec. Lady. And why so, my lord?

mein Nachbar sein. Meine Schiffe sind fertig, und meine Leute erwarteten meine Abreise von hier vor zwei Tagen. Diese Eifersucht gilt einem kostbaren Wesen: so einzig sie ist, so groß muß diese sein; und so mächtig seine Person ist, so heftig muß diese sein; und da er sich einbildet, von einem Mann entehrt zu sein, der ihm immer seine Freundschaft erklärt hat: nun, darum muß seine Rache um so bitterer werden. Furcht überschattet mich: gute Eile sei mein Freund und tröste die gnädige Königin, Teil dieses Themas, aber nicht seines fehlgeleiteten Verdachts! Komm, Camillo, ich will dich wie einen Vater respektieren, wenn du mein Leben von hier fortschaffst. Hinweg! Laß uns fort.

Cam. Ich habe die Befugnis, über die Schlüssel aller Nebenpforten zu befehlen: gefalle es Euer Hoheit, die dringende Stunde zu nutzen. Kommt, Sir, weg.

Sie gehen ab.

AKT II

SZENE 1

In Leontes' Palast.

Hermione, Mamillius und Damen treten auf.

Her. Nehmt den Jungen zu euch: er stört mich so, daß es nicht zum Aushalten ist.

1. Dame. Kommt, mein gnädiger Herr, soll ich Euer Spielgefährte sein?

Mam. Nein, ich will mit Euch nichts zu tun haben.

1. Dame. Warum, mein süßer Herr?

Mam. Ihr küßt mich nur fest und redet mit mir, als sei ich noch ein Baby. Ich mag Euch besser.

2. Dame. Und warum, Mylord?

Mam. Not for because
Your brows are blacker; yet black brows, they say,
Become some women best, so that there be not
Too much hair there, but in a semicircle,
Or a half-moon, made with a pen.
Sec. Lady. Who taught ' this!
Mam. I learn'd it out of women's faces. Pray now,
What colour are your eyebrows?
First Lady. Blue, my lord.
Mam. Nay, that's a mock: I have seen a lady's nose
That has been blue, but not her eyebrows.

First Lady. Hark ye,
The queen your mother rounds apace: we shall
Present our services to a fine new prince
One of these days, and then you'd wanton with us,
If we would have you.
Sec. Lady. She is spread of late
Into a goodly bulk: good time encounter her!
Her. What wisdom stirs amongst you? Come, sir, now
I am for you again: 'pray you, sit by us,
And tell 's a tale.
Mam. Merry, or sad, shall't be?
Her. As merry as you will.
Mam. A sad tale's best for winter: I have one
Of sprites and goblins.
Her. Let's have that, good sir.
Come on, sit down, come on, and do your best
To fright me with your sprites: you're powerful at it.
Mam. There was a man –
Her. Nay, come sit down: then on.
Mam. Dwelt by a churchyard: I will tell it softly,
Yond crickets shall not hear it.
Her. Come on then,
And giv't me in mine ear.
Enter Leontes, with Antigonus, Lords, and others.

Mam. Nicht, weil Eure Brauen schwärzer sind; doch sagt man, schwarze Brauen stehen einigen Damen am besten, wenn nicht zu viel Haar da ist und nur in einem Halbkreis oder einem Halbmond, mit einem Stift gezogen.[1]

2. Dame. Wer hat Euch das beigebracht?

Mam. Ich habe es aus Frauengesichtern gelernt. Bitte, welche Farbe haben Eure Augenbrauen?

1. Dame. Blau, Mylord.

Mam. Nein, Ihr habt mich zum besten: ich habe schon einmal einer Dame Nase gesehen, die blau war, aber nicht ihre Augenbrauen.

1. Dame. Hört einmal, die Königin, Eure Mutter, wird rasch rund: wir werden demnächst unsere Dienste einem feinen neuen Prinzen anbieten, und dann würdet Ihr mit uns übermütig sein, wenn wir Euch ließen.

2. Dame. Sie hat in jüngster Zeit ansehnliche Ausmaße angenommen: das Glück sei bei ihr![2]

Her. Was für Weisheit regt sich bei euch? Kommt, Sir, jetzt bin ich wieder für Euch da: ich bitte Euch, setzt Euch zu uns und erzählt uns ein Märchen.

Mam. Soll es fröhlich oder ernst[3] sein?

Her. So fröhlich, wie Ihr wollt.

Mam. Ein ernstes Märchen paßt zum Winter am besten:[4] ich kenn eins von Geistern und Kobolden.

Her. Das wollen wir hören, guter Sir. Fangt an, setzt Euch, fangt an und tut Euer Bestes, um mich mit Euren Geistern zu erschrecken: darin seid Ihr mächtig.

Mam. Es war einmal ein Mann –

Her. Nein, kommt, setzt Euch: dann los.

Mam. Der wohnte bei einem Kirchhof: ich will es leise erzählen, die Heimchen[5] dort drüben sollen es nicht hören.

Her. Fangt also an und sagt es mir ins Ohr.

Leontes tritt mit Antigonus, Lords und anderen auf.

Leon. Was he met there? his train? Camillo with him?

A Lord. Behind the tuft of pines I met them, never
Saw I men scour so on their way: I ey'd them
Even to their ships.
Leon. How blest am I
In my just censure! in my true opinion!
Alack, for lesser knowledge! how accurs'd
In being so blest! There may be in the cup
A spider steep'd, and one may drink, depart,
And yet partake no venom (for his knowledge
Is not infected); but if one present
Th' abhorr'd ingredient to his eye, make known
How he hath drunk, he cracks his gorge, his sides,
With violent hefts. I have drunk, and seen the spider.
Camillo was his help in this, his pandar:
There is a plot against my life, my crown;
All's true that is mistrusted: that false villain,
Whom I employ'd, was pre-employ'd by him:
He has discover'd my design, and I
Remain a pinch'd thing; yea, a very trick
For them to play at will. How came the posterns
So easily open?
A Lord. By his great authority,
Which often hath no less prevail'd than so
On your command.
Leon. I know't too well.
Give me the boy: I am glad you did not nurse him:
Though he does bear some signs of me, yet you
Have too much blood in him.
Her. What is this? sport?
Leon. Bear the boy hence, he shall not come about her,
Away with him, and let her sport herself
With that she's big with; for 'tis Polixenes
Has made thee swell thus.
Her. But I'd say he had not;

Leon. Hat man ihn dort getroffen? Sein Gefolge? Camillo bei ihm?

Ein Lord. Hinter der Piniengruppe traf ich sie; nie hab ich Leute auf ihrem Weg so rennen sehen: ich sah sie [35] direkt bis zu ihren Schiffen.

Leon. Wie gesegnet bin ich in meinem gerechten Schuldspruch, meinem richtigen Urteil! O weh, wüßte ich doch weniger! Wie verflucht bin ich, so gesegnet zu sein! Eine Spinne mag in den Becher getaucht sein, und man kann trinken, davongehen [40] und doch kein Gift aufnehmen (denn das Wissen ist nicht angesteckt);[6] aber wenn man den abscheulichen Inhalt dem Auge präsentiert, bekanntmacht, was man getrunken hat, sprengt es einem die Gurgel, die Seiten vor heftigem Würgen. Ich habe getrunken und die Spinne gesehen. [45] Camillo war ihm dabei Hilfe, sein Kuppler: ein Anschlag auf mein Leben, meine Krone ist im Gange; alles ist wahr, was man befürchtet. Dieser falsche Schurke, den ich beauftragte, hatte einen früheren Auftrag von ihm; er hat meine Absicht aufgedeckt, und ich [50] bleibe übrig als Gekniffener, ja geradezu als Spielzeug, mit dem sie nach Belieben spielen können. Wie kam es, daß die Nebenpforten so leicht zu öffnen waren?

Ein Lord. Durch die große Befugnis dessen, dem nichts geringeres auf Euren Befehl schon oft gelungen ist.[7]

Leon. Ich weiß es zu gut. [55] Gebt mir den Jungen: ich bin froh, daß Ihr ihn nicht gesäugt habt; wenn er auch einige Zeichen von mir an sich hat, habt Ihr doch zu viel Blutsanteil an ihm.

Her. Was ist das? Ein Spaß?

Leon. Bringt den Jungen fort, er soll ihr nicht nahe kommen, fort mit ihm, und sie mag sich mit dem vergnügen, [60] mit dem sie schwanger ist; denn es ist Polixenes, der dich so hat anschwellen lassen.

Her. Und ich brauchte nur zu sagen, er war es nicht; und ich

And I'll be sworn you would believe my saying,
How e'er you lean to th' nay-ward.
Leon. You, my lords,
Look on her, mark her well: be but about
To say 'she is a goodly lady,' and
The justice of your hearts will thereto add
''Tis pity she's not honest, honourable':
Praise her but for this her without-door form
(Which on my faith deserves high speech) and straight
The shrug, the hum or ha, these petty brands
That calumny doth use – O, I am out,
That mercy does; for calumny will sear
Virtue itself – these shrugs, these hum's and ha's,
When you have said 'she's goodly', come between,
Ere you can say 'she's honest': but be't known,
From him that has most cause to grieve it should be,
She's an adultress!
Her. Should a villain say so
(The most replenish'd villain in the world)
He were as much more villain: you, my lord,
Do but mistake.
Leon. You have mistook, my lady,
Polixenes for Leontes. O thou thing –
Which I'll not call a creature of thy place,
Lest barbarism, making me the precedent,
Should a like language use to all degrees,
And mannerly distinguishment leave out
Betwixt the prince and beggar. I have said
She's an adultress; I have said with whom:
More; she's a traitor, and Camillo is
A federary with her, and one that knows,
What she should shame to know herself
But with her most vile principal, that she's
A bed-swerver, even as bad as those
That vulgars give bold'st titles; ay, and privy
To this their late escape.
Her. No, by my life,

will darauf schwören, daß Ihr mir glaubtet, wie sehr Ihr auch zum Gegenteil[8] neigt.

Leon. Ihr, meine Herren, seht sie an, betrachtet sie gut: seid nur im Begriff zu sagen: »Sie ist eine ansehnliche Dame«, und die Gerechtigkeit eurer Herzen wird hinzufügen: »Schade, daß sie nicht redlich, ehrbar ist.« Preist nur an ihr diese äußere Form[9] (die bei meiner Ehre hohes Lob verdient) und gleich das Schulterzucken, das »Hm« oder »Ha«, diese unbedeutenden Zeichen, die die Schmähung benutzt – oh, ich bin raus,[10] die die Barmherzigkeit benutzt; denn Schmähung brandmarkt selbst die Tugend – dieses Schulterzucken, dieses »Hm« und »Ha« kommt, wenn man gesagt hat: »Sie ist ansehnlich«, dazwischen, ehe man sagen kann: »Sie ist redlich«, aber es werde bekanntgemacht, und zwar von dem, der den meisten Grund hat, darüber zu trauern, sie ist eine Ehebrecherin!

Her. Wenn dies ein Schurke sagte (der vollendetste Schurke auf der ganzen Welt), wäre er noch einmal solch ein Schurke: Ihr, Mylord, irrt Euch bloß.

Leon. Ihr habt Euch, Mylady, zwischen Polixenes und Leontes verirrt. O du Ding – was ich ein Geschöpf deines Ranges nicht nennen will, damit die Barbarei mich nicht als Präzedenzfall nimmt und allen Ständen gegenüber die gleiche Sprache benutzt und den geziemenden Unterschied zwischen Fürst und Bettler ausläßt.[11] Ich habe gesagt, sie ist eine Ehebrecherin; ich habe gesagt, mit wem: mehr, sie ist eine Verräterin und Camillo ihr Spießgeselle[12], und eine, die weiß, was sie sich schämen sollte, selbst zu wissen, außer mit ihrem schändlichsten Komplizen, daß sie eine Bett-Abweicherin ist, gerade so schlecht wie die, denen der Pöbel dreiste Namen gibt; ja, und eingeweiht in diese ihre kürzliche Flucht.

Her. Nein, bei meinem Leben, in nichts davon einge-

Privy to none of this. How will this grieve you,
When you shall come to clearer knowledge, that
You thus have publish'd me! Gentle my lord,
You scarce can right me throughly, then, to say
You did mistake.

Leon. No: if I mistake
In those foundations which I build upon,
The centre is not big enough to bear
A school-boy's top. Away with her, to prison!
He who shall speak for her is afar off guilty
But that he speaks.

Her. There's some ill planet reigns:
I must be patient till the heavens look
With an aspect more favourable. Good my lords,
I am not prone to weeping, as our sex
Commonly are; the want of which vain dew
Perchance shall dry your pities: but I have
That honourable grief lodg'd here which burns
Worse than tears drown: beseech you all, my lords,
With thoughts so qualified as your charities
Shall best instruct you, measure me; and so
The king's will be perform'd.

Leon. Shall I be heard?

Her. Who is't that goes with me? Beseech your highness,
My women may be with me, for you see
My plight requires it. Do not weep, good fools,
There is no cause: when you shall know your mistress
Has deserv'd prison, then abound in tears
As I come out: this action I now go on
Is for my better grace. Adieu, my lord:
I never wish'd to see you sorry; now
I trust I shall. My women, come; you have leave.

Leon. Go, do our bidding: hence!

Exit Queen, guarded; with Ladies.

A Lord. Beseech your highness, call the queen again.

Ant. Be certain what you do, sir, lest your justice

weiht. Wie Euch dies bekümmern wird, wenn Ihr zu klarerer Einsicht kommt, daß Ihr mich so angeprangert habt! Mein edler Herr, Ihr könnt mir daher kaum vollständig Wiedergutmachung dadurch leisten, daß Ihr sagt, Ihr irrtet Euch.

Leon. Nein, wenn ich mich in den Fundamenten irrte, auf die ich baue, ist das Zentrum[13] nicht groß genug, um eines Schuljungen Kreisel zu tragen. Fort mit ihr, ins Gefängnis! Wer für sie spricht, ist bloß dadurch mitschuldig, daß er spricht.

Her. Ein böser Planet herrscht: ich muß geduldig sein, bis der Himmel wieder einen günstigeren Aspekt zeigt.[14] Meine guten Herren, ich neige nicht zum Weinen wie unser Geschlecht gewöhnlich; das Fehlen dieses eitlen Taus vertrocknet vielleicht euer Mitgefühl. Aber in mir hier weilt jener ehrbare Kummer, der schlimmer brennt als Tränen ertränken:[15] ich bitte euch alle, meine Herren, meßt mich mit Gedanken von solcher Art, wie sie eure Milde euch am besten lehrt; und so werde des Königs Wille erfüllt.

Leon. Wird man auf mich hören?[16]

Her. Wer geht mit mir? Ich bitte Euer Hoheit, daß meine Frauen bei mir sein dürfen, denn Ihr seht, mein Zustand verlangt es. Weint nicht, gute Närrinnen, es gibt keinen Grund. Wenn ihr wißt, daß eure Herrin das Gefängnis verdient hat, dann zeigt Tränen im Überfluß, wenn ich herauskomme. Das Gefecht,[17] in das ich jetzt gehe, ist zu meinem besseren Heil. Adieu, Mylord, ich habe Euch nie traurig sehen wollen; jetzt werde ich es gewiß. Meine Frauen, kommt; ihr habt Erlaubnis.

Leon. Geht, tut, was wir befehlen; weg von hier!

Die Königin geht unter Bewachung mit den Damen ab.

Ein Lord. Ich bitte Euer Hoheit, ruft die Königin zurück.

Ant. Macht Euch klar, was Ihr tut, Sir, damit Eure Gerechtig-

Prove violence, in the which three great ones suffer,
Yourself, your queen, your son.
A Lord. For her, my lord,
I dare my life lay down, and will do't, sir,
Please you t' accept it, that the queen is spotless
I' th' eyes of heaven, and to you – I mean
In this which you accuse her.
Ant. If it prove
She's otherwise, I'll keep my stables where
I lodge my wife; I'll go in couples with her;
Than when I feel and see her no farther trust her:
For every inch of woman in the world,
Ay, every dram of woman's flesh is false,
If she be.
Leon. Hold your peaces.
A Lord. Good my lord, –
Ant. It is for you we speak, not for ourselves:
You are abus'd, and by some putter-on
That will be damn'd for 't: would I knew the villain,
I would land-damn him. Be she honour-flaw'd,
I have three daughters: the eldest is eleven;
The second and the third, nine and some five:
If this prove true, they'll pay for 't. By mine honour
I'll geld 'em all; fourteen they shall not see
To bring false generations: they are co-heirs,
And I had rather glib myself, than they
Should not produce fair issue.
Leon. Cease; no more.
You smell this business with a sense as cold
As is a dead man's nose: but I do see 't and feel 't,
As you feel doing thus; and see withal
The instruments that feel.
Ant. If it be so,
We need no grave to bury honesty:
There's not a grain of it the face to sweeten
Of the whole dungy earth.

keit sich nicht als Gewalt erweist, unter der drei Große leiden, Ihr selbst, Eure Königin, Euer Sohn.

Ein Lord. Für sie, Mylord, wage ich mein Leben darauf zu setzen, und will es tun, Sir, geruht es anzunehmen, daß die Königin in den Augen des Himmels und den Euren makellos ist – ich meine, in dieser Sache, deren Ihr sie anklagt.

Ant. Wenn es sich zeigt, daß sie es nicht ist, will ich meine Ställe haben, wo ich meine Frau unterbringe;[18] dann gehe ich mit ihr im Gespann; trau ihr nicht weiter, als solange ich sie fühle und sehe: denn jeder Zoll Frau auf der Welt, ja jede Drachme[19] Fleisch von Frauen ist falsch, wenn sie es ist.

Leon. Gebt Frieden.

Ein Lord. Mein guter Herr –

Ant. Für Euch sprechen wir, nicht für uns; Ihr seid getäuscht, und das von irgendeinem Betrüger, der dafür verdammt sein wird: ich wollte, ich kennte den Schurken, ich würde ihm das Leben zur Hölle machen.[20] Ist ihre Ehre befleckt, ich habe drei Töchter: die älteste ist elf; die zweite und dritte neun und ungefähr fünf. Wenn dies wahr ist, dann zahlen sie dafür. Bei meiner Ehre, ich werde sie alle unfruchtbar machen; vierzehn sollen sie nicht erleben, um falschen Nachwuchs hervorzubringen; sie sind gemeinsame Erben, und ich würde mich lieber selbst entmannen, als daß sie nicht rechtmäßige Nachkommen hervorbrächten.

Leon. Hört auf; nicht weiter. Ihr wittert die Sache mit einem Sinn, der so kalt ist wie eines Toten Nase: aber ich sehe es und fühle es, wie Ihr dieses[21] fühlt; und obendrein die Werkzeuge seht, die fühlen.

Ant. Wenn es so ist, brauchen wir kein Grab, um Redlichkeit zu bestatten; es gibt kein Gran[22] davon, um das Antlitz der ganzen kotigen Welt zu süßen.

Leon. What! lack I credit?
A Lord. I had rather you did lack than I, my lord,
Upon this ground: and more it would content me
To have her honour true than your suspicion,
Be blam'd for 't how you might.
Leon. Why, what need we
Commune with you of this, but rather follow
Our forceful instigation? Our prerogative
Calls not your counsels, but our natural goodness
Imparts this; which if you, or stupefied,
Or seeming so, in skill, cannot or will not
Relish a truth, like us, inform yourselves
We need no more of your advice: the matter,
The loss, the gain, the ord'ring on 't, is all
Properly ours.
Ant. And I wish, my liege,
You had only in your silent judgement tried it,
Without more overture.
Leon. How could that be?
Either thou art most ignorant by age,
Or thou wert born a fool. Camillo's flight,
Added to their familiarity,
(Which was as gross as ever touch'd conjecture,
That lack'd sight only, nought for approbation
But only seeing, all other circumstances
Made up to th' deed) doth push on this proceeding.
Yet, for a greater confirmation
(For in an act of this importance, 'twere
Most piteous to be wild), I have dispatch'd in post
To sacred Delphos, to Apollo's temple,
Cleomenes and Dion, whom you know
Of stuff'd sufficiency: now from the Oracle
They will bring all; whose spiritual counsel had,
Shall stop or spur me. Have I done well?
A Lord. Well done, my lord.
Leon. Though I am satisfied, and need no more
Than what I know, yet shall the Oracle

Leon. Was, fehlt's mir am Kredit?

Ein Lord. Ich wollte lieber, es fehlte Euch als mir etwas, Mylord, in dieser Angelegenheit; und es würde mich zufriedener machen, ihre Ehre im Recht zu sehen, als Euren Verdacht, wie sehr Ihr dafür auch getadelt würdet.

Leon. Wie! Was brauchen wir uns hierüber mit euch zu unterhalten, sondern wir folgen lieber unserm mächtigen Antrieb. Unser königliches Vorrecht ruft nicht nach euren Ratschlägen, sondern unsere natürliche Güte teilt dies mit; wenn[23] euch, dumm oder geschickt so scheinend, eine Wahrheit nicht schmecken kann oder schmeckt wie uns, dann teilt euch selber mit, daß wir keinen Rat mehr von euch brauchen; die Angelegenheit, der Verlust, der Gewinn, ihre Regelung sind von Rechts wegen unser.

Ant. Und ich wünschte, mein Lehnsherr, Ihr hättet über sie nur in Eurem schweigenden Urteil verhandelt, ohne weitere Bekanntmachung.

Leon. Wie könnte das sein? Entweder bist du völlig unwissend vor Alter, oder du wurdest als Tor geboren. Camillos Flucht, ihrer Vertraulichkeit hinzugefügt (die so groß war, wie Mutmaßung sie je erriet; der es nur am Anblick fehlte; nichts an ihrer Bestätigung als nur das Sehen; alle anderen Umstände fügten sich zur Tat zusammen), drängt zu diesem Vorgehen. Doch zur größeren Bekräftigung (denn in einer Handlung von solcher Wichtigkeit wäre es sehr beklagenswert, maßlos zu sein) habe ich in Eile Cleomenes und Dion, die ihr als ausstaffiert[24] mit Tüchtigkeit kennt, zum heiligen Delphos, zu Apollos Tempel gesandt: jetzt werden sie vom Orakel die ganze Wahrheit bringen; sein geistlicher Rat soll, wenn ich ihn empfangen habe,[25] mich aufhalten oder anspornen. Habe ich wohl getan?

Ein Lord. Wohl getan, Mylord.

Leon. Obwohl ich überzeugt bin und nicht mehr brauche, als was ich weiß, soll doch das Orakel den Gemütern

Give rest to th' minds of others; such as he
Whose ignorant credulity will not
Come up to th' truth. So have we thought it good
From our free person she should be confined,
Lest that the treachery of the two fled hence
Be left her to perform. Come, follow us;
We are to speak in public; for this business
Will raise us all.

Ant. [*Aside.*] To laughter, as I take it,
If the good truth were known.

Exeunt.

SCENE II

A prison.

Enter Paulina, a Gentleman, and Attendants.

Paul. The keeper of the prison, call to him;
Let him have knowledge who I am. Good lady,
No court in Europe is too good for thee;
What dost thou then in prison?

Enter Gaoler.

Now good sir,
You know me, do you not?

Gaol. For a worthy lady
And one who much I honour.

Paul. Pray you then,
Conduct me to the queen.

Gaol. I may not, madam:
To the contrary I have express commandment.

Paul. Here's ado,
To lock up honesty and honour from
Th' access of gentle visitors! Is't lawful, pray you,
To see her women? any of them? Emilia?

Gaol. So please you, madam,
To put apart these your attendants, I
Shall bring Emilia forth.

anderer Ruhe bringen; solchen wie dem, dessen unwissende Arglosigkeit der Wahrheit nicht nahe kommt. Darum haben wir es für gut befunden, sie von unserer frei zugänglichen Person entfernt festzusetzen, damit nicht der Verrat der zwei von hier Geflohenen ihr zu verüben übrigbleibt. Kommt, folgt uns; wir müssen es öffentlich sagen; denn diese Sache wird uns alle reizen.

Ant. (beiseite). Zum Lachen, wie ich es sehe, wenn die gute Wahrheit bekannt wäre.

Sie gehen ab.

SZENE 2

Ein Gefängnis.

Paulina, ein Edelmann und Diener treten auf.

Paul. Den Gefängnisaufseher, ruft ihn her; gebt ihm zu wissen, wer ich bin. Gute Lady, kein Hof in Europa ist zu gut für dich; was tust du dann im Gefängnis?

Der Gefängniswärter tritt auf.

Nun, guter Sir, Ihr kennt mich doch?

Wärter. Als würdige Dame, und eine, die ich sehr ehre.

Paul. Ich bitte Euch also, geleitet mich zur Königin.

Wärter. Ich darf nicht, Madame: zum Gegenteil habe ich ausdrücklichen Befehl.

Paul. Hier gibt man sich Mühe, Redlichkeit und Ehre vom Zugang edler Besucher wegzusperren! Ist es rechtmäßig, ich bitte Euch, ihre Frauen zu sehen? Irgendeine von ihnen? Emilia?

Wärter. Wenn es Euch beliebt, Madame, diese Eure Diener beiseite zu schicken, werde ich Emilia herbeibringen.

Paul. I pray now, call her.
Withdraw yourselves.
Exeunt Gentleman and Attendants.
Gaol. And, madam,
I must be present at your conference.
Paul. Well: be't so: prithee.
Exit Gaoler.
Here's such ado to make no stain a stain
As passes colouring.
Enter Gaoler, with Emilia.
Dear gentlewoman,
How fares our gracious lady?
Emil. As well as one so great and so forlorn
May hold together: on her frights and griefs
(Which never tender lady hath borne greater)
She is, something before her time, deliver'd.
Paul. A boy?
Emil. A daughter; and a goodly babe,
Lusty, and like to live: the queen receives
Much comfort in 't; says, 'My poor prisoner,
I am innocent as you.'
Paul. I dare be sworn:
These dangerous, unsafe lunes i' th' king, beshrew them!
He must be told on't, and he shall: the office
Becomes a woman best. I'll take 't upon me:
If I prove honey-mouth'd, let my tongue blister,
And never to my red-look'd anger be
The trumpet any more. Pray you, Emilia,
Commend my best obedience to the queen:
If she dares trust me with her little babe,
I'll show 't the king, and undertake to be
Her advocate to th' loud'st. We do not know
How he may soften at the sight o' th' child:
The silence often of pure innocence
Persuades, when speaking fails.
Emil. Most worthy madam,
Your honour and your goodness is so evident,

Paul. Ich bitte jetzt, ruft sie. Zieht euch zurück.

Der Edelmann und die Diener gehen ab.

Wärter. Und, Madame, ich muß bei Eurer Unterredung zugegen sein.

Paul. Gut, sei es so: ich bitte dich.

Der Gefängniswärter geht ab.

Hier gibt man sich solche Mühe, das Unbefleckte befleckt erscheinen zu lassen, daß es alle Färberkunst[1] übertrifft.

Der Gefängniswärter tritt mit Emilia auf.

Liebe Edelfrau, wie geht es unserer gnädigen Dame?

Emil. So gut wie eine, die so groß und so verlassen ist, beisammen sein kann: aus Angst und Kummer (wovon nie eine zartere Dame größere erfahren hat) ist sie, etwas vor ihrer Zeit, niedergekommen.

Paul. Ein Junge?

Emil. Eine Tochter; und ein ansehnliches Baby, kräftig und wohl lebensfähig; die Königin empfängt durch es viel Trost, sagt, »Meine arme Gefangene, ich bin so unschuldig wie Ihr.«

Paul. Darauf wage ich zu schwören: diese gefährlichen, ungewissen Mondanwandlungen[2] des Königs, sie seien verwünscht! Ihm muß davon berichtet werden, und das soll es auch; die Aufgabe steht einer Frau am besten an. Ich will es auf mich nehmen: wenn ich honigsüß rede, soll meine Zunge Blasen bekommen[3] und nie mehr meiner roten[4] Wut als Trompete dienen. Ich bitte Euch, Emilia, übermittelt der Königin meinen besten Gehorsam; wenn sie es wagt, mir ihr kleines Baby anzuvertrauen, will ich es dem König zeigen und es übernehmen, mit voller Lautstärke Fürsprecher der Kleinen zu sein. Wir wissen nicht, wie sehr ihn der Anblick des Kindes erweichen wird; oft überzeugt das Schweigen reiner Unschuld, wenn Reden scheitert.

Emil. Würdigste Madame, Eure Ehre und Eure Güte sind so offensichtlich, daß es Eurem freiwilligen Unternehmen

That your free undertaking cannot miss
A thriving issue: there is no lady living
So meet for this great errand. Please your ladyship
To visit the next room, I'll presently
Acquaint the queen of your most noble offer,
Who but to-day hammer'd of this design,
But durst not tempt a minister of honour,
Lest she should be denied.

Paul. Tell her, Emilia,
I'll use that tongue I have: if wit flow from 't
As boldness from my bosom, let 't not be doubted
I shall do good.

Emil. Now be you blest for it!
I'll to the queen: please you, come something nearer.

Gaol. Madam, if't please the queen to send the babe,
I know not what I shall incur to pass it,
Having no warrant.

Paul. You need not fear it, sir:
This child was prisoner to the womb, and is
By law and process of great nature, thence
Free'd and enfranchis'd; not a party to
The anger of the king, nor guilty of
(If any be) the trespass of the queen.

Gaol. I do believe it.

Paul. Do not you fear: upon mine honour, I
Will stand betwixt you and danger.

Exeunt.

SCENE III

Leontes' palace.

Leontes discovered.

Leon. Nor night, nor day, no rest: it is but weakness
To bear the matter thus: mere weakness. If
The cause were not in being, – part o' th' cause,
She th' adultress: for the harlot king

nicht am gedeihlichen Ausgang fehlen kann: es lebt keine andere Dame, die für diese große Kunde so geeignet ist. Gefällt es Eurer Ladyschaft, den nächsten Raum aufzusuchen, ich will sofort die Königin von Eurem höchst edlen Angebot unterrichten, die erst heute diesen Plan schmiedete, es aber nicht wagte, an einen Diener von Ehre heranzutreten, aus Furcht, man könnte es ihr verweigern.

Paul. Sagt ihr, Emilia, ich benutze meine Zunge, wie ich es kann: wenn Weisheit[5] aus ihr fließt wie Kühnheit aus meiner Brust, dann soll niemand bezweifeln, daß ich Gutes tun werde.

Emil. Nun seid dafür gesegnet! Ich will zur Königin; wenn es Euch beliebt, kommt etwas näher.

Wärter. Madame, wenn es der Königin beliebt, das Baby zu schicken, weiß ich nicht, was ich mir dadurch zuziehe, daß ich es passieren lasse, ohne Befugnis zu haben.

Paul. Ihr braucht es nicht zu fürchten, Sir. Dieses Kind war Gefangener des Mutterleibs und ist durch Gesetz und Wirken der großen Natur daraus befreit und freigelassen;[6] ohne Anteil an der Wut des Königs noch schuld an der Verfehlung (wenn es überhaupt eine gibt) der Königin.

Wärter. Ich glaube es bestimmt.

Paul. Fürchtet Euch nicht: bei meiner Ehre, ich will zwischen Euch und der Gefahr stehen.

Sie gehen ab.

SZENE 3

Leontes' Palast.

Leontes entdeckt.

Leon. Nicht Nacht, nicht Tag, nie Ruhe: es ist nur Schwäche, die Sache so zu tragen, bloße Schwäche. Wenn der Grund nicht mehr bestünde – Teil des Grundes, sie, die Ehebrecherin; denn der Huren-König ist ganz außerhalb mei-

Is quite beyond mine arm, out of the blank
And level of my brain: plot-proof: but she
I can hook to me: say that she were gone,
Given to the fire, a moiety of my rest
Might come to me again.

Enter Servant.

Who's there?

Serv. My Lord!

Leon. How does the boy?

Serv. He took good rest to-night;
'Tis hop'd his sickness is discharg'd.

Leon. To see his nobleness,
Conceiving the dishonour of his mother!
He straight declin'd, droop'd, took it deeply,
Fasten'd and fix'd the shame on 't in himself,
Threw off his spirit, his appetite, his sleep,
And downright languish'd. Leave me solely: go,
See how he fares.

Exit Servant.

Fie, fie! no thought of him:
The very thought of my revenges that way
Recoil upon me: in himself too mighty,
And in his parties, his alliance; let him be
Until a time may serve. For present vengeance,
Take it on her. Camillo and Polixenes
Laugh at me; make their pastime at my sorrow:
They should not laugh if I could reach them, nor
Shall she, within my power.

Enter Paulina, carrying a baby, with Antigonus, lords and servants, who try to prevent her.

A Lord. You must not enter.

Paul. Nay rather, good my lords, be second to me:
Fear you his tyrannous passion more, alas,
Than the queen's life? a gracious innocent soul,
More free than he is jealous.

Ant. That's enough.

ner Reichweite; außerhalb des Schwarzen und der Schußlinie unseres Gehirns, vor einem Anschlag sicher; aber sie kann ich an mich haken. Gesetzt, sie wäre von uns gegangen, dem Feuer übergeben,[1] eine Hälfte meiner Ruhe käme vielleicht wieder zu mir.

Ein Diener tritt auf.

Wer ist da?

Diener. Mylord!

Leon. Wie geht es dem Jungen?

Diener. Er ruhte heute nacht gut; man hofft, seine Krankheit ist entlassen[2].

Leon. Zu sehen, wie sein Adel die Unehre seiner Mutter begreift! Gleich ging es ihm schlechter, wurde er schlaff, ging es ihm ganz nahe, befestigte und heftete er diese Schande an sich selbst, verlor seine Munterkeit, seinen Appetit, seinen Schlaf und schmachtete geradezu dahin. Laß mich allein; geh, sieh, wie es ihm geht.

Der Diener geht ab.

Pfui, pfui! Kein Gedanke an ihn; der bloße Gedanke an meine Rache schlage so auf mich zurück: durch sich selbst zu mächtig und durch seine Verbündeten, seine Allianz; laß ihn, bis ein Zeitpunkt mir dient. Was sofortige Rache angeht, nimm sie an ihr. Camillo und Polixenes lachen über mich; machen ihren Zeitvertreib aus meinem Schmerz. Sie sollten nicht lachen, wenn ich sie erreichen könnte, und auch die soll es nicht, die in meiner Macht ist.

Paulina, die ein Baby trägt, tritt mit Antigonus, Lords und Dienern auf, die sie zu hindern suchen.

Ein Lord. Ihr dürft nicht eintreten.

Paul. Nein, meine guten Herren, sekundiert mir lieber. Fürchtet ihr, o weh, seine tyrannische Leidenschaft mehr als das Leben der Königin? einer heiligen, unschuldigen Seele, freier von Schuld,[3] als er eifersüchtig ist.

Ant. Das ist genug.

Serv. Madam, he hath not slept to-night, commanded
None should come at him.
Paul. Not so hot, good sir;
I come to bring him sleep. 'Tis such as you,
That creep like shadows by him, and do sigh
At each his needless heavings; such as you
Nourish the cause of his awaking. I
Do come with words as medicinal as true,
Honest, as either, to purge him of that humour
That presses him from sleep.
Leon. What noise there, ho?
Paul. No noise, my lord; but needful conference
About some gossips for your highness.
Leon. How!
Away with that audacious lady! Antigonus,
I charg'd thee that she should not come about me.
I knew she would.
Ant. I told her so, my lord,
On your displeasure's peril and on mine,
She should not visit you.
Leon. What! canst not rule her?
Paul. From all dishonesty he can: in this –
Unless he take the course that you have done,
Commit me for committing honour – trust it,
He shall not rule me.
Ant. La you now, you hear:
When she will take the rein I let her run;
But she'll not stumble.
Paul. Good my liege, I come, –
And, I beseech you hear me, who professes
Myself your loyal servant, your physician,
Your most obedient counsellor, yet that dares
Less appear so, in comforting your evils,
Than such as most seem yours; – I say, I come
From your good queen.
Leon. Good queen!
Paul. Good queen, my lord, good queen: I say good queen,

Diener. Madame, er hat heute nacht nicht geschlafen, befohlen, niemand solle zu ihm kommen.

Paul. Nicht so hitzig, guter Sir, ich komme, um ihm Schlaf zu bringen. Gerade solche wie ihr, die ihr wie Schatten um ihn kriecht und über jedes unnötige Ächzen von ihm seufzt; solche wie ihr nähren den Grund für sein Wachen. Ich komme mit Worten so heilsam wie wahr, ehrlich wie beides, um ihn von dieser Laune[4] zu reinigen, die ihn vom Schlaf abhält.

Leon. Was für ein Lärm dort, ho?

Paul. Kein Lärm, Mylord; sondern eine erforderliche Unterredung über ein paar Gevattern[5] für Euer Hoheit.

Leon. Wie! Weg mit dieser dreisten Dame da! Antigonus, ich habe dir aufgetragen, daß sie nicht zu mir kommen sollte. Ich wußte, daß sie kommen würde.

Ant. Ich habe ihr gesagt, Mylord, bei Gefahr Eures Mißfallens und meines, sie solle Euch nicht aufsuchen.

Leon. Was! Kannst du sie nicht im Zaum[6] halten?

Paul. Von aller Unredlichkeit zurück, ja; hierin – wenn er nicht den gleichen Kurs einschlägt wie Ihr, mich eintreibt, weil ich Ehrenhaftes treibe[7] – vertraut darauf, soll er mich nicht im Zaum halten.

Ant. Da habt Ihr's, Ihr hört: wenn sie die Zügel nehmen will, laß ich sie laufen; aber sie verstolpert sich nicht.

Paul. Mein guter Lehnsherr, ich komme[8] – und ich bitte Euch, mich anzuhören, eine, die sich Eure ergebene Dienerin, Euren Arzt, Euren gehorsamsten Ratgeber nennt und es doch wagt, weniger zu erscheinen – indem ich Eure Übel lindere – als die, die am meisten Euer zu sein scheinen; – ich sage, ich komme von Eurer guten Königin.

Leon. Gute Königin!

Paul. Gute Königin, Mylord, gute Königin: ich sage gute

And would by combat make her good, so were I
A man, the worst about you.

Leon. Force her hence.

Paul. Let him that makes but trifles of his eyes
First hand me: on mine own accord I'll off;
But first, I'll do my errand. The good queen
(For she is good) hath brought you forth a daughter;
Here 'tis; [*Laying down the child.*] commends it to your blessing.

Leon. Out!
A mankind witch! Hence with her, out o' door:
A most intelligencing bawd!

Paul. Not so:
I am as ignorant in that, as you
In so entitling me: and no less honest
Than you are mad; which is enough, I'll warrant,
As this world goes, to pass for honest.

Leon. Traitors!
Will you not push her out? Give her the bastard,
Thou dotard! thou art woman-tir'd, unroosted
By thy dame Partlet here. Take up the bastard,
Take 't up, I say; give 't to thy crone.

Paul. For ever
Unvenerable be thy hands, if thou
Tak'st up the princess, by that forced baseness
Which he has put upon 't!

Leon. He dreads his wife.

Paul. So I would you did; then 'twere past all doubt
You'd call your children yours.

Leon. A nest of traitors!

Ant. I am none, by this good light.

Paul. Nor I; nor any
But one that's here, and that's himself; for he,
The sacred honour of himself, his queen's,
His hopeful son's, his babe's, betrays to slander,
Whose sting is sharper than the sword's; and will not

Königin und würde im Zweikampf dafür gutstehen, wäre ich ein Mann, der schlechteste unter euch.

Leon. Bringt sie gewaltsam weg von hier.

Paul. Soll der, der seine Augen für Nichtigkeiten hält, zuerst Hand an mich legen: aus eigenem Antrieb will ich fort; aber erst will ich meine Kunde bringen. Die gute Königin (denn sie ist gut) hat Euch eine Tochter geboren; hier ist sie; *(sie legt das Kind hin)* empfiehlt es Eurem Segen.

Leon. Raus! Eine Mannweib-Hexe![9] Weg mit ihr, vor die Tür, höchst mittelsmännische Kupplerin!

Paul. Nicht so: Ich bin darin so unwissend wie Ihr, indem Ihr mich so nennt; und nicht weniger redlich, als Ihr wahnsinnig seid; was garantiert genug ist, so wie die Welt läuft, um für redlich zu gelten.

Leon. Verräter! Wollt ihr sie nicht hinausstoßen? Gib ihr den Bastard, du verliebter alter Narr! Von einer Frau gezerrt,[10] von der Hühnerstange vertrieben von deiner Dame Pertelot[11] hier. Nimm den Bastard auf, nimm ihn auf, sag ich; gib ihn deiner alten Schrulle.

Paul. Auf ewig verachtenswert seien deine Hände, wenn du die Prinzessin aufnimmst, unter dem aufgezwungenen, ehrlosen Namen, den er ihr beigelegt hat.[12]

Leon. Er fürchtet seine Frau.

Paul. Ich wollte, das tätet Ihr auch; dann wäre es außer jedem Zweifel, daß Ihr Eure Kinder die Euren nennen würdet.

Leon. Ein Nest von Verrätern!

Ant. Ich bin keiner, bei diesem guten Licht.[13]

Paul. Ich auch nicht und keiner hier außer einem, und das ist er selbst; denn er verrät seine eigene heilige Ehre, die seiner Königin, seines hoffnungsvollen Sohnes, seines Babys an die Verleumdung, deren Stachel schärfer ist als der des Schwertes; und will nicht (denn wie der Fall jetzt steht, ist

(For, as the case now stands, it is a curse
He cannot be compell'd to 't) once remove
The root of his opinion, which is rotten
As ever oak or stone was sound.

Leon. A callat
Of boundless tongue, who late hath beat her husband,
And now baits me! This brat is none of mine;
It is the issue of Polixenes.
Hence with it, and together with the dam
Commit them to the fire!

Paul. It is yours;
And, might we lay th' old proverb to your charge,
So like you, 'tis the worse. Behold, my lords,
Although the print be little, the whole matter
And copy of the father: eye, nose, lip;
The trick of's frown; his forehead; nay, the valley,
The pretty dimples of his chin and cheek; his smiles;
The very mould and frame of hand, nail, finger:
And thou, good goddess Nature, which hast made it
So like to him that got it, if thou hast
The ordering of the mind too, 'mongst all colours
No yellow in 't, lest she suspect, as he does,
Her children not her husband's!

Leon. A gross hag!
And, lozel, thou art worthy to be hang'd,
That wilt not stay her tongue.

Ant. Hang all the husbands
That cannot do that feat, you'll leave yourself
Hardly one subject.

Leon. Once more, take her hence.

Paul. A most unworthy and unnatural lord
Can do no more.

Leon. I'll ha' thee burnt.

Paul. I care not:
It is an heretic that makes the fire,
Not she which burns in 't. I'll not call you tyrant;
But this most cruel usage of your queen –

es ein Fluch, daß man ihn nicht dazu zwingen kann) einmal die Wurzel seines Urteils entfernen, die so verrottet ist wie je Eiche oder Stein gediegen.

Leon. Eine Dirne von zügelloser Zunge, die eben ihren Mann geschlagen hat und jetzt mich hetzt![14] Dieses Balg ist nicht von mir; es ist ein Nachkomme des Polixenes. Weg mit ihm, und übergebt sie zusammen mit der feinen Mutter dem Feuer!

Paul. Es ist Eures; und, wenn wir Euch das alte Sprichwort zur Last legen wollten, so Euch ähnlich, daß es um so schlimmer ist.[15] Seht, meine Herren, wenn auch das Abbild klein ist, ganz die Substanz und Kopie des Vaters: Auge, Nase, Lippe; die Art, die Stirn zu runzeln; seine Stirn; nein, die Einbuchtung der Oberlippe, die hübschen Grübchen seines Kinns und der Wangen; sein Lächeln; genau Form und Fassung von Hand, Nagel, Finger. Und du, gute Göttin Natur,[16] die du es ihm, der es zeugte, so ähnlich gemacht hast; wenn dein auch die Regelung des Geistes ist, unter allen Farben kein Gelb dabei, damit sie nicht argwöhne, wie er es tut, ihre Kinder seien nicht von ihrem Mann![17]

Leon. Eine rohe Hexe! Und, Schwächling, du bist es wert, gehängt zu werden, der du ihrer Zunge nicht Halt gebietest.

Ant. Hängt alle Ehemänner, die dieses Kunststück nicht vollbringen können, und Ihr werdet kaum einen Untertan übrigbehalten.

Leon. Noch einmal, schafft sie hier weg.

Paul. Ein ganz unwürdiger und unnatürlicher Herr kann nicht mehr tun.

Leon. Ich lasse dich verbrennen.

Paul. Das kümmert mich nicht. Ein Ketzer ist, wer das Feuer anmacht, nicht die, die darin brennt.[18] Ich will Euch nicht Tyrann nennen; aber diese höchst grausame Behandlung Eurer Königin – unfähig, mehr Anklage hervorzu-

Not able to produce more accusation
Than your own weak-hing'd fancy – something savours
Of tyranny, and will ignoble make you,
Yea, scandalous to the world.
Leon. On your allegiance,
Out of the chamber with her! Were I a tyrant,
Where were her life? she durst not call me so,
If she did know me one. Away with her!
Paul. I pray you, do not push me; I'll be gone.
Look to your babe, my lord: 'tis yours: Jove send her
A better guiding spirit! What needs these hands?
You, that are thus so tender o'er his follies,
Will never do him good, not one of you.
So, so: farewell; we are gone.
Exit.
Leon. Thou, traitor, hast set on thy wife to this.
My child? away with 't! Even thou, that hast
A heart so tender o'er it, take it hence
And see it instantly consum'd with fire;
Even thou, and none but thou. Take it up straight:
Within this hour bring me word 'tis done,
And by good testimony, or I'll seize thy life,
With what thou else call'st thine. If thou refuse
And wilt encounter with my wrath, say so;
The bastard brains with these my proper hands
Shall I dash out. Go, take it to the fire;
For thou set'st on thy wife.
Ant. I did not, sir:
These lords, my noble fellows, if they please,
Can clear me in 't.
Lords. We can: my royal liege,
He is not guilty of her coming hither.
Leon. You're liars all.
A Lord. Beseech your highness, give us better credit:
We have always truly serv'd you; and beseech'
So to esteem of us: and on our knees we beg
(As recompense of our dear services

bringen als Eure eigene, schwach eingehängte[19] Phantasie – schmeckt etwas nach Tyrannei und wird Euch verachtenswert machen, ja, verrufen in der Welt.

Leon. Bei Eurer Untertanentreue, hinaus aus dem Saal[20] mit ihr! Wäre ich ein Tyrann, wo wäre ihr Leben? Sie wagte nicht, mich so zu nennen, wüßte sie, daß ich einer sei. Fort mit ihr!

Paul. Ich bitte Euch, stoßt mich nicht; ich will gleich weg. Sorgt für Euer Baby, Mylord: es ist Eures. Jupiter sende ihr einen besseren Schutzgeist! Was braucht es diese Hände? Ihr, die ihr hiermit so zartfühlend gegenüber seinen Torheiten seid, werdet ihm nie Gutes tun, nicht einer von euch. So, so: lebt wohl; wir sind schon weg.

Sie geht ab.

Leon. Du, Verräter, hast deine Frau hierzu angestiftet. Mein Kind? weg mit ihm! Genau du, der du ein Herz so zartfühlend für es hast, schaff es weg und sorg dafür, daß es augenblicklich von Feuer verzehrt wird; genau du und niemand außer dir. Nimm es gleich auf; bring mir binnen einer Stunde Nachricht, daß es geschehen ist, und bei gutem Zeugnis, oder ich ziehe dein Leben mit allem ein, was du sonst dein nennst. Wenn du dich weigerst und meinem Zorn begegnen willst, sag es; ich werde das Bastardhirn mit diesen meinen eigenen Händen herausschlagen. Geh, bring es zum Feuer; denn du hast deine Frau angestiftet.

Ant. Das habe ich nicht, Sir. Diese Herren, meine edlen Gefährten, wenn es ihnen beliebt, können mich hiervon freisprechen.

Lords. Das können wir. Mein königlicher Lehnsherr, er ist nicht schuldig, daß sie hierher kam.

Leon. Ihr seid alle Lügner.

Ein Lord. Ich bitte Euer Hoheit, gebt uns mehr Kredit. Wir haben Euch immer treu gedient; und bitten Euch, uns so anzusehen. Und auf den Knien bitten wir (als Belohnung für unsere guten vergangenen und zukünftigen Dienste),

Past and to come) that you do change this purpose,
Which being so horrible, so bloody, must
Lead on to some foul issue. We all kneel.

Leon. I am a feather for each wind that blows:
Shall I live on to see this bastard kneel
And call me father? better burn it now
Than curse it then. But be it: let it live.
It shall not neither. You sir, come you hither,
You that have been so tenderly officious
With Lady Margery, your midwife there,
To save this bastard's life – for 'tis a bastard,
So sure as this beard's grey – what will you adventure
To save this brat's life?

Ant. Anything, my lord,
That my ability may undergo,
And nobleness impose: at least thus much –
I'll pawn the little blood which I have left
To save the innocent: anything possible.

Leon. It shall be possible. Swear by this sword
Thou wilt perform my bidding.

Ant. I will, my lord.

Leon. Mark and perform it: seest thou? for the fail
Of any point in 't shall not only be
Death to thyself, but to thy lewd-tongu'd wife
(Whom for this time we pardon). We enjoin thee,
As thou art liege-man to us, that thou carry
This female bastard hence, and that thou bear it
To some remote and desert place, quite out
Of our dominions; and that there thou leave it
(Without more mercy) to it own protection
And favour of the climate. As by strange fortune
It came to us, I do in justice charge thee,
On thy soul's peril and thy body's torture,
That thou commend it strangely to some place
Where chance may nurse or end it. Take it up.

Ant. I swear to do this; though a present death
Had been more merciful. Come on, poor babe:

daß Ihr diese Absicht ändert, [150] die – so schrecklich, so blutig – zu einem häßlichen Ausgang führen muß. Wir alle knien.

Leon. Ich bin eine Feder für jeden Wind, der weht: soll ich weiterleben, um zu erleben, wie der Bastard kniet und mich Vater nennt? Besser es jetzt verbrennen als es dann verfluchen. [155] Aber sei es: laßt es leben. Und es soll auch nicht.[21] Ihr, Sir, kommt Ihr hierher, der Ihr mit Eurer Lady Grete, Eurer Hebamme da[22] so zartfühlend übereifrig seid, um das Leben dieses Bastards zu retten – denn es ist ein Bastard, [160] so wahr dieser Bart grau ist – was wollt Ihr riskieren, um das Leben dieses Balgs zu retten?

Ant. Alles, Mylord, das meine Fähigkeit unternehmen und Edelmut auferlegen kann: zumindest so viel – ich will das wenige Blut, das ich übrig habe,[23] [165] verpfänden, um die Unschuldige zu retten: alles, was möglich ist.

Leon. Es soll möglich sein. Schwör bei diesem Schwert, daß du meinen Befehl ausführen willst.

Ant. Das will ich, Mylord.

Leon. Merk auf und führ es aus, siehst du? Denn das Scheitern eines einzigen Punktes soll nicht nur dir [170] Tod sein, sondern auch deiner lockerzüngigen Frau (der wir für dieses Mal vergeben). Wir weisen dich an, da du unser Lehnsmann bist, diesen weiblichen Bastard von hier wegzutragen und ihn an irgendeinen entlegenen und öden Ort zu bringen, ganz außerhalb [175] unseres Herrschaftsgebiets, und ihn dort (ohne weitere Gnade) seinem[24] eigenen Schutz und der Gunst des Wetters zu überlassen. Wie er durch fremdes Geschick zu uns kam, trage ich dir in Gerechtigkeit auf, bei Gefahr für deine Seele und Folter deines Körpers, [180] ihn als Fremdling einem Ort zu übergeben, wo das willkürliche Schicksal ihn nähren oder ihm ein Ende machen mag. Nimm es auf.

Ant. Ich schwöre, dies zu tun, wenn auch sofortiger Tod gnädiger gewesen wäre. Komm, armes Baby! Ein mächti-

Some powerful spirit instruct the kites and ravens
To be thy nurses! Wolves and bears, they say,
Casting their savageness aside, have done
Like offices of pity. Sir, be prosperous
In more than this deed does require; and blessing
Against this cruelty, fight on thy side,
Poor thing, condemn'd to loss!

Exit with the child.

Leon. No: I'll not rear
Another's issue.

Enter a Servant.

Serv. Please your highness, posts
From those you sent to th' Oracle, are come
An hour since: Cleomenes and Dion,
Being well arriv'd from Delphos, are both landed,
Hasting to th' court.

A Lord. So please you, sir, their speed
Hath been beyond account.

Leon. Twenty-three days
They have been absent: 'tis good speed; foretells
The great Apollo suddenly will have
The truth of this appear. Prepare you, lords;
Summon a session, that we may arraign
Our most disloyal lady; for, as she hath
Been publicly accus'd, so shall she have
A just and open trial. While she lives
My heart will be a burden to me. Leave me.
And think upon my bidding.

Exeunt.

ger Geist unterweise die Milane und Raben darin, deine Ammen zu sein! Wölfe und Bären, sagt man, haben schon ihre Wildheit abgeworfen und ähnliche Dienste vollbracht. Sir, seid glücklich in mehr, als diese Tat erfordert; und Segen gegen diese Grausamkeit kämpfe auf deiner Seite, armes Ding, verdammt dazu, ausgesetzt zu werden.

Er geht mit dem Kind ab.

Leon. Nein, ich will nicht den Nachkommen eines anderen großziehen.

Ein Diener tritt auf.

Diener. Beliebe es Eurer Hoheit, Boten von denen, die Ihr zum Orakel gesandt habt, sind vor einer Stunde angekommen; Cleomenes und Dion, wohlbehalten aus Delphos eingetroffen,[25] sind beide gelandet und eilen zum Hof.

Ein Lord. Wenn es Euch beliebt, Sir, ihre Schnelligkeit war unerwartet groß.

Leon. Seit dreiundzwanzig Tagen sind sie abwesend; das ist eine gute Schnelligkeit; sagt voraus, daß der große Apollo[26] will, daß die Wahrheit dieser Sache sogleich offenbar werde. Bereitet Euch vor, Lords; beruft eine Sitzung ein, damit wir Anklage gegen unsere höchst untreue Gattin erheben können; denn da sie öffentlich beschuldigt wurde, so soll sie einen gerechten und offenen Prozeß haben. Solange sie lebt, wird mein Herz mir eine Last sein. Verlaßt mich. Und denkt an meinen Befehl.

Sie gehen ab.

ACT III

SCENE I

Sicilia: outside a village inn.

Enter Cleomenes and Dion.

Cleo. The climate's delicate, the air most sweet,
Fertile the isle, the temple much surpassing
The common praise it bears.
Dion. I shall report,
For most it caught me, the celestial habits
(Methinks I so should term them), and the reverence
Of the grave wearers. O, the sacrifice!
How ceremonious, solemn and unearthly
It was i' th' offering!
Cleo. But of all, the burst
And the ear-deaf'ning voice o' th' Oracle,
Kin to Jove's thunder, so surpris'd my sense,
That I was nothing.
Dion. If th' event o' th' journey
Prove as successful to the queen, – O be 't so! –
As it hath been to us, rare, pleasant, speedy,
The time is worth the use on 't.
Cleo. Great Apollo
Turn all to th' best! These proclamations,
So forcing faults upon Hermione,
I little like.
Dion. The violent carriage of it
Will clear or end the business: when the Oracle
(Thus by Apollo's great divine seal'd up)
Shall the contents discover, something rare
Even then will rush to knowledge. Go: fresh horses!
And gracious be the issue.
Exeunt.

AKT III

SZENE 1

Sizilien: vor einem Dorfgasthof.

Cleomenes und Dion treten auf.

Cleo. Das Klima ist köstlich, die Luft ganz süß, fruchtbar die Insel[1], der Tempel übersteigt bei weitem das allgemeine Lob, das man ihm zollt.

Dion. Ich werde, denn das nahm mich am meisten ein, von den himmlischen Gewändern berichten (mir scheint, so sollte ich sie nennen) und von der Ehrwürdigkeit der ernsten Träger. Oh, das Opfer! Wie zeremoniell, feierlich und unirdisch doch seine Darbringung war!

Cleo. Aber vor allem der Schlag und die ohrenbetäubende Stimme des Orakels, ähnlich dem Donner Jupiters,[2] überwältigte meinen Sinn derart, daß ich zu einem Nichts wurde.

Dion. Wenn der Ausgang der Reise sich für die Königin als so erfolgreich erweist – oh, sei es so! –, wie sie für uns außergewöhnlich, angenehm, schnell war, ist die Zeit wohlgenutzt.

Cleo. Der große Apollo wende alles zum besten! Diese Proklamationen, die Hermione so gewaltsam mit Schuld beladen, gefallen mir wenig.

Dion. Die heftige Handhabung wird die Sache aufklären oder beenden: wenn das Orakel (so von Apollos großem Geistlichen versiegelt) den Inhalt offenbart, eben dann wird etwas Außergewöhnliches auf unser Wissen einstürzen. Geht: frische Pferde! und gnädig sei der Ausgang.

Sie gehen ab.

SCENE II

A court of justice, which may be in the open air.

Enter Leontes, Lords and Officers.

Leon. This sessions (to our great grief we pronounce)
Even pushes 'gainst our heart: the party tried
The daughter of a king, our wife, and one
Of us too much belov'd. Let us be clear'd
Of being tyrannous, since we so openly
Proceed in justice, which shall have due course,
Even to the guilt or the purgation.
Produce the prisoner.

Off. It is his highness' pleasure that the queen
Appear in person, here in court. Silence!

Enter Hermione guarded; Paulina and Ladies attending.

Leon. Read the indictment.

Off. Hermione, queen to the worthy Leontes, king of Sicilia, thou art here accused and arraigned of high treason, in committing adultery with Polixenes, king of Bohemia, and conspiring with Camillo to take away the life of our sovereign lord the king, thy royal husband: the pretence whereof being by circumstances partly laid open, thou, Hermione, contrary to the faith and allegiance of a true subject, didst counsel and aid them, for their better safety, to fly away by night.

Her. Since what I am to say, must be but that
Which contradicts my accusation, and
The testimony on my part, no other
But what comes from myself, it shall scarce boot me
To say 'not guilty': mine integrity,
Being counted falsehood, shall, as I express it,
Be so receiv'd. But thus, if powers divine
Behold our human actions (as they do),
I doubt not then but innocence shall make

SZENE 2

Ein Gerichtshof, möglicherweise unter freiem Himmel.

Leontes, Lords und Gerichtsbeamte treten auf.

Leon. Diese Sitzung[1] (zu unserem großen Kummer erklären wir es) drückt geradezu auf unser Herz: die Partei vor Gericht die Tochter eines Königs, unsere Frau und von uns sehr geliebt. Man soll uns davon freisprechen, tyrannisch zu sein, da wir so offen nach dem Recht vorgehen, das seinen gehörigen Lauf haben soll, bis zur Schuld oder Freisprechung[2]. Führt die Gefangene vor.

Beamter. Es ist Seiner Hoheit Belieben, daß die Königin in Person erscheine, hier vor Gericht. Ruhe!

Hermione tritt unter Bewachung auf, Paulina und Damen in ihrer Begleitung.

Leon. Verlest die Klageschrift.

Beamter. Hermione, Königin und Gattin des würdigen Leontes, Königs von Sizilien, du wirst hiermit des Hochverrats beschuldigt und angeklagt, da du Ehebruch mit Polixenes, dem König von Böhmen begangen und dich mit Camillo verschworen hast, unserem höchsten Herrn, dem König, deinem königlichen Gatten, das Leben zu nehmen; nachdem diese Absicht[3] durch Indizien teilweise offenlag, hast du, Hermione, im Widerspruch zu der Treue und Loyalität eines wahren Untertanen, ihnen geraten und geholfen, um ihrer besseren Sicherheit willen bei Nacht zu entfliehen.

Her. Da, was ich zu sagen habe, nur das sein muß, was meiner Beschuldigung widerspricht, und mein Zeugnis kein anderes ist, als was von mir selbst kommt, wird es mir kaum helfen, »Nicht schuldig« zu sagen; meine Integrität, die man für Falschheit zählt, wird, da ich sie beteure, so aufgenommen werden. Nur so viel, wenn göttliche Mächte unsere menschlichen Handlungen sehen (wie sie es tun), zweifle ich nicht daran, daß Unschuld falsche Beschul-

False accusation blush, and tyranny
Tremble at patience. You, my lord, best know
(Who least will seem to do so) my past life
Hath been as continent, as chaste, as true,
As I am now unhappy; which is more
Than history can pattern, though devis'd
And play'd to take spectators. For behold me,
A fellow of the royal bed, which owe
A moiety of the throne, a great king's daughter,
The mother to a hopeful prince, here standing
To prate and talk for life and honour 'fore
Who please to come and hear. For life, I prize it
As I weigh grief (which I would spare): for honour,
'Tis a derivative from me to mine,
And only that I stand for. I appeal
To your own conscience, sir, before Polixenes
Came to your court, how I was in your grace,
How merited to be so; since he came,
With what encounter so uncurrent I
Have strain'd t'appear thus: if one jot beyond
The bound of honour, or in act or will
That way inclining, harden'd be the hearts
Of all that hear me, and my near'st of kin
Cry fie upon my grave!

Leon. I ne'er heard yet
That any of these bolder vices wanted
Less impudence to gainsay what they did
Than to perform it first.

Her. That's true enough,
Though 'tis a saying, sir, not due to me.

Leon. You will not own it.

Her. More than mistress of
Which comes to me in name of fault, I must not
At all acknowledge. For Polixenes,
With whom I am accus'd, I do confess
I lov'd him as in honour he requir'd,
With such a kind of love as might become

digung erröten und Tyrannei über Geduld erzittern läßt. Ihr, Mylord, wißt am besten (der Ihr am wenigsten zu wissen scheinen wollt), daß mein vergangenes Leben so enthaltsam, so keusch, so treu war, wie ich jetzt unglücklich bin; was ich mehr bin, als es eine Historie[4] vorweisen kann, wenn sie auch erfunden und gespielt wurde, um Zuschauer einzunehmen. Denn seht mich, Gefährtin des königlichen Bettes, der eine Hälfte des Throns zusteht, eines großen Königs Tochter, die Mutter eines hoffnungsvollen Prinzen, hier stehen, um für mein Leben, meine Ehre zu plappern und zu reden vor jedem, dem es beliebt zu kommen und zu hören. Für mein Leben, ich schätze es so ein, wie ich Kummer abwäge (auf den ich lieber verzichtete); für meine Ehre, sie vererbe ich von mir auf die Meinen, und nur dafür stehe ich ein. Ich appelliere an Euer eigenes Gewissen, Sir, bevor Polixenes an Euren Hof kam, wie war ich in Eurer Huld, wie verdiente ich, es zu sein; seit er kam, durch welche so ungeläufige Begegnung bin ich abgeirrt[5], daß ich so erscheine: wenn ein Jota über die Grenzen der Ehre hinaus oder in Tat oder Willen dazu neigend, mögen die Herzen aller, die mich hören, hart werden und meine nächsten Verwandten pfui an meinem Grab rufen.

Leon. Ich habe noch nie gehört, daß es einem dieser dreisteren Laster[6] weniger an Schamlosigkeit gefehlt hätte, das zu leugnen, was sie taten, als es zuerst zu begehen.

Her. Das ist wahr genug, obwohl es ein Spruch ist, Sir, der nicht auf mich zutrifft.

Leon. Ihr wollt es nicht gestehen.

Her. Herrin von mehr zu sein, als unter dem Namen Verfehlung auf mich zukommt, darf ich gar nicht zugeben.[7] Was Polixenes angeht, mit dem zusammen ich beschuldigt werde, ich gebe zu, ich habe ihn geliebt, wie er es in aller Ehre forderte, mit solcher Art Liebe, wie sie einer Dame

A lady like me; with a love, even such,
So, and no other, as yourself commanded:
Which, not to have done, I think had been in me
Both disobedience and ingratitude
To you, and toward your friend, whose love had spoke,
Even since it could speak, from an infant, freely,
That it was yours. Now, for conspiracy,
I know not how it tastes, though it be dish'd
For me to try how: all I know of it,
Is that Camillo was an honest man;
And why he left your court, the gods themselves
(Wotting no more than I) are ignorant.

Leon. You knew of his departure, as you know
What you have underta'en to do in 's absence.

Her. Sir,
You speak a language that I understand not:
My life stands in the level of your dreams,
Which I'll lay down.

Leon. Your actions are my dreams.
You had a bastard by Polixenes,
And I but dream'd it! As you were past all shame
(Those of your fact are so) so past all truth,
Which to deny, concerns more than avails; for as
Thy brat hath been cast out, like to itself,
No father owning it (which is, indeed,
More criminal in thee than it), so thou
Shalt feel our justice; in whose easiest passage
Look for no less than death.

Her. Sir, spare your threats:
The bug which you would fright me with, I seek.
To me can life be no commodity;
The crown and comfort of my life, your favour,
I do give lost, for I do feel it gone,
But know not how it went. My second joy,
And first-fruits of my body, from his presence
I am barr'd, like one infectious. My third comfort
(Starr'd most unluckily) is from my breast

wie mir zustehen mochte; mit einer Liebe, eben solch einer, so und nicht anders, wie Ihr sie selbst befahlt: dies nicht getan zu haben, glaube ich, wäre in mir Ungehorsamkeit und Undankbarkeit gegen Euch und gegenüber Eurem Freund gewesen, dessen Liebe, schon seit sie sprechen konnte, von Kind an, frei gesagt hat, sie sei Euer. Nun, was Verschwörung angeht, ich weiß nicht, wie sie schmeckt, und wenn sie mir auch aufgetischt wäre, um sie zu kosten: alles, was ich davon weiß, ist, daß Camillo ein redlicher Mann war; und warum er Euren Hof verließ, darüber sind selbst die Götter (die mehr wissen als ich) in Unkenntnis.

Leon. Ihr wußtet von seiner Abreise, wie Ihr wißt, was Ihr in seiner Abwesenheit zu tun auf Euch genommen habt.

Her. Sir, Ihr sprecht eine Sprache, die ich nicht verstehe: mein Leben steht in der Schußrichtung Eurer Träume[8], und ich will es niederlegen.

Leon. Eure Taten sind meine Träume. Ihr hattet einen Bastard von Polixenes, und ich habe es nur geträumt! Wie Ihr jenseits aller Scham wart (die[9] Eurer Tat war es auch), so jenseits aller Wahrheit, was zu leugnen Euch mehr belastet[10] als nützt; denn so wie dein Balg ausgestoßen wurde, sollst du wie es selbst, da kein Vater sich zu ihm bekennt (was in der Tat in dir verbrecherischer ist als in ihm), unsere Gerechtigkeit fühlen; in deren leichtestem Verlauf erwarte nichts Geringeres als Tod.

Her. Sir, spart Euch Eure Drohungen! Das Gespenst, mit dem Ihr mich schrecken wollt, suche ich. Mir kann das Leben keine Annehmlichkeit sein; die Krone und den Trost meines Lebens, Eure Gunst, gebe ich verloren, denn ich fühle, sie ist davongegangen, aber ich weiß nicht, wie es kam. Von meiner zweiten Freude und der ersten Frucht meines Leibes, von seiner Gegenwart bin ich ausgesperrt, wie eine ansteckend Kranke. Mein dritter Trost (unter höchst unglücklichem Stern[11]) ist von meiner Brust

(The innocent milk in it most innocent mouth)
Hal'd out to murder; myself on every post
Proclaim'd a strumpet, with immodest hatred
The child-bed privilege denied, which 'longs
To women of all fashion; lastly, hurried
Here, to this place, i' th' open air, before
I have got strength of limit. Now, my liege,
Tell me what blessings I have here alive,
That I should fear to die? Therefore proceed.
But yet hear this: mistake me not: no life,
I prize it not a straw, but for mine honour,
Which I would free: if I shall be condemn'd
Upon surmises, all proofs sleeping else
But what your jealousies awake, I tell you
'Tis rigour and not law. Your honours all,
I do refer me to the Oracle:
Apollo be my judge!

A Lord. This your request
Is altogether just: therefore bring forth,
And in Apollo's name, his Oracle.

Exeunt certain Officers.

Her. The Emperor of Russia was my father:
O that he were alive, and here beholding
His daughter's trial! that he did but see
The flatness of my misery, yet with eyes
Of pity, not revenge!

Enter Officers, with Cleomenes and Dion.

Off. You here shall swear upon this sword of justice,
That you, Cleomenes and Dion, have
Been both at Delphos, and from thence have brought
This seal'd-up Oracle, by the hand deliver'd
Of great Apollo's priest; and that since then
You have not dared to break the holy seal,
Nor read the secrets in 't.

Cleo. Dion. All this we swear.

Leon. Break up the seals and read.

Off. [*Reads.*] Hermione is chaste; Polixenes blameless; Ca-

(die unschuldige Milch in seinem gänzlich unschuldigen Mund) zum Mord davongeschleift worden; ich selbst werde von jedem Pfosten[12] als Dirne ausgerufen, mit unmäßigem Haß wird mir das Privileg des Kindbetts verweigert, das Frauen von jedem Rang zusteht; schließlich eilig hierhin, an die frische Luft geschafft, bevor ich die Stärke der festgesetzten Zeit habe.[13] Nun, mein Lehnsherr, sagt mir, welche Segnungen ich hier im Leben habe, daß ich fürchten sollte zu sterben? Darum fahrt fort. Doch hört jetzt dies, mißversteht mich nicht: nicht Leben,[14] das schätz ich nicht einmal als einen Strohhalm ein, sondern für meine Ehre, von der ich wollte, sie sei frei. Wenn ich auf Mutmaßungen hin verurteilt werden soll, während sonst alle Beweise schlafen außer denen, die Eure Eifersucht aufweckt, ich sage Euch, das ist Härte und nicht Gesetz.[15] Euer Ehren alle, ich wende mich an das Orakel: Apollo sei mein Richter!

Ein Lord. Diese Eure Bitte ist gänzlich billig: darum bringt, und in Apollos Namen, sein Orakel herbei.

Einige Gerichtsbeamte gehen ab.

Her. Der Kaiser von Rußland war mein Vater: oh, daß er lebte und hier seiner Tochter Prozeß ansähe! daß er nur die Ausdehnung[16] meines Elends sähe, doch mit Augen des Mitleids, nicht der Rache!

Gerichtsbeamte treten mit Cleomenes und Dion auf.

Beamter. Ihr sollt hier auf dieses Gerichtsschwert schwören, daß ihr, Cleomenes und Dion, beide in Delphos wart und von dort dieses versiegelte Orakel gebracht habt, ausgehändigt durch den Priester des großen Apollo; und daß ihr seitdem nicht gewagt habt, das heilige Siegel aufzubrechen oder die Geheimnisse darin zu lesen.

Cleo., Dion. All dies schwören wir.

Leon. Erbrecht das Siegel und lest.

Beamter (liest). Hermione ist keusch; Polixenes schuldlos;

millo a true subject; Leontes a jealous tyrant; his innocent babe truly begotten; and the king shall live without an heir, if that which is lost be not found.

Lords. Now blessed be the great Apollo!
Her. Praised!
Leon. Hast thou read truth?
Off. Ay, my lord, even so
As it is here set down.
Leon. There is no truth at all i' th' Oracle:
The sessions shall proceed: this is mere falsehood.
Enter Servant.
Serv. My lord the king, the king!
Leon. What is the business?
Serv. O sir, I shall be hated to report it!
The prince your son, with mere conceit and fear
Of the queen's speed, is gone.
Leon. How! gone?
Serv. Is dead.
Leon. Apollo's angry, and the heavens themselves
Do strike at my injustice. [*Hermione faints.*] How now there?
Paul. This news is mortal to the queen: look down
And see what death is doing.
Leon. Take her hence:
Her heart is but o'ercharg'd: she will recover.
I have too much believ'd mine own suspicion:
Beseech you, tenderly apply to her
Some remedies for life.
Exeunt Paulina and Ladies, with Hermione.
Apollo, pardon
My great profaneness 'gainst thine Oracle!
I'll reconcile me to Polixenes,
New woo my queen, recall the good Camillo,
Whom I proclaim a man of truth, of mercy:
For being transported by my jealousies
To bloody thoughts and to revenge, I chose

Camillo ein treuer Untertan; Leontes ein eifersüchtiger Tyrann; sein unschuldiges Baby ehelich gezeugt; und der König soll ohne Erben leben, wenn das, was verloren ist, nicht gefunden wird.

Lords. Nun sei der große Apollo gesegnet!

Her. Gepriesen!

Leon. Hast du wahr gelesen?

Beamter. Ja, Mylord, gerade so, wie es hier niedergelegt ist.

Leon. Nichts Wahres ist an dem Orakel: die Sitzung soll weitergehen; dies ist bloße Falschheit.

Ein Diener tritt auf.

Diener. Herr König, Herr König!

Leon. Um was geht es?

Diener. Oh, Sir, man wird mich hassen dafür, daß ich es berichte! Der Prinz, Euer Sohn, ist aus bloßer Ahnung[17] und Furcht um der Königin Geschick von uns gegangen.

Leon. Wie! Von uns gegangen?

Diener. Ist tot.

Leon. Apollo ist wütend, und der Himmel selbst schlägt meine Ungerechtigkeit.[18] *(Hermione wird ohnmächtig.)* Wie, was ist da los?

Paul. Diese Nachricht ist tödlich für die Königin: schaut zu ihr nieder und seht, was der Tod anrichtet.

Leon. Schafft sie von hier weg. Ihr Herz ist nur überlastet; sie wird sich erholen. Ich habe zu sehr meinem eigenen Verdacht geglaubt: ich bitte euch, wendet sanft einige Mittel an, damit sie lebt.[19]

Paulina und Damen gehen mit Hermione ab.

Apollo, verzeih mir meine große Gotteslästerung gegen dein Orakel! Ich will mich mit Polixenes versöhnen, erneut um meine Königin werben, den guten Camillo zurückrufen, den ich als Mann der Wahrheit, der Barmherzigkeit proklamiere: denn aus Eifersucht zu blutigen Gedanken und zur Rache hingerissen, habe ich Camillo als

Camillo for the minister to poison
My friend Polixenes: which had been done,
But that the good mind of Camillo tardied
My swift command; though I with death, and with
Reward, did threaten and encourage him,
Not doing it, and being done. He (most humane
And fill'd with honour) to my kingly guest
Unclasp'd my practice, quit his fortunes here
(Which you knew great) and to the certain hazard
Of all incertainties, himself commended,
No richer than his honour: how he glisters
Thorough my rust! and how his piety
Does my deeds make the blacker!

Enter Paulina.

Paul. Woe the while!
O cut my lace, lest my heart, cracking it,
Break too!

A Lord. What fit is this, good lady?

Paul. What studied torments, tyrant, hast for me?
What wheels? racks? fires? what flaying? boiling?
In leads or oils? What old or newer torture
Must I receive, whose every word deserves
To taste of thy most worst? Thy tyranny,
Together working with thy jealousies
(Fancies too weak for boys, too green and idle
For girls of nine), O think what they have done,
And then run mad indeed: stark mad! for all
Thy by-gone fooleries were but spices of it.
That thou betray'dst Polixenes, 'twas nothing;
That did but show thee, of a fool, inconstant
And damnable ingrateful: nor was't much,
Thou would'st have poison'd good Camillo's honour,
To have him kill a king; poor trespasses,
More monstrous standing by: whereof I reckon
The casting forth to crows thy baby daughter,
To be or none or little; though a devil
Would have shed water out of fire, ere done 't:

den Diener ausgesucht, der meinen Freund Polixenes vergiften sollte; was getan worden wäre, hätte nicht die gute Gesinnung des Camillo meinen raschen Befehl verlangsamt; obwohl ich mit Tod und mit Belohnung ihm drohte und ihn ermunterte, fürs Nicht-Tun und fürs Getane.[20] Er (ganz human und angefüllt mit Ehre) erschloß meinem königlichen Gast meinen Anschlag, gab sein Vermögen hier auf (von dem ihr wißt, daß es groß war) und empfahl sich dem gewissen Risiko aller Ungewißheiten, nicht reicher als an seiner Ehre: wie er funkelt durch meinen Rost! Und wie seine Frömmigkeit meine Taten um so schwärzer macht!

Paulina tritt auf.

Paul. Leidvolle Zeit! Oh, schneidet meine Korsettschnur auf, damit nicht mein Herz sie aufsprengt und auch bricht!

Ein Lord. Was ist dies für ein Anfall, gute Lady?

Paul. Was für ersonnene Foltern, Tyrann, hast du für mich? Was für Räder? Folterbänke? Feuer? was für Schinden? Kochen? in Bleien oder Ölen? Welche alte oder neuere Folter muß ich hinnehmen, deren jedes Wort verdient, von deinem Allerschlimmsten zu kosten? Deine Tyrannei, zusammenwirkend mit deiner Eifersucht (Phantasien, zu schwach für Jungen, zu grün und seicht für Mädchen von neun), oh, denke, was sie getan haben, und werde dann in der Tat wahnsinnig, vollkommen wahnsinnig! denn all deine vergangenen Torheiten waren nur ein Beigeschmack[21] davon. Daß du Polixenes betrogen hast, war nichts; dies zeigte dich nur als Toren, unbeständig und verdammenswert undankbar; und es war auch nicht viel, daß du des guten Camillo Ehre vergiften wolltest, daß du wolltest, er solle einen König töten;[22] armselige Verfehlungen, während ungeheuerlichere dabeistehen: worunter ich es für gar nichts oder wenig zähle, daß du deine Baby-Tochter den Krähen hingeworfen hast; obwohl ein Teufel Wasser aus dem Feuer heraus vergossen, ehe er das

Nor is't directly laid to thee the death
Of the young prince, whose honourable thoughts
(Thoughts high for one so tender) cleft the heart
That could conceive a gross and foolish sire
Blemish'd his gracious dam: this is not, no,
Laid to thy answer: but the last – O lords,
When I have said, cry 'woe!' – the queen, the queen,
The sweet'st, dear'st creature's dead: and vengeance for 't
Not dropp'd down yet.

A Lord. The higher powers forbid!

Paul. I say she's dead: I'll swear 't. If word nor oath
Prevail not, go and see: if you can bring
Tincture, or lustre in her lip, her eye,
Heat outwardly or breath within, I'll serve you
As I would do the gods. But, O thou tyrant!
Do not repent these things, for they are heavier
Than all thy woes can stir: therefore betake thee
To nothing but despair. A thousand knees
Ten thousand years together, naked, fasting,
Upon a barren mountain, and still winter
In storm perpetual, could not move the gods
To look that way thou wert.

Leon. Go on, go on:
Thou canst not speak too much; I have deserv'd
All tongues to talk their bitt'rest.

A Lord. Say no more:
Howe'er the business goes, you have made fault
I' th' boldness of your speech.

Paul. I am sorry for 't:
All faults I make, when I shall come to know them,
I do repent. Alas! I have show'd too much
The rashness of a woman: he is touch'd
To th' noble heart. What's gone and what's past help
Should be past grief. Do not receive affliction
At my petition; I beseech you, rather
Let me be punish'd, that have minded you
Of what you should forget. Now, good my liege,

getan hätte; noch kann man dir direkt den Tod des jungen Prinzen zur Last legen, dessen ehrenhafte Gedanken (hohe Gedanken für einen so Zarten) das Herz spalteten, das ahnen konnte, daß ein roher und törichter Vater seine heilige Mutter entehren konnte. Nein, dafür wirst du nicht verantwortlich gemacht: aber das letzte – oh, Lords, wenn ich gesprochen habe, ruft »Weh!« –, die Königin, die Königin, das süßeste, liebste Wesen ist tot – und Rache dafür noch nicht herabgestürzt.

Ein Lord. Dies mögen die höheren Mächte verhüten.

Paul. Ich sage, sie ist tot, ich will es schwören. Wenn weder Wort noch Eid nützen, geht und seht: wenn ihr Färbung oder Glanz auf ihre Lippe, in ihr Auge bringen könnt, Hitze nach außen oder Atem innen, will ich euch dienen, wie ich den Göttern dienen würde. Aber oh, du Tyrann! bereue diese Dinge nicht, denn sie sind schwerwiegender, als daß alle deine Wehklagen sie bewegen können: darum ergib dich nichts als der Verzweiflung. Tausend Kniefälle zehntausend Jahre lang, nackt, fastend, auf einem öden Berg, und immer Winter in ewigem Sturm könnten die Götter nicht bewegen, dorthin zu sehen, wo du wärst.

Leon. Fahr fort, fahr fort: du kannst nicht zu viel sagen; ich habe es verdient, daß alle Zungen so bitter sprechen, wie sie es nur können.

Ein Lord. Sagt nichts mehr: wie die Sache auch geht, Ihr habt einen Fehltritt begangen durch die Kühnheit Eurer Sprache.

Paul. Es tut mir leid: alle Fehler, die ich begehe, bereue ich, wenn sie mir zur Kenntnis gelangen. O weh! Ich habe zu sehr die Unbesonnenheit einer Frau gezeigt; er ist bis in sein edles Herz getroffen. Was vergangen ist und was nicht mehr zu ändern ist, darüber sollte man nicht trauern.[23] Empfangt durch meine Bitte[24] nicht Schmerz; ich bitte Euch, laßt mich lieber bestrafen, weil ich an das erinnert habe, was Ihr vergessen solltet. Nun, mein guter

Sir, royal sir, forgive a foolish woman:
The love I bore your queen – lo, fool again!
I'll speak of her no more, nor of your children:
I'll not remember you of my own lord
(Who is lost too): take your patience to you,
And I'll say nothing.

Leon. Thou didst speak but well
When most the truth: which I receive much better
Than to be pitied of thee. Prithee, bring me
To the dead bodies of my queen and son:
One grave shall be for both: upon them shall
The causes of their death appear, unto
Our shame perpetual. Once a day I'll visit
The chapel where they lie, and tears shed there
Shall be my recreation. So long as nature
Will bear up with this exercise, so long
I daily vow to use it. Come, and lead me
To these sorrows.

Exeunt.

SCENE III

Bohemia. A desert shore.

Enter Antigonus with the Babe, and a Mariner.

Ant. Thou art perfect, then, our ship hath touch'd upon
The deserts of Bohemia?

Mar. Ay, my lord, and fear
We have landed in ill time: the skies look grimly,
And threaten present blusters. In my conscience,
The heavens with that we have in hand are angry,
And frown upon 's.

Ant. Their sacred wills be done! Go, get aboard;
Look to thy bark: I'll not be long before
I call upon thee.

Mar. Make your best haste, and go not
Too far i' th' land: 'tis like to be loud weather;

Lehnsherr, Sir, königlicher Sir, vergebt einer törichten Frau die Liebe, die ich für Eure Königin empfand – da, wieder Törin! Ich will nicht mehr von ihr sprechen, noch von Euren Kindern: ich will Euch nicht an meinen eigenen Herrn erinnern[25] (der auch verloren ist), nehmt Eure Geduld an Euch, und ich will nichts sagen.

Leon. Du hast nur wohlgesprochen, als du am meisten die Wahrheit sprachst, was ich viel besser aufnehme, als von dir bemitleidet zu werden. Ich bitte dich, bring mich zu den toten Leibern meiner Königin und meines Sohnes: ein Grab soll für beide dasein: auf ihm[26] sollen die Gründe ihres Todes zu lesen sein, zu unserer ewigen Schande. Einmal am Tag will ich die Kapelle, in der sie liegen, aufsuchen, und die Tränen, die ich dort vergieße, sollen meine Erquickung sein. Solange die Natur dieser geistlichen Übung standhält, so lange, gelobe ich, will ich sie täglich einhalten. Kommt und geleitet mich zu diesen Schmerzen.

Sie gehen ab.

SZENE 3

Böhmen. Eine unbewohnte Küste.[1]

Antigonus tritt mit dem Baby und einem Seemann auf.

Ant. Du bist dir also völlig sicher, daß unser Schiff an den Einöden Böhmens angelegt hat?

Seemann. Ja, Mylord, und fürchte, wir sind zu schlechter Zeit gelandet; der Himmel sieht grimmig aus und droht sogleich Toben an. Bei meinem Gewissen, der Himmel ist wütend über das, was wir im Sinn haben, und blickt finster auf uns.

Ant. Sein heiliger Wille geschehe! Geh, geh an Bord; acht auf deine Barke: es soll nicht lange dauern, bis ich dich treffe.

Seemann. Eilt Euch, so sehr Ihr könnt, und geht nicht zu weit ins Land hinein; wir werden wohl brausendes Wetter

Besides, this place is famous for the creatures
Of prey that keep upon 't.

Ant. Go thou away:
I'll follow instantly.

Mar. I am glad at heart
To be so rid o' th' business.

Exit.

Ant. Come, poor babe:
I have heard, but not believ'd, the spirits o' th' dead
May walk again: if such thing be, thy mother
Appear'd to me last night; for ne'er was dream
So like a waking. To me comes a creature,
Sometimes her head on one side, some another;
I never saw a vessel of like sorrow,
So fill'd, and so becoming: in pure white robes,
Like very sanctity, she did approach
My cabin where I lay: thrice bow'd before me,
And, gasping to begin some speech, her eyes
Became two spouts; the fury spent, anon
Did this break from her: 'Good Antigonus,
Since fate, against thy better disposition,
Hath made thy person for the thrower-out
Of my poor babe, according to thine oath,
Places remote enough are in Bohemia,
There weep, and leave it crying: and, for the babe
Is counted lost for ever, Perdita,
I prithee, call 't. For this ungentle business,
Put on thee by my lord, thou ne'er shalt see
Thy wife Paulina more.' And so, with shrieks,
She melted into air. Affrighted much,
I did in time collect myself, and thought
This was so, and no slumber. Dreams are toys:
Yet for this once, yea, superstitiously,
I will be squar'd by this. I do believe
Hermione hath suffer'd death; and that
Apollo would, this being indeed the issue
Of King Polixenes, it should here be laid,

bekommen; außerdem ist diese Gegend bekannt für die Raubtiere, die sich hier aufhalten.

Ant. Geh du fort, ich komme gleich nach.

Seemann. Ich bin von Herzen froh, daß ich diese Sache los bin.

Er geht ab.

Ant. Komm, armes Baby, ich habe gehört, aber nicht geglaubt, daß die Geister der Toten wieder umhergehen dürfen;[2] wenn so etwas sein kann, erschien mir letzte Nacht deine Mutter; denn nie war ein Traum so wie Wachen. Zu mir kommt ein Wesen, manchmal ihr Kopf zu einer Seite, manchmal zur anderen; nie zuvor sah ich ein Gefäß von ähnlichem Schmerz, so angefüllt und anmutig:[3] in reinen, weißen Kleidern, wie die Heiligkeit selbst nahte sie sich der Kabine, in der ich lag; verbeugte sich dreimal vor mir und, keuchend, um zu einer Rede anzusetzen, wurden ihre Augen zwei Wasserspeier[4]; nach verrauchter Wut brach gleich dies aus ihr hervor: »Guter Antigonus, da das Geschick, gegen deine bessere Veranlagung, deine Person zum Aussetzer meines armen Babys gemacht hat, also, gemäß deinem Eid – entlegene Orte gibt es genug in Böhmen – weine dort und laß es schreiend zurück. Und da das Baby für immer verloren geglaubt wird, nenne es, ich bitte dich, Perdita[5]. Für dieses unedle Geschäft, von meinem Herrn dir auferlegt, sollst du nie mehr deine Frau Paulina sehen.« Und damit zerschmolz sie aufschreiend in Luft. Sehr erschreckt sammelte ich mich rechtzeitig und glaubte, dies sei wirklich und nicht Schlaf. Träume sind Albernheiten. Doch für dieses Mal, ja, abergläubisch will ich mich hiervon leiten lassen. Ich glaube, Hermione hat den Tod erlitten; und daß Apollo möchte, da dies wirklich der Nachkomme von König Polixenes

Either for life or death, upon the earth
Of its right father. Blossom, speed thee well!
There lie, and there thy character: there these,
Which may, if fortune please, both breed thee, pretty,
And still rest thine. The storm begins: poor wretch,
That for thy mother's fault art thus expos'd
To loss and what may follow! Weep I cannot,
But my heart bleeds; and most accurs'd am I
To be by oath enjoin'd to this. Farewell!
The day frowns more and more: thou 'rt like to have
A lullaby too rough: I never saw
The heavens so dim by day. A savage clamour!
Well may I get aboard! This is the chase:
I am gone for ever!

Exit, pursued by a bear.

Enter a Shepherd.

Shep. I would there were no age between ten and three-and-twenty, or that youth would sleep out the rest; for there is nothing in the between but getting wenches with child, wronging the ancientry, stealing, fighting – Hark you now! Would any but these boiled-brains of nineteen and two-and-twenty hunt this weather? They have scared away two of my best sheep, which I fear the wolf will sooner find than the master: if anywhere I have them, 'tis by the sea-side, browzing of ivy. [*Seeing the babe.*] Good luck, and 't be thy will, what have we here? Mercy on 's, a barne! A very pretty barne! A boy or a child, I wonder? A pretty one; a very pretty one. Sure, some scape: though I am not bookish, yet I can read waiting-gentlewoman in the scape. This has been some stair-work, some trunk-work, some behind-door-work: they were warmer that got this than the poor thing is here. I'll take it up for pity: yet I'll tarry till my son come; he hallooed but even now. Whoa-ho-hoa!

ist, daß es hier, zu Leben oder Tod, auf die Erde seines richtigen Vaters gelegt werde. Knospe, mögest du gedeihen! Dort lieg und dort dein Empfehlungsschreiben: dort dieses[6], das, wenn es dem Geschick beliebt, dich Hübsche ernähren und doch dein bleiben kann. Der Sturm setzt ein: armes Wurm, das du für den Fehltritt deiner Mutter so dem Untergang und dem, was folgen mag, ausgeliefert wirst! Weinen kann ich nicht, aber mein Herz blutet; und ganz verflucht bin ich, durch einen Eid hierzu verpflichtet zu sein.[7] Leb wohl! Der Tag blickt immer finsterer; du wirst wohl ein zu rauhes Wiegenlied bekommen; nie habe ich den Himmel bei Tag so trübe gesehen. Ein wildes Lärmen! Gut möge ich an Bord kommen! Das ist die Jagd – ich bin auf ewig verloren!

Er geht ab, verfolgt von einem Bären.[8]
Ein Schäfer tritt auf.

Schäfer. Ich wollte, zwischen zehn und dreiundzwanzig gäbe es kein Alter oder daß die Jugend den Rest verschliefe; denn in der Zwischenzeit gibt es nichts als Frauenzimmern Kinder machen, den Alten Unrecht tun, stehlen, sich schlagen – hört nur! Würde sonst jemand außer diesen Hitzköpfen von neunzehn und zweiundzwanzig in diesem Wetter auf die Jagd gehen? Sie haben zwei meiner besten Schafe verschreckt, die, fürchte ich, der Wolf eher finden wird als der Meister; wenn ich sie überhaupt irgendwo auftreibe, dann am Strand, Efeu weidend. *(Sieht das Baby.)* Glück, wenn es dein Wille ist, was haben wir hier? Erbarmen mit uns, ein Kleines![9] Ein sehr hübsches Kleines! Ein Junge oder ein Mädchen[10], frage ich mich. Eine Hübsche; eine ganz Hübsche. Sicher eine Untat! Wenn ich auch kein Bücherwurm bin, kann ich doch »Edelfrau« in der Untat lesen. Das war Hintertreppenarbeit, Schrankkofferarbeit[11], Hinter-der-Tür-Arbeit. Denen, die das zeugten, war wärmer, als dem armen Ding hier ist. Ich will es aus Mitleid aufnehmen; doch ich will warten, bis mein Sohn kommt; er hat gerade eben: »Hallo« gerufen. Hei-hei-hei!

Enter Clown.

Clo. Hilloa, loa!

Shep. What, art so near? If thou'lt see a thing to talk on when thou art dead and rotten, come hither. What ail'st thou man?

Clo. I have seen two such sights, by sea and by land! But I am not to say it is a sea, for it is now the sky: betwixt the firmament and it you cannot thrust a bodkin's point.

Shep. Why, boy, how is it?

Clo. I would you did but see how it chafes, how it rages, how it takes up the shore! But that's not to the point. O, the most piteous cry of the poor souls! sometimes to see 'em, and not to see 'em: now the ship boring the moon with her main-mast, and anon swallowed with yest and froth, as you 'd thrust a cork into a hogs-head. And then for the land-service, to see how the bear tore out his shoulder-bone, how he cried to me for help and said his name was Antigonus, a nobleman. But to make an end of the ship, to see how the sea flap-dragoned it: but first, how the poor souls roared, and the sea mocked them: and how the poor gentleman roared, and the bear mocked him, both roaring louder than the sea or weather.

Shep. Name of mercy, when was this, boy?

Clo. Now, now: I have not winked since I saw these sights: the men are not yet cold under water, nor the bear half dined on the gentleman: he's at it now.

Shep. Would I had been by, to have helped the old man!

Clo. I would you had been by the ship side, to have helped her: there your charity would have lacked footing.

Shep. Heavy matters! heavy matters! But look thee here, boy.

Clown tritt auf.

Clown. Halli, hallo!

Schäfer. Was, bist so nah? Wenn du etwas sehen willst, wovon du reden kannst, wenn du tot und verfault bist, komm her. Was tut dir weh, Mann?

Clown. Ich habe zwei solche Anblicke gesehen, auf See und auf Land! Aber ich darf nicht sagen, es ist die See, denn jetzt ist es der Himmel: zwischen das Firmament und sie kann man keine Nadelspitze stoßen.

Schäfer. Was, Junge, wie kommt das?

Clown. Ich wollte, Ihr sähet nur, wie sie tobt,[12] wie sie wütet, wie sie die Küste erobert! Aber das tut nichts zur Sache. Oh, das erbärmlichste Schreien der armen Seelen! manchmal sie sehen, und sie nicht sehen: jetzt bohrt das Schiff mit dem Hauptmast den Mond, und gleich darauf verschlungen von Gischt[13] und Schaum, wie man einen Korken in ein Faß stößt. Und was die Aktion zu Lande angeht, anzusehen, wie der Bär ihm den Schulterknochen herausriß, wie er zu mir um Hilfe schrie und sagte, sein Name sei Antigonus, ein Adliger. Aber um dem Schiff ein Ende zu machen, anzusehen, wie die See es verschluckte wie eine Rosine:[14] aber erst, wie die armen Seelen brüllten und die See sie verspottete, und wie der arme Edelmann brüllte und der Bär ihn verspottete, beide brüllten lauter als die See oder das Wetter.

Schäfer. Im Namen der Barmherzigkeit, wann war das, Junge?

Clown. Jetzt, jetzt: ich habe nicht einmal geblinzelt, seit ich diese Anblicke sah; die Männer sind noch nicht kalt unter Wasser, noch der Bär halb gespeist mit dem Edelmann: er ist gerade dabei.

Schäfer. Ich wollte, ich wäre dortgewesen, um dem alten[15] Mann zu helfen.

Clown. Ich wollte, Ihr wäret dem Schiff zur Seite gestanden, um ihm zu helfen; da hätte es Eurer Güte am sicheren Stand gefehlt.

Schäfer. Schlimme Sachen! Schlimme Sachen! Aber sieh mal

Now bless thyself: thou met'st with things dying, I with things new-born. Here's a sight for thee; look thee, a bearing-cloth for a squire's child! look thee here; take up, take up, boy; open 't. So, let's see: it was told me I should be rich by the fairies. This is some changeling: open 't. What's within, boy?

Clo. You're a made old man: if the sins of your youth are forgiven you, you're well to live. Gold! all gold!

Shep. This is fairy gold, boy, and 'twill prove so; up with 't, keep it close: home, home, the next way. We are lucky, boy; and to be so still requires nothing but secrecy. Let my sheep go: come, good boy, the next way home.

Clo. Go you the next way with your findings. I'll go see if the bear be gone from the gentleman, and how much he hath eaten; they are never curst but when they are hungry: if there be any of him left, I'll bury it.

Shep. That's a good deed. If thou mayest discern by that which is left of him what he is, fetch me to th' sight of him.

Clo. Marry, will I; and you shall help to put him i' th' ground.

Shep. 'Tis a lucky day, boy, and we'll do good deeds on 't.

Exeunt.

hier, Junge. Nun segne dich: dir ist Sterbendes begegnet, mir Neu-Geborenes.[16] Hier ist ein Anblick für dich; sieh mal, ein Taufkleid für das Kind eines Junkers![17] Sieh mal hier; nimm's hoch, nimm's hoch, Junge; mach's auf. So, laß uns mal sehen, mir ist erzählt worden, ich sollte durch die Feen reich werden. Dies ist irgendein Feenkind[18]; mach's auf. Was ist drin, Junge?

Clown. Ihr seid ein gemachter alter Mann: wenn die Sünden Eurer Jugend Euch vergeben sind, könnt Ihr gut leben. Gold! Alles Gold!

Schäfer. Das ist Feengold, Junge, und als das wird es sich zeigen; auf damit, halt es bedeckt: nach Hause, nach Hause, auf dem nächsten Weg. Wir haben Glück, Junge; und um es weiter zu haben, brauchen wir nichts als Verschwiegenheit. Laß meine Schafe nur: komm, guter Junge, auf dem nächsten Weg nach Hause.

Clown. Geht Ihr auf dem nächsten Weg mit Eurem Fund. Ich will gehen und sehen, ob der Bär schon von dem Edelmann weg ist und wieviel er gefressen hat; sie sind nur bösartig, wenn sie hungrig sind: wenn von ihm etwas übrig ist, will ich es beerdigen.

Schäfer. Das ist eine gute Tat. Wenn du an dem, was von ihm übrig ist, erkennen kannst, wer er ist, hol mich, ihn anzusehen.

Clown. Fürwahr, das will ich; und Ihr sollt helfen, ihn unter die Erde zu bringen.

Schäfer. Es ist ein glücklicher Tag, Junge, und wir wollen gute Taten an ihm tun.

Sie gehen ab.

ACT IV

SCENE I

Enter Time, the Chorus.

Time. I that please some, try all: both joy and terror
Of good and bad, that makes and unfolds error,
Now take upon me, in the name of Time,
To use my wings. Impute it not a crime
To me, or my swift passage, that I slide
O'er sixteen years, and leave the growth untried
Of that wide gap, since it is in my power
To o'erthrow law, and in one self-born hour
To plant and o'erwhelm custom. Let me pass
The same I am, ere ancient'st order was,
Or what is now receiv'd. I witness to
The times that brought them in; so shall I do
To th' freshest things now reigning, and make stale
The glistering of this present, as my tale
Now seems to it. Your patience this allowing,
I turn my glass, and give my scene such growing
As you had slept between: Leontes leaving,
Th' effects of his fond jealousies so grieving
That he shuts up himself, imagine me,
Gentle spectators, that I now may be
In fair Bohemia, and remember well
I mentioned a son o' th' king's, which Florizel
I now name to you; and with speed so pace
To speak of Perdita, now grown in grace
Equal with wond'ring. What of her ensues
I list not prophesy; but let Time's news
Be known when 'tis brought forth. A shepherd's daughter,
And what to her adheres, which follows after,
Is th' argument of Time. Of this allow,

AKT IV

SZENE 1

Die Zeit als Chor tritt auf.

Zeit[1]. Ich, die ich einigen gefalle, prüfe alle: Freude und Schrecken des Guten und Schlechten, die ich den Irrtum verursache und offenlege, nehmen es jetzt auf mich, unter dem Namen Zeit meine Flügel zu nutzen. Rechnet es mir nicht als Vergehen an oder meinem raschen Verstreichen, daß ich über sechzehn Jahre dahingleite und das Wachsen dieser weiten Kluft ungeprüft lasse, da es in meiner Macht steht, das Gesetz umzustoßen und in einer von mir selbst geborenen[2] Stunde den Brauch zu pflanzen und zu besiegen. Laßt mich verstreichen, genau wie ich bin, ehe die älteste Ordnung bestand oder was jetzt anerkannt wird. Ich bin Zeuge für die Zeiten, die sie[3] eingerichtet haben; so werde ich es mit den frischesten Dingen halten, die jetzt vorherrschen, und das Glitzern dieser Gegenwart matt[4] werden lassen, wie meine Geschichte ihr jetzt erscheint. Wenn eure Geduld dies zugesteht, drehe ich mein Stundenglas und gebe meiner Szene[5] solches Wachsen, als hättet ihr inzwischen geschlafen. Indem ich Leontes verlasse, den die Folgen seiner törichten Eifersucht so schmerzen, daß er sich von allem abschließt, stellt euch vor, edle Zuschauer, daß ich jetzt im schönen Böhmen bin, und erinnert euch wohl, daß ich einen Sohn des Königs erwähnt habe, den ich euch jetzt als Florizel nenne; und daß ich geschwind weiterschreite, um von Perdita zu reden, dic jetzt gewachsen ist an Anmut, die der Bewunderung[6] gleichkommt. Was von ihr folgt, habe ich keine Lust zu prophezeien; sondern mache die Nachricht der Zeit bekannt, wenn sie hervorgebracht wird. Eines Schäfers Tochter, und was mit ihr zusammenhängt, was hiernach folgt, ist die Aussage[7] der Zeit. Gesteht dies zu, wenn ihr je

If ever you have spent time worse ere now;
If never, yet that Time himself doth say,
He wishes earnestly you never may.

Exit.

SCENE II

Bohemia. Polixenes' palace.

Enter Polixenes and Camillo.

Pol. I pray thee, good Camillo, be no more importunate: 'tis a sickness denying thee anything; a death to grant this.

Cam. It is fifteen years since I saw my country: though I have, for the most part, been aired abroad, I desire to lay my bones there. Besides, the penitent king, my master, hath sent for me; to whose feeling sorrows I might be some allay (or I o'erween to think so), which is another spur to my departure.

Pol. As thou lov'st me, Camillo, wipe not out the rest of thy services by leaving me now: the need I have of thee, thine own goodness hath made; better not to have had thee than thus to want thee. Thou, having made me businesses, which none without thee can sufficiently manage, must either stay to execute them thyself, or take away with thee the very services thou hast done: which if I have not enough considered (as too much I cannot), to be more thankful to thee shall be my study; and my profit therein, the heaping friendships. Of that fatal country, Sicilia, prithee speak no more; whose very naming punishes me with the remembrance of that penitent (as thou call'st him) and reconciled king, my brother; whose loss of his most precious queen and children are even now to be afresh

zuvor die Zeit schlechter verbracht habt; wenn nie, sagt doch die Zeit selbst, sie wünscht ernstlich, ihr möget es auch nie.

Sie geht ab.

SZENE 2

Böhmen. Polixenes' Palast.

Polixenes und Camillo treten auf.

Pol. Ich bitte dich, guter Camillo, dränge mich nicht mehr. Es ist eine Krankheit, dir etwas abzuschlagen; ein Tod, dies zu gewähren.

Cam. Es ist fünfzehn[1] Jahre, seit ich meine Heimat sah. Obwohl ich meistenteils die Luft des Auslands geatmet habe, wünsche ich meine Knochen dort niederzulegen. Außerdem hat der reuige König, mein Herr, nach mir gesandt; dessen fühlbaren Schmerzen ich etwas Linderung sein könnte (oder ich maße es mir an, dies zu glauben), was ein weiterer Ansporn für meine Abreise ist.

Pol. So du mich liebst, Camillo, lösche nicht den Rest deiner Dienste aus, indem du mich jetzt verläßt: die Unentbehrlichkeit, die du für mich besitzt, hat dein eigenes gutes Wesen geschaffen; besser, dich nicht gehabt zu haben als dich so zu vermissen. Du, der du mir Angelegenheiten[2] geschaffen hast, die keiner außer dir hinreichend abschließen kann, mußt entweder bleiben, um sie selbst durchzuführen, oder genau die Dienste, die du geleistet hast, mit dir fortnehmen; wenn ich diese nicht genügend belohnt habe[3] (denn zu viel kann ich es gar nicht), soll, dir dankbarer zu sein, mein Bemühen sein; und mein Gewinn daran, Freundschaftsdienste aufzuhäufen. Von dem todbringenden Land Sizilien, bitt dich, sprich nicht mehr; sein bloßes Nennen straft mich mit der Erinnerung an den reuigen (wie du ihn nennst) und versöhnten König, meinen Bruder; sein Verlust der kostbarsten Königin und der Kinder ist gerade jetzt neu zu beklagen. Sag

lamented. Say to me, when sawest thou the Prince Florizel, my son? Kings are no less unhappy, their issue not being gracious, than they are in losing them when they have approved their virtues.

Cam. Sir, it is three days since I saw the prince. What his happier affairs may be, are to me unknown: but I have (missingly) noted, he is of late much retired from court, and is less frequent to his princely exercises than formerly he hath appeared.

Pol. I have considered so much, Camillo, and with some care; so far that I have eyes under my service which look upon his removedness; from whom I have this intelligence, that he is seldom from the house of a most homely shepherd; a man, they say, that from very nothing, and beyond the imagination of his neighbours, is grown into an unspeakable estate.

Cam. I have heard, sir, of such a man, who hath a daughter of most rare note: the report of her is extended more than can be thought to begin from such a cottage.

Pol. That's likewise part of my intelligence: but, I fear, the angle that plucks our son thither. Thou shalt accompany us to the place, where we will (not appearing what we are) have some question with the shepherd; from whose simplicity I think it not uneasy to get the cause of my son's resort thither. Prithee, be my present partner in this business, and lay aside the thoughts of Sicilia.

Cam. I willingly obey your command.

Pol. My best Camillo! We must disguise ourselves.

Exeunt.

mir, wann hast du den Prinzen Florizel, meinen Sohn, gesehen? Könige sind nicht weniger unglücklich, wenn ihre Nachkommen nicht edel sind, als sie es sind, sie zu verlieren, wenn sie ihre Tugenden bewiesen haben.

Cam. Sir, es ist drei Tage her, seit ich den Prinzen gesehen habe. Was seine glücklicheren Angelegenheiten sein können, ist mir unbekannt; aber ich habe (indem ich vermißte) festgestellt, daß er sich in letzter Zeit sehr vom Hof zurückzieht und weniger häufig bei seinen Übungen für einen Prinzen ist, als er früher erschien.

Pol. So habe ich auch gedacht, Camillo, und mit einiger Sorge; so weit, daß ich Spione[4] im Dienst habe, die seine Zurückgezogenheit beobachten; von denen ich die Kunde habe, daß er selten von dem Haus eines ganz gewöhnlichen Schäfers weg ist; eines Mannes, sagt man, der von buchstäblich nichts und über das Vorstellungsvermögen seiner Nachbarn hinaus zu unaussprechlichem Besitz angewachsen ist.[5]

Cam. Ich habe, Sir, von einem Mann gehört, der eine Tochter von höchst seltenem Rang hat: der Bericht über sie ist ausgedehnter, als man sich denken kann, daß er von solch einem Häuschen ausgeht.

Pol. Das ist gleichermaßen Teil meiner Kunde: aber, ich fürchte, die Angel, die unsern Sohn dorthin zieht. Du sollst uns zu dem Ort begleiten, wo wir (nicht als das erscheinend, was wir sind) den Schäfer etwas befragen werden; aus dessen Einfältigkeit an den Grund für den Besuch meines Sohnes dort zu kommen, halte ich für ganz leicht. Bitt dich, sei sogleich mein Partner in dieser Sache und leg die Gedanken an Sizilien beiseite.

Cam. Ich gehorche gern Eurem Befehl.

Pol. Mein bester Camillo! Wir müssen uns verkleiden.

Sie gehen ab.

SCENE III

A path near the Shepherd's cottage.

Enter Autolycus, singing.

When daffodils begin to peer,
With heigh! the doxy over the dale,
Why then comes in the sweet o' the year,
For the red blood reigns in the winter's pale.

The white sheet bleaching on the hedge,
With hey! the sweet birds, O how they sing!
Doth set my pugging tooth an edge;
For a quart of ale is a dish for a king.

The lark, that tirra-lirra chants,
With heigh! with heigh! the thrush and the jay,
Are summer songs for me and my aunts,
While we lie tumbling in the hay.

I have served Prince Florizel, and in my time wore three-pile, but now I am out of service.

But shall I go mourn for that, my dear?
The pale moon shines by night:
And when I wander here and there,
I then do most go right.

If tinkers may have leave to live,
And bear the sow-skin budget,
Then my account I well may give,
And in the stocks avouch it.

My traffic is sheets; when the kite builds, look to lesser linen. My father named me Autolycus; who, being as I am, littered under Mercury, was likewise [25] a snapper-up of unconsidered trifles. With die and drab I purchased this caparison, and my revenue is the silly cheat. Gallows and knock are too powerful on the highway: beating and hang-

SZENE 3

Ein Pfad nahe dem Häuschen des Schäfers.

Autolycus tritt singend auf.[1]

Wenn Narzissen hervorzulugen beginnen,
Mit hei! dem Bettlerliebchen übers Tal,
Ja, dann kommt herbei die Süße des Jahres,
Denn das rote Blut herrscht in des Winters Blässe[2].

Das weiße Tuch, das auf der Hecke bleicht,
Mit hei! den süßen Vögeln, oh, wie sie singen!
Geht meinem diebischen[3] *Zahn durch und durch;*[4]
Denn ein Liter[5] *Bier ist ein Gericht für einen König.*

Die Lerche, die Tiri-tira singt,
Mit hei! mit hei! der Drossel und dem Häher,
Sind Sommerlieder für mich und meine Dirnen,
Wenn wir uns im Heu herumwälzen.

Ich habe Prinz Florizel gedient und zu meiner Zeit dreilagig gewebten Samt getragen, aber jetzt bin ich außer Diensten.

Aber soll ich dafür klagen gehen, meine Liebe?
Der blasse Mond scheint zur Nacht:
Und wenn ich hier- und dorthin wandere,
Dann gehe ich am richtigsten.

Wenn Kesselflicker leben
Und den Schweinslederbeutel[6] *tragen dürfen,*
Dann darf ich wohl meinen Bericht erstatten
Und ihn im Stock[7] *gutmachen.*

Mein Handel ist in Tüchern; wenn der Milan baut, achtet auf kleineres Leinen. Mein Vater hat mich Autolycus[8] genannt, der, da er so wie ich unterm Merkur geworfen wurde, gleichermaßen ein Mitgehen-Lasser von unbeachteten Kleinigkeiten war. Mit Würfeln und Huren habe ich mir diese Schabracken[9] verschafft, und meine Einnahmequelle ist die kleine Gaunerei. Galgen und Schlagen sind zu mächtig auf der Landstraße; Prügeln und Hängen

ing are terrors to me: for the life to come, I sleep out the thought of it. A prize! a prize!

Enter Clown.

Clo. Let me see: every 'leven wether tods; every tod yields pound and odd shilling: fifteen hundred shorn, what comes the wool to?

Aut. [*Aside*]. If the springe hold, the cock's mine.

Clo. I cannot do 't without counters. Let me see; what am I to buy for our sheep-shearing feast? Three pound of sugar, five pound of currants, rice – what will this sister of mine do with rice? But my father hath made her mistress of the feast, and she lays it on. She hath made me four-and-twenty nosegays for the shearers, three-man song-men all, and very good ones; but they are most of them means and basses but one puritan amongst them, and he sings psalms to hornpipes. I must have saffron to colour the warden pies; mace; dates, none – that's out of my note; nutmegs, seven; a race or two of ginger, but that I may beg; four pound of prunes, and as many of raisins o' th' sun.

Aut. O that ever I was born!

Grovelling on the ground.

Clo. I' th' name of me!

Aut. O, help me, help me! pluck but off these rags; and then, death, death!

Clo. Alack, poor soul! thou hast need of more rags to lay on thee, rather than have these off.

Aut. O sir, the loathsomeness of them offends me more than the stripes I have received, which are mighty ones and millions.

Clo. Alas, poor man! a million of beating may come to a great matter.

Aut. I am robbed, sir, and beaten; my money and apparel

sind mir Schrecken: was das zukünftige Leben[10] angeht, den Gedanken daran schlaf ich aus. Eine Prise! Eine Prise![11]

Clown tritt auf.

Clown. Laß mich sehen: je elf Widder geben achtundzwanzig Pfund Wolle;[12] jede achtundzwanzig Pfund Wolle werfen ein Pfund und ein paar Schillinge ab; fünfzehnhundert geschoren, auf wieviel beläuft sich die Wolle?

Aut. (beiseite). Wenn die Schlinge hält, gehört der Hahn mir.

Clown. Das kann ich nicht ohne Rechenschieber. Laß mich sehen; was soll ich für unser Schafschur-Fest[13] kaufen? Drei Pfund Zucker, fünf Pfund Korinthen, Reis – was will diese meine Schwester mit Reis anfangen? Aber mein Vater hat sie zur Herrin des Festes gemacht, und sie tischt auf. Sie hat mir vierundzwanzig Sträußchen für die Scherer gemacht, alles Sänger für dreistimmige Lieder, und sehr gute; aber die meisten sind Tenöre[14] und Bässe bis auf einen Puritaner, und der singt Psalmen zu Hornpipes.[15] Ich muß Safran haben, um die warmen Apfelkuchen[16] zu färben; Muskat; Datteln, keine – das ist nicht auf meiner Liste; Muskatnüsse, sieben; ein oder zwei Ingwerwurzeln, aber um die kann ich betteln; vier Pfund Backpflaumen und ebenso viele, in der Sonne getrocknete Rosinen.

Aut. Oh, daß ich je geboren wurde!

Wälzt sich auf dem Boden.

Clown. Ach du meine Güte!

Aut. Oh, helft mir, helft mir! Reißt mir diese Lumpen ab; und dann Tod, Tod!

Clown. Weh, arme Seele! Du hast eher mehr Lumpen zum Anziehen nötig, als dir diese abnehmen zu lassen.

Aut. O Sir, deren Ekelhaftigkeit verletzt mich mehr als die Striemen, die ich je erhalten habe, die schlimm sind und Millionen.

Clown. O weh, armer Mann; eine Million Schläge kommt wohl auf etwas Wichtiges.

Aut. Ich bin beraubt, Sir, und verprügelt; mein Geld und

ta'en from me, and these detestable things put upon me.

Clo. What, by a horseman, or a footman?

Aut. A footman, sweet sir, a footman.

Clo. Indeed, he should be a footman by the garments he has left with thee: if this be a horseman's coat, it hath seen very hot service. Lend me thy hand, I'll help thee: come, lend me thy hand.

Aut. O, good sir, tenderly, O!

Clo. Alas, poor soul!

Aut. O, good sir, softly, good sir! I fear, sir, my shoulder-blade is out.

Clo. How now? canst stand?

Aut. Softly, dear sir [*Picks his pocket.*]; good sir, softly. You ha' done me a charitable office.

Clo. Dost lack any money? I have a little money for thee.

Aut. No, good sweet sir; no, I beseech you, sir: I have a kinsman not past three-quarters of a mile hence, unto whom I was going: I shall there have money, or anything I want: offer me no money, I pray you; that kills my heart.

Clo. What manner of fellow was he that robbed you?

Aut. A fellow, sir, that I have known to go about with troll-my-dames: I knew him once a servant of the prince: I cannot tell, good sir, for which of his virtues it was, but he was certainly whipped out of the court.

Clo. His vices, you would say; there's no virtue whipped out of the court: they cherish it to make it stay there; and yet it will no more but abide.

Aut. Vices I would say, sir. I know this man well; he hath been since an ape-bearer, then a process-server (a bailiff), then he compassed a motion of the Prodigal Son, and married a tinker's wife within a mile where my land and living

Gewand weggenommen; und diese abscheulichen Sachen mir angezogen.[17]

Clown. Was, von einem zu Fuß oder einem zu Pferd?

Aut. Einem zu Fuß, süßer Herr, einem zu Fuß.

Clown. In der Tat, es sollte einer zu Fuß sein nach der Kleidung, die er bei dir gelassen hat; wenn dies der Mantel eines zu Pferde ist, hat er sehr heißen Dienst gesehen. Gib mir die Hand, ich helfe dir: komm, gib mir die Hand.

Aut. Oh, guter Herr, sanft, oh!

Clown. O weh, arme Seele!

Aut. Oh, guter Herr, vorsichtig, guter Herr! Ich fürchte, Sir, mein Schulterblatt ist heraus.

Clown. Wie nun? Kannst du stehen?

Aut. Vorsichtig, lieber Herr *(stiehlt ihm etwas aus der Tasche);* guter Herr, vorsichtig. Ihr habt mir einen wohltätigen Dienst erwiesen.

Clown. Fehlt's dir an Geld? Ich habe ein wenig Geld für dich.

Aut. Nein, guter süßer Herr; nein, ich bitte Euch, Sir: ich habe einen Verwandten nicht weiter als dreiviertel Meilen von hier, zu dem ich unterwegs war; dort werde ich Geld bekommen oder was mir sonst fehlt; bietet mir kein Geld an, ich bitte Euch; das tötet mir das Herz.

Clown. Was war das für ein Kerl, der Euch beraubt hat?

Aut. Ein Kerl, Sir, von dem ich weiß, daß er mit *Troumadame*[18] herumzieht: ich weiß, daß er einmal ein Diener des Prinzen war: ich kann nicht sagen, guter Herr, für welche seiner Tugenden es war, aber er ist sicher vom Hof davongepeitscht worden.

Clown. Seiner Laster, wolltet Ihr sagen; Tugend wird nicht vom Hof gepeitscht; sie halten sie hoch, damit sie dortbleibt; und doch will sie nicht mehr als kurz Halt machen.

Aut. Laster wollte ich sagen, Sir. Ich kenne diesen Mann gut; er war seitdem ein Affenvorführer, dann ein Zustellungsbeamter (ein Büttel), dann nahm er ein Puppenspiel vom Verschwenderischen Sohn[19] in Besitz und heiratete die Frau eines Kesselflickers kaum eine Meile von dort, wo

lies; and, having flown over many knavish professions, he settled only in rogue. Some call him Autolycus.

Clo. Out upon him! prig, for my life, prig: he haunts wakes, fairs, and bear-baitings.

Aut. Very true, sir; he, sir, he: that's the rogue that put me into this apparel.

Clo. Not a more cowardly rogue in all Bohemia: if you had but looked big and spit at him, he 'd have run.

Aut. I must confess to you, sir, I am no fighter: I am false of heart that way; and that he knew, I warrant him.

Clo. How do you now?

Aut. Sweet sir, much better than I was: I can stand, and walk: I will even take my leave of you, and pace softly towards my kinsman's.

Clo. Shall I bring thee on the way?

Aut. No, good-faced sir; no, sweet sir.

Clo. Then fare-thee-well: I must go buy spices for our sheep-shearing.

Exit.

Aut. Prosper you, sweet sir! Your purse is not hot enough to purchase your spice. I'll be with you at your sheep-shearing too: if I make not this cheat bring out another, and the shearers prove sheep, let me be unrolled, and my name put in the book of virtue!

Song.

Jog on, jog on, the foot-path way,
And merrily hent the stile-a:
A merry heart goes all the day,
Your sad tires in a mile-a.

Exit.

mein Land und Gut liegt; und nachdem er sich in vielen schuftigen Berufen[20] versucht hatte, ließ er sich nur als Schelm nieder. Manche nennen ihn Autolycus.

Clown. Pfui über ihn! Langfinger[21], bei meinem Leben, Langfinger; er treibt sich auf Kirchweihen, Jahrmärkten und Bärenhatzen[22] herum.

Aut. Ganz recht, Sir; er, Sir, er; das ist der Schelm, der mich in dieses Gewand gesteckt hat.

Clown. Kein feigerer Schelm in ganz Böhmen. Wenn Ihr ihn nur wütend angeschaut und bespuckt hättet, wäre er gelaufen.

Aut. Ich muß Euch gestehen, Sir, ich bin kein Kämpfer; in der Richtung habe ich ein falsches Herz; und das wußte er, da garantier ich für.

Clown. Wie geht es jetzt?

Aut. Süßer Herr, viel besser als vorher; ich kann stehen und gehen; ich will mich gerade von Euch verabschieden und vorsichtig zu meinem Verwandten schreiten.

Clown. Soll ich dich auf den Weg bringen?

Aut. Nein, schön-gesichtiger Herr; nein, süßer Herr.

Clown. Dann leb wohl: ich muß Gewürze für unser Schafschurfest kaufen gehen.

Er geht ab.

Aut. Mögt Ihr gedeihen, süßer Herr! Eure Börse ist nicht heiß[23] genug, um Euer Gewürz zu kaufen. Ich will auch bei Eurem Schafschurfest dabeisein. Wenn ich nicht diese Gaunerei noch eine hervorbringen und die Scherer sich als Schafe zeigen lasse, soll man mich aus dem Register streichen[24] und meinen Namen ins Buch der Tugend setzen!

Lied.

Trab zu, trab zu, den Fußweg lang,
Und greif froh nach dem Zauntritt-o:
Ein frohes Herz geht den ganzen Tag lang
Ein trauriges ermüdet nach einer Meile-o.

Er geht ab.

SCENE IV

The Feast: outside the Shepherd's cottage.

Enter Florizel and Perdita followed, at a little distance, by Shepherd, Clown; Polixenes, Camillo, disguised; Mopsa, Dorcas, Servants, Shepherds and Shepherdesses.

Flo. These your unusual weeds, to each part of you
Do give a life: no shepherdess, but Flora
Peering in April's front. This your sheep-shearing
Is as a meeting of the petty gods,
And you the queen on 't.

Per. Sir: my gracious lord,
To chide at your extremes, it not becomes me –
O pardon, that I name them! Your high self,
The gracious mark o' th' land, you have obscur'd
With a swain's wearing, and me, poor lowly maid,
Most goddess-like prank'd up: but that our feasts
In every mess have folly, and the feeders
Digest it with a custom, I should blush
To see you so attir'd; swoon, I think,
To show myself a glass.

Flo. I bless the time
When my good falcon made her flight across
Thy father's ground.

Per. Now Jove afford you cause!
To me the difference forges dread (your greatness
Hath not been us'd to fear): even now I tremble
To think your father, by some accident
Should pass this way, as you did: O the Fates!
How would he look, to see his work, so noble,
Vilely bound up? What would he say? Or how
Should I, in these my borrowed flaunts, behold
The sternness of his presence?

Flo. Apprehend
Nothing but jollity. The gods themselves,
Humbling their deities to love, have taken
The shapes of beasts upon them: Jupiter

SZENE 4

Das Fest. Vor dem Häuschen des Schäfers.

Florizel und Perdita treten auf, in geringer Entfernung gefolgt von Schäfer und Clown; Polixenes und Camillo verkleidet; Mopsa, Dorcas, Diener, Schäfer und Schäferinnen.

Flo. Diese Eure ungewohnten Kleider geben jedem Teil von Euch Leben: nicht eine Schäferin, sondern Flora, die Anfang April hervorlugt. Dies Euer Schafschurfest ist ein Treffen für die kleinen Götter, und Ihr seid ihre Königin.

Per. Sir, mein gnädiger Herr, Eure Extravaganzen[1] zu schelten, geziemt sich nicht für mich; oh, verzeiht, daß ich sie nenne! Eure hohe Person selbst, das gütige Leitbild des Landes, habt Ihr mit der Tracht eines Burschen[2] verdunkelt und mich armes niederes Mädchen ganz wie eine Göttin herausgeputzt: wenn nicht unsere Festlichkeiten in jeder Messe Torheit hätten und die Esser sie mit einem Brauch verdauten,[3] würde ich erröten, Euch so angetan zu sehen: ohnmächtig werden, glaube ich, mir selbst einen Spiegel zu zeigen.

Flo. Ich segne die Zeit, als mein guter Falke[4] seinen Flug über deines Vaters Boden nahm.

Per. Nun gebe Jupiter Euch Grund! Mir jagt der Unterschied Schrecken ein (Eure Größe ist nicht an Furcht gewöhnt); gerade eben zittere ich, daran zu denken, Euer Vater könnte, durch irgendeinen Zufall, dieses Wegs kommen wie Ihr: oh, die Schicksalsgötter! Wie würde er schauen, sein so edles Werk so schändlich gebunden zu sehen?[5] Was würde er sagen? Oder wie würde ich in diesem meinem geliehenen Staat die Strenge seiner königlichen Gegenwart anschauen?

Flo. Befürchte nichts als Ausgelassenheit. Die Götter selbst, indem sie ihre Gottheiten zu lieben herabließen, haben die Gestalt von Tieren angenommen: Jupiter wur-

Became a bull, and bellow'd; the green Neptune
A ram, and bleated; and the fire-rob'd god,
Golden Apollo, a poor humble swain,
As I seem now. Their transformations
Were never for a piece of beauty rarer,
Nor in a way so chaste, since my desires
Run not before mine honour, nor my lusts
Burn hotter than my faith.

Per. O, but sir,
Your resolution cannot hold when 'tis
Oppos'd, as it must be, by th' power of the king:
One of these two must be necessities,
Which then will speak, that you must change this purpose,
Or I my life.

Flo. Thou dearest Perdita,
With these forc'd thoughts, I prithee, darken not
The mirth o' th' feast. Or I'll be thine, my fair,
Or not my father's. For I cannot be
Mine own, nor anything to any, if
I be not thine. To this I am most constant,
Though destiny say no. Be merry, gentle,
Strangle such thoughts as these with anything
That you behold the while. Your guests are coming:
Lift up your countenance, as it were the day
Of celebration of that nuptial which
We two have sworn shall come.

Per. O lady Fortune,
Stand you auspicious!

Shepherd, Clown, Mopsa, Dorcas, and others come forward, with the disguised Polixenes and Camillo.

Flo. See, your guests approach:
Address yourself to entertain them sprightly,
And let's be red with mirth.

Shep. Fie, daughter! when my old wife liv'd, upon
This day she was both pantler, butler, cook,
Both dame and servant; welcom'd all, serv'd all;

de ein Bulle und brüllte; der grüne Neptun ein Widder und blökte; und der feuergekleidete Gott, der goldene Apollo, ein armer, niedriger Bursche, wie ich jetzt einer scheine.[6] Ihre Verwandlungen waren nie für ein selteneres Stück Schönheit, noch waren sie so keusch, da meine Begierden nicht meiner Ehre voranlaufen, noch meine Lust heißer brennt als meine Treue.

Per. Oh, aber Sir, Euer Entschluß kann nicht bestehen, wenn er, wie es geschehen muß, der Macht des Königs entgegensteht: eins von diesen beiden muß Notwendigkeit sein, die dann sprechen wird, daß Ihr diese Absicht ändern müßt oder ich mein Leben.

Flo. Du liebste Perdita, verdunkle, ich bitte dich, mit diesen gequälten Gedanken nicht die Fröhlichkeit des Festes. Entweder will ich der Deine sein, meine Schöne, oder nicht der meines Vaters. Denn ich kann nicht mein eigen oder irgend jemandem irgend etwas sein, wenn ich nicht der Deine bin. Darin bin ich völlig beständig, wenn auch das Schicksal nein sagte. Seid fröhlich, Sanfte, erstickt solche Gedanken mit allem, was Ihr inzwischen seht. Eure Gäste kommen: hebt Euer Angesicht, als wäre es der Tag der Feier der Vermählung, die, wie wir beide geschworen haben, kommen soll.

Per. O Dame Fortuna, seid uns günstig[7] gesinnt!

Schäfer, Clown, Mopsa, Dorcas und andere kommen nach vorn, mit den verkleideten Polixenes und Camillo.

Flo. Seht, Eure Gäste nahen: bereitet Euch vor,[8] sie lebhaft zu unterhalten, und laßt uns rot von Fröhlichkeit sein.

Schäfer. Pfui, Tochter! als meine liebe Frau noch lebte, war sie an diesem Tag zugleich Bäcker[9], Butler, Koch, zugleich Hausherrin und Dienerin; begrüßte alle, bediente

Would sing her song and dance her turn; now here
At upper end o' th' table, now i' th' middle;
On his shoulder, and his; her face o' fire
With labour, and the thing she took to quench it
She would to each one sip. You are retired,
As if you were a feasted one, and not
The hostess of the meeting: pray you, bid
These unknown friends to 's welcome; for it is
A way to make us better friends, more known.
Come, quench your blushes, and present yourself
That which you are, Mistress o' th' Feast. Come on,
And bid us welcome to your sheep-shearing,
As your good flock shall prosper.

Per. [*To Pol.*] Sir, welcome:
It is my father's will I should take on me
The hostess-ship o' th' day. [*To Cam.*] You're welcome, sir.
Give me those flowers there, Dorcas. Reverend sirs,
For you, there's rosemary, and rue; these keep
Seeming and savour all the winter long:
Grace and remembrance be to you both,
And welcome to our shearing!

Pol. Shepherdess –
A fair one are you – well you fit our ages
With flowers of winter.

Per. Sir, the year growing ancient,
Not yet on summer's death nor on the birth
Of trembling winter, the fairest flowers o' th' season
Are our carnations and streak'd gillyvors,
Which some call nature's bastards: of that kind
Our rustic garden's barren; and I care not
To get slips of them.

Pol. Wherefore, gentle maiden,
Do you neglect them?

Per. For I have heard it said
There is an art which, in their piedness, shares
With great creating nature.

alle; sang ihr Lied und tanzte ihre Runde; nun hier am oberen Ende des Tisches, nun in der Mitte; an dieses Schulter und an dessen; ihr Gesicht voll Feuer von Arbeit; und was sie nahm, um es zu löschen, trank sie jedem einzelnen zu. Ihr seid zurückgezogen, als würdet Ihr bewirtet und wäret nicht die Gastgeberin des Treffens: bitte Euch, heißt diese unbekannten Freunde bei uns willkommen, denn das ist eine Art, uns zu besseren Freunden zu machen, wenn wir uns besser kennen. Kommt, löscht Euer Erröten und zeigt Euch als was Ihr seid, Herrin des Festes. Kommt, heißt uns bei Eurem Schafschurfest willkommen, so Eure gute Herde gedeihen soll.

Per. (zu Polixenes). Sir, willkommen: es ist meines Vaters Wille, daß ich die Gastgeberschaft des Tages auf mich nehmen soll. *(Zu Camillo.)* Ihr seid willkommen, Sir. Gib mir die Blumen da, Dorcas. Ehrwürdige Herren, für euch sind hier Rosmarin und Raute; diese bewahren ihr Aussehen und ihren Duft den ganzen Winter lang: Gnade und Erinnerung[10] seien für euch beide, und willkommen bei unserem Schurfest!

Pol. Schäferin – eine Schöne seid Ihr – wohl verseht Ihr unser Alter mit Blumen des Winters.

Per. Sir, da das Jahr alt wird, noch nicht der Tod des Sommers ist noch die Geburt des zitternden Winters, sind die schönsten Blumen der Jahreszeit unsere Nelken und unsere gestreiften Gartennelken[11], die manche der Natur Bastarde nennen: diese Sorte trägt unser ländlicher Garten nicht; und mir liegt nichts daran, Ableger davon zu bekommen.

Pol. Warum, edle Jungfrau, achtet Ihr sie nicht?

Per. Weil ich habe sagen hören, es gibt eine Kunst, die – in ihrer Scheckigkeit – etwas mit der großen erschaffenden Natur gemeinsam hat.

Pol. Say there be;
Yet nature is made better by no mean
But nature makes that mean: so, over that art,
Which you say adds to nature, is an art
That nature makes. You see, sweet maid, we marry
A gentler scion to the wildest stock,
And make conceive a bark of baser kind
By bud of nobler race. This is an art
Which does mend nature – change it rather – but
The art itself is nature.
Per. So it is.
Pol. Then make your garden rich in gillyvors,
And do not call them bastards.
Per. I'll not put
The dibble in earth to set one slip of them;
No more than, were I painted, I would wish
This youth should say 'twere well, and only therefore
Desire to breed by me. Here's flowers for you:
Hot lavender, mints, savory, marjoram,
The marigold, that goes to bed wi' th' sun
And with him rises, weeping: these are flowers
Of middle summer, and I think they are given
To men of middle age. Y'are very welcome.
She gives them flowers.
Cam. I should leave grazing, were I of your flock,
And only live by gazing.
Per. Out, alas!
You'd be so lean that blasts of January
Would blow you through and through.
[*To Florizel.*] Now, my fair'st friend,
I would I had some flowers o' th' spring, that might
Become your time of day;
[*To Mopsa and the other girls.*] and yours, and yours,
That wear upon your virgin branches yet
Your maidenheads growing: O Proserpina,
For the flowers now that, frighted, thou let'st fall
From Dis's waggon! daffodils,

Pol. Und wenn dies so ist; doch wird die Natur durch kein Mittel besser gemacht, es sei denn, daß Natur dieses Mittel macht:[12] also ist über der Kunst, die, wie Ihr sagt, der Natur etwas hinzufügt, eine Kunst, die die Natur macht. Ihr seht, süßes Mädchen, wir vermählen einen edleren Sproß dem wildesten Stamm und lassen eine Borke von gewöhnlicherer Art von einer Knospe edlerer Rasse empfangen.[13] Dies ist eine Kunst, die die Natur verbessert – verändert eher –, aber die Kunst selbst ist Natur.

Per. So ist es.

Pol. Dann macht Euren Garten reich an Gartennelken und nennt sie nicht Bastarde.

Per. Ich will das Pflanzholz nicht in die Erde stecken, um einen Ableger davon zu setzen; nicht mehr, als ich, wäre ich geschminkt, wollte, daß dieser Jüngling sagte, es sei gut, und nur deshalb wünschte, sich durch mich fortzupflanzen. Hier sind Blumen für euch: heißer[14] Lavendel, Minze, Bohnenkraut, Majoran, Ringelblumen, die mit der Sonne zu Bett gehen und mit ihr weinend aufstehen:[15] dies sind Blumen des Mittsommers, und man gibt sie, glaube ich, Männern mittleren Alters. Ihr seid sehr willkommen.

Sie gibt ihnen Blumen.

Cam. Ich würde aufhören zu grasen, wäre ich in Eurer Herde, und nur vom Schauen leben.

Per. Weg, o weh! Ihre wärt so mager, daß Januarwindstöße Euch durch und durch blasen würden *(zu Florizel)*. Nun, mein schönster Freund, ich wollte, ich hätte einige Frühlingsblumen, die Eurer Tageszeit anstehen würden *(zu Mopsa und den anderen Mädchen)*, und eurer und eurer, die ihr auf euren unberührten Zweigen noch eure Jungfräulichkeit wachsen habt: o Proserpina, hätten wir doch jetzt die Blumen, die – erschreckt – du aus Dis' Wagen fallen ließest![16] Narzissen, die kommen, bevor die

That come before the swallow dares, and take
The winds of March with beauty; violets, dim,
But sweeter than the lids of Juno's eyes
Or Cytherea's breath; pale primroses,
That die unmarried, ere they can behold
Bright Phœbus in his strength (a malady
Most incident to maids); bold oxlips and
The crown imperial; lilies of all kinds,
The flower-de-luce being one. O, these I lack,
To make you garlands of; and my sweet friend,
To strew him o'er and o'er!

Flo. What, like a corpse?

Per. No, like a bank, for love to lie and play on:
Not like a corpse; or if – not to be buried,
But quick, and in mine arms. Come, take your flowers:
Methinks I play as I have seen them do
In Whitsun pastorals: sure this robe of mine
Does change my disposition.

Flo. What you do,
Still betters what is done. When you speak, sweet,
I'd have you do it ever: when you sing,
I'd have you buy and sell so, so give alms,
Pray so, and, for the ord'ring your affairs,
To sing them too: when you do dance, I wish you
A wave o' th' sea, that you might ever do
Nothing but that, move still, still so,
And own no other function. Each your doing,
So singular in each particular,
Crowns what you are doing, in the present deeds,
That all your acts are queens.

Per. O Doricles,
Your praises are too large: but that your youth,
And the true blood which peeps fairly through 't,
Do plainly give you out an unstain'd shepherd,
With wisdom I might fear, my Doricles,
You woo'd me the false way.

Flo. I think you have

Schwalbe es wagt, und die die Winde des März mit Schönheit fesseln; Veilchen, blaß, aber süßer als die Augenlider Junos oder Cythereas Atem;[17] bleiche Primeln, die unvermählt sterben, ehe sie den strahlenden Phoebus[18] in seiner Stärke sehen können (ein Übel, sehr oft verbunden mit Jungfrauen); kühne, hohe Schlüsselblumen und die Kaiserkrone; Lilien aller Art, worunter die Iris[19] eine ist. Oh, an diesen fehlt es mir, um euch Kränze davon zu machen; und meinen süßen Freund über und über zu bestreuen!

Flo. Was, wie einen Leichnam?

Per. Nein, wie ein Beet, auf dem die Liebe liegen und spielen kann: nicht wie einen Leichnam; oder wenn – nicht, um begraben zu werden außer lebendig und in meinen Armen. Kommt, nehmt eure Blumen; mich deucht, ich spiele, wie ich es in Pfingst-Pastoralen[20] gesehen habe; sicher verändert dieses mein Gewand meine Veranlagung.

Flo. Was Ihr tut, verbessert immer, was getan ist. Wenn Ihr sprecht, Süße, möchte ich, daß Ihr es ewig tut: wenn Ihr singt, möchte ich, daß Ihr so kauft und verkauft, so Almosen gebt, so betet und zur Regelung Eurer Angelegenheiten sie auch besingt: wenn Ihr tanzt, wünsche ich, Ihr wäret eine Meereswelle, daß Ihr immer nichts als dieses tätet, Euch immer, immer so bewegtet und keine andere Funktion Euer eigen nenntet. All Euer Tun, so einzigartig in jeder Kleinigkeit, krönt, was Ihr tut in gegenwärtigen Taten, daß all Eure Handlungen Königinnen sind.

Per. O Doricles[21], Euer Lob ist zu groß: wenn nicht Eure Jugend und das reine Blut, das schön durch sie hindurchschaut, Euch klar als unbefleckten Schäfer zu erkennen gäben, könnte ich zu Recht fürchten, mein Doricles, Ihr freitet mich auf die falsche Art.

Flo. Ich glaube, Ihr habt sowenig Grund zu fürchten, wie ich

As little skill to fear as I have purpose
To put you to 't. But come; our dance, I pray,
Your hand, my Perdita: so turtles pair
That never mean to part.

Per. I'll swear for 'em.

Pol. This is the prettiest low-born lass that ever
Ran on the green-sward: nothing she does or seems
But smacks of something greater than herself,
Too noble for this place.

Cam. He tells her something
That makes her blood look out: good sooth, she is
The queen of curds and cream.

Clo. Come on, strike up!

Dor. Mopsa must be your mistress: marry, garlic to mend her kissing with!

Mop. Now, in good time!

Clo. Not a word, a word; we stand upon our manners.
Come, strike up!

Music. Here a dance of Shepherds and Shepherdesses.

Pol. Pray, good shepherd, what fair swain is this
Which dances with your daughter?

Shep. They call him Doricles; and boasts himself
To have a worthy feeding: but I have it
Upon his own report and I believe it;
He looks like sooth. He says he loves my daughter:
I think so too; for never gaz'd the moon
Upon the water as he'll stand and read
As 'twere my daughter's eyes: and, to be plain,
I think there is not half a kiss to choose
Who loves another best.

Pol. She dances featly.

Shep. So she does any thing, though I report it
That should be silent. If young Doricles
Do light upon her, she shall bring him that
Which he not dreams of.

Enter Servant.

Absicht habe, Euch in Bedrängnis zu bringen. Aber kommt; unser Tanz, ich bitte, Eure Hand, meine Perdita: so paaren Turteltauben, die sich nie trennen wollen.[22]

Per. Das beschwöre ich.

Pol. Dies ist das hübscheste niedrig geborene Mädchen, das je auf dem grünen Rasen lief: alles, was sie tut oder scheint, schmeckt nach etwas Größerem als ihr selbst, zu edel für diesen Ort.[23]

Cam. Er sagt ihr etwas, das ihr Blut hervorschießen läßt: ganz aufrichtig, sie ist die Königin von Quark und Rahm.[24]

Clown. Kommt, trommelt!

Dor. Mopsa muß Eure Liebste sein: wahrlich, Knoblauch, um ihre Küsse damit zu verbessern!

Mop. Jetzt, ein starkes Stück!

Clown. Nicht ein Wort, ein Wort; wir legen Wert auf unsere Manieren. Kommt, trommelt zu!

Musik. An dieser Stelle ein Tanz von Schäfern und Schäferinnen.

Pol. Bitte, guter Schäfer, was für ein hübscher Bursche ist das, der mit Eurer Tochter tanzt?

Schäfer. Sie nennen ihn Doricles; und er rühmt sich selbst, einen würdigen Weidegrund zu haben, aber ich weiß es von seinem eigenen Bericht, und ich glaube es; er sieht wie die Wahrheit aus. Er sagt, er liebt meine Tochter, ich glaube es auch; denn nie schaute der Mond auf das Wasser, wie er dasteht und sozusagen die Augen meiner Tochter liest: und, um offen zu sein, ich glaube, ihre Liebe zueinander unterscheidet sich um nicht einmal einen halben Kuß.

Pol. Sie tanzt leichtfüßig.

Schäfer. So tut sie alles, obwohl ich es berichte, der schweigen sollte. Wenn der junge Doricles ihr zustößt, wird sie ihm das bringen, wovon er nicht träumt.

Ein Diener tritt auf.

Serv. O master! if you did but hear the pedlar at the door, you would never dance again after a tabor and pipe; no, the bagpipe could not move you: he sings several tunes, faster than you'll tell money; he utters them as he had eaten ballads, and all men's ears grew to his tunes.

Clo. He could never come better: he shall come in. I love a ballad but even too well, if it be doleful matter merrily set down; or a very pleasant thing indeed, and sung lamentably.

Serv. He hath songs for man or woman, of all sizes: no milliner can so fit his customers with gloves: he has the prettiest love-songs for maids, so without bawdry (which is strange); with such delicate burdens of dildoes and fadings, jump her and thump her; and where some stretch-mouthed rascal would, as it were, mean mischief and break a foul gap into the matter, he makes the maid to answer 'Whoop, do me no harm, good man;' puts him off, slights him, with 'Whoop, do me no harm, good man.'

Pol. This is a brave fellow.

Clo. Believe me, thou talkest of an admirable conceited fellow. Has he any unbraided wares?

Serv. He hath ribbons of all the colours i' th' rainbow; points, more than all the lawyers in Bohemia can learnedly handle, though they come to him by th' gross; inkles, caddisses, cambrics, lawns: why, he sings 'em over as they were gods or goddesses; you would think a smock were a she-angel, he so chants to the sleeve-hand and the work about the square on 't.

Clo. Prithee bring him in; and let him approach singing.

Diener. O Meister, wenn Ihr nur den Hausierer[25] an der Tür hörtet, würdet Ihr nie mehr nach Handtrommel und Pfeife[26] tanzen; nicht einmal der Dudelsack könnte Euch rühren: er singt verschiedene Melodien, schneller, als Ihr Geld zählt; er bringt sie hervor, als hätte er Balladen gegessen und als wären aller Menschen Ohren an seine Melodien angewachsen.

Clown. Er konnte gar nicht gelegener kommen: er soll hereinkommen. Ich liebe eine Ballade gerade ebenso gut, wenn es sich um eine traurige Sache handelt, fröhlich vertont; oder in der Tat um eine ganz angenehme Sache und jammervoll gesungen.

Diener. Er hat Lieder für Mann oder Frau, von allen Größen: keiner aus Mailand[27] kann seinen Kunden so Handschuhe anpassen: er hat die hübschesten Liebeslieder für Jungfrauen, so ohne Unanständiges (was merkwürdig genug ist); mit so zarten Refrains[28] wie »Dilidi« und Gestöhn, »Bespring sie« und »Stoß sie«; und wo ein großmäuliger Halunke sozusagen Übles im Sinn hat und eine schmutzige Lücke[29] in die Sache machen will, läßt er die Jungfrau antworten: »Hopsa, tut mir nichts Böses, guter Mann«; wird sie ihn los, beachtet ihn nicht mit: »Hopsa, tut mir nichts Böses, guter Mann.«

Pol. Das ist ein rechter Kerl.

Clown. Glaub mir, du sprichst von einem wunderbar[30] geistreichen Kerl. Hat er irgendwelche nicht verschossenen[31] Waren?

Diener. Er hat Bänder in allen Farben des Regenbogens; Spitzen[32], mehr als alle Rechtsgelehrten in Böhmen gelehrt handhaben können, obwohl sie en gros zu ihm kommen; Wäschebänder, Kammgarnstrumpfbänder, Kambrik, Batist[33]: ja er besingt sie, als wären sie Götter und Göttinnen; ihr dächtet, ein Kittel wäre ein weiblicher Engel, so singt er über die Manschette und den Besatz an dem Brusttuch.

Clown. Bitt dich, bring ihn herein; und laß ihn singend näher kommen.

Per. Forewarn him, that he use no scurrilous words in 's tunes.

Exit Servant.

Clo. You have of these pedlars that have more in them than you'd think, sister.

Per. Ay, good brother, or go about to think.

Enter Autolycus, singing.

Lawn as white as driven snow,
Cypress black as e'er was crow,
Gloves as sweet as damask roses,
Masks for faces and for noses:
Bugle-bracelet, necklace amber,
Perfume for a lady's chamber:
Golden quoifs and stomachers
For my lads to give their dears:
Pins, and poking-sticks of steel,
What maids lack from head to heel:
Come buy of me, come! come buy! come buy!
Buy, lads, or else your lasses cry.
Come buy!

Clo. If I were not in love with Mopsa, thou shouldst take no money of me; but being enthralled as I am, it will also be the bondage of certain ribbons and gloves.

Mop. I was promised them against the feast; but they come not too late now.

Dor. He hath promised you more than that, or there be liars.

Mop. He hath paid you all he promised you: may be he has paid you more, which will shame you to give him again.

Clo. Is there no manners left among maids? Will they wear their plackets where they should bear their faces? Is there not milking-time, when you are going to bed, or kiln-

Per. Warnt ihn davor, in seinen Melodien unflätige Worte zu gebrauchen.

Der Diener geht ab.

Clown. Von diesen Hausierern gibt es welche, die es mehr in sich haben, als Ihr denkt, Schwester.

Per. Ja, guter Bruder, oder denken möchte.

Autolycus tritt singend auf.

Batist so weiß wie getriebener Schnee,
Krepp[34] *so schwarz wie je eine Krähe,*
Handschuhe so süß wie Damaszenerrosen,[35]
Masken für Gesichter und für Nasen:
Schwarzer Glasperlen-Armreif, Halskette aus Bernstein,
Parfüm für ein Damenzimmer:
Goldene Hauben und goldener Brustschmuck[36],
Die meine Burschen ihren Liebsten schenken können:
Nadeln und Rüschenstöcke[37] *aus Stahl,*
Was Jungfrauen fehlt von Kopf bis Fuß:
Kommt, kauft von mir, kommt! kommt kaufen, kommt kaufen!
Kommt, Burschen, sonst weinen eure Mädel.
Kommt kaufen!

Clown. Wenn ich nicht in Mopsa verliebt wäre, solltest du von mir kein Geld nehmen; aber da ich einmal so verzaubert bin, wird meine Liebe auch die Knechtschaft gewisser Bänder und Handschuhe sein.

Mop. Sie sind mir zum Fest versprochen worden; aber sie kommen jetzt nicht zu spät.

Dor. Er hat Euch mehr als das versprochen, oder es gibt Lügner.

Mop. Er hat Euch alles bezahlt, was er Euch versprochen hat: vielleicht hat er Euch mehr gezahlt, was Euch Schande machen wird, ihm wiederzugeben.

Clown. Gibt es keine Manieren mehr unter Jungfrauen? Zeigen sie ihre Schlitze jetzt da, wo sie ihre Gesichter aufsetzen sollten?[38] Gibt es keine Zeit beim Melken, wenn

hole, to whistle of these secrets, but you must be tittle-tattling before all our guests? 'Tis well they are whispering: clamor your tongues, and not a word more.

Mop. I have done. Come, you promised me a tawdry-lace and a pair of sweet gloves.

Clo. Have I not told thee how I was cozened by the way and lost all my money?

Aut. And indeed, sir, there are cozeners abroad; therefore it behoves men to be wary.

Clo. Fear not thou, man, thou shalt lose nothing here.

Aut. I hope so, sir; for I have about me many parcels of charge.

Clo. What hast here? ballads?

Mop. Pray now, buy some: I love a ballad in print, a life, for then we are sure they are true.

Aut. Here's one, to a very doleful tune, how a usurer's wife was brought to bed of twenty money-bags at a burden, and how she longed to eat adders' heads and toads carbonadoed.

Mop. Is it true, think you?

Aut. Very true, and but a month old.

Dor. Bless me from marrying a usurer!

Aut. Here's the midwife's name to 't, one Mistress Tale-porter, and five or six honest wives that were present. Why should I carry lies abroad?

Mop. Pray you now, buy it.

Clo. Come on, lay it by: and let's first see moe ballads: we'll buy the other things anon.

Aut. Here's another ballad of a fish that appeared upon the coast on Wednesday the fourscore of April, forty thousand fathom above water, and sung this ballad against the hard hearts of maids: it was thought she was a woman, and was turned into a cold fish for she would not exchange

ihr zu Bett geht oder zum Ofenloch[39], um euch diese Geheimnisse zuzuzischeln, daß ihr vor all unseren Gästen tratschen müßt? Es ist gut, daß sie nur flüstern: bringt eure Zungen zum Schweigen, und nicht ein Wort mehr.

Mop. Ich bin fertig. Kommt, Ihr habt mir ein farbiges Halstuch[40] und ein Paar süße Handschuhe versprochen.

Clown. Habe ich dir nicht erzählt, wie ich unterwegs betrogen wurde und all mein Geld verlor?

Aut. Und in der Tat, Sir, Betrüger sind unterwegs; darum ist es für die Menschen angebracht, auf der Hut zu sein.

Clown. Fürchte du nichts, Mann, du sollst hier nichts verlieren.

Aut. Das hoffe ich, Sir; denn ich habe manches Paket von Wert bei mir.

Clown. Was hast du hier? Balladen?

Mop. Bitte nun, kauft welche: ich liebe eine Ballade gedruckt, bei meinem Leben, denn dann sind wir sicher, daß sie wahr sind.

Aut. Hier ist eine zu einer recht klagenden Melodie, wie eines Wucherers Frau bei einer Geburt von zwanzig Geldsäcken entbunden wurde und wie sie Natternköpfe und gegrillte[41] Kröten essen wollte.

Mop. Ist das wahr, glaubt Ihr?

Aut. Ganz wahr und erst einen Monat alt.

Dor. Gott bewahre, daß ich einen Wucherer heirate.

Aut. Hier ist der Name der Amme dazu, eine Frau Geschichtenträger, und von fünf oder sechs redlichen Frauen, die zugegen waren. Warum sollte ich Lügen verbreiten?

Mop. Bitte Euch nun, kauft sie.

Clown. Macht schon, legt sie beiseite; und laßt uns erst mehr Balladen sehen: wir kaufen die andern Sachen gleich.

Aut. Hier ist noch eine Ballade von einem Fisch, der am Mittwoch, dem 80. April, an der Küste erschien, vierzigtausend Faden[42] über dem Wasser, und der diese Balladen gegen die harten Herzen von Jungfrauen sang: man dachte, er sei eine Frau und sei in einen kalten Fisch verwan-

flesh with one that loved her. The ballad is very pitiful, and as true.

Dor. Is it true too, think you?

Aut. Five justices' hands at it, and witnesses more than my pack will hold.

Clo. Lay it by too: another.

Aut. This is a merry ballad, but a very pretty one.

Mop. Let's have some merry ones.

Aut. Why, this is a passing merry one and goes to the tune of 'Two maids wooing a man:' there's scarce a maid westward but she sings it; 'tis in request, I can tell you.

Mop. We can both sing it: if thou'lt bear a part, thou shalt hear; 'tis in three parts.

Dor. We had the tune on 't a month ago.

Aut. I can bear my part; you must know 'tis my occupation: have at it with you:

Song.

Aut. *Get you hence, for I must go*
Where it fits not you to know.
D. *Whither?* M. *O whither?* D. *Whither?*
M. *It becomes thy oath full well,*
Thou to me thy secrets tell:
D. *Me too: let me go thither.*
M. *Or thou goest to th' grange or mill:*
D. *If to either, thou dost ill.*
A. *Neither.* D. *What neither?* A. *Neither.*
D. *Thou hast sworn my love to be;*
M. *Thou hast sworn it more to me:*
Then whither goest? say whither?

Clo. We'll have this song out anon by ourselves: my father and the gentlemen are in sad talk, and we'll not trouble them. Come, bring away thy pack after me.

delt worden, weil sie nicht ihr Fleisch mit einem tauschen wollte,[43] der sie liebte. Die Ballade ist sehr mitleiderregend und ebenso wahr.

Dor. Ist sie auch wahr, glaubt Ihr?

Aut. Fünf Richter-Unterschriften darunter und mehr Zeugen, als mein Bündel faßt.

Clown. Legt sie auch beiseite: noch eine.

Aut. Dies ist eine fröhliche Ballade, aber eine sehr hübsche.

Mop. Laßt uns ein paar fröhliche hören.

Aut. Also, dies ist eine außerordentlich[44] fröhliche und geht nach der Melodie von »Zwei Jungfrauen freien einen Mann«; es gibt kaum eine Jungfrau westlich von hier, die sie nicht singt; sie ist gefragt, das kann ich Euch sagen.

Mop. Wir können sie beide singen: wenn du eine Stimme übernehmen willst, sollst du es hören; sie ist dreistimmig.

Dor. Wir haben die Melodie davon vor einem Monat bekommen.

Aut. Ich kann meine Stimme übernehmen; ihr müßt wissen, das ist mein Beruf: drauflos mit euch:

Lied.[45]

Aut. *Macht euch fort, denn ich muß an einen Ort gehen,*
Den zu wissen sich für euch nicht schickt.
D. *Wohin?* M. *O wohin?* D. *Wohin?*
Mop. *Es steht deinem Eid sehr gut an,*
Daß du mir deine Geheimnisse erzählst:
D. *Mir auch: laß mich dorthin gehen.*
Mop. *Entweder gehst du zum Gut oder zur Mühle:*
Dor. *Wenn zu beiden, tust du Unrecht.*
A. *Zu keiner.* D. *Keiner was?* A. *Keiner.*
Dor. *Du hast geschworen, mein Liebster zu sein:*
Mop. *Du hast es mir mehr geschworen:*
Wohin gehst du also? Sag wohin?

Clown. Wir wollen dieses Lied gleich unter uns zu Ende singen: mein Vater und die Herren sind in ernstem Gespräch, und wir wollen sie nicht stören. Komm, bring

Wenches, I'll buy for you both. Pedlar, let's have the first choice. Follow me, girls.

Exit with Dorcas and Mopsa.

Aut. And you shall pay well for 'em.

Song.

Will you buy any tape,
Or lace for your cape,
My dainty duck, my dear-a?
Any silk, any thread,
Any toys for your head,
Of the new'st, and fin'st, fin'st wear-a?
Come to the pedlar;
Money's a meddler,
That doth utter all men's ware-a.

Exit.

Enter Servant.

Ser. Master, there is three carters, three shepherds, three neat-herds, three swine-herds, that have made themselves all men of hair, they call themselves Saltiers, and they have a dance which the wenches say is a gallimaufry of gambols, because they are not in 't: but they themselves are o' the mind (if it be not too rough for some that know little but bowling) it will please plentifully.

Shep. Away! we'll none on 't: here has been too much homely foolery already. I know, sir, we weary you.

Pol. You weary those that refresh us: pray, let's see these four threes of herdsmen.

Serv. One three of them, by their own report, sir, hath danced before the king; and not the worst of the three but jumps twelve foot and a half by th' square.

mir dein Bündel nach. Frauenzimmer, ich kauf für euch beide. Hausierer, laß uns die erste Wahl haben. Folgt mir, Mädchen.

Er geht mit Dorcas und Mopsa ab.

Aut. Und Ihr sollt gut dafür zahlen.

Lied.

Wollt ihr Leinenband kaufen
Oder Spitze für euer Schultertuch,
Meine anmutige Süße, meine Liebste-o?
Etwas Seide, etwas Garn,
Etwas Flitter für euren Kopf,
Von neuester und feinster, feinster Mode-o?
Kommt zum Hausierer;
Geld mischt sich immer ein
Und verkauft aller Menschen Ware-o.

Er geht ab.
Ein Diener tritt auf.

Diener. Meister, da sind drei Fuhrleute, drei Schäfer, drei Kuhhirten, drei Schweinehirten, die sich alle zu haarigen Männern gemacht haben, sie nennen sich Saltyre[46], und sie haben einen Tanz, der ein Wirrwarr von Luftsprüngen ist, wie die Frauenzimmer sagen, weil sie nicht dabei mitmachen: aber sie selber sind der Ansicht (wenn er nicht zu grob ist für einige, die kaum etwas anderes als Kegeln kennen), daß er reichlich gefallen wird.

Schäfer. Fort! Wir wollen nichts davon haben: hier hat es schon zu viel hausbackene Albernheiten gegeben. Ich weiß, Sir, wir ermüden Euch.

Pol. Ihr ermüdet die, die uns erfrischen, bitte, laßt uns diese vier Trios von Hirten sehen.

Diener. Ein Trio von ihnen, Sir, hat nach seiner eigenen Aussage vor dem König getanzt; und selbst der Schlechteste der drei springt zwölfeinhalb Fuß nach dem Meßstock[47].

Shep. Leave your prating: since these good men are pleased, let them come in; but quickly now.

Serv. Why, they stay at door, sir.

Here a dance of twelve Satyrs.

Pol. O, father, you'll know more of that hereafter.
[*To Cam.*] Is it not too far gone? 'Tis time to part them.
He's simple and tells much. [*To Flor.*] How now, fair shepherd!
Your heart is full of something that does take
Your mind from feasting. Sooth, when I was young
And handed love, as you do, I was wont
To load my she with knacks: I would have ransack'd
The pedlar's silken treasury, and have pour'd it
To her acceptance: you have let him go,
And nothing marted with him. If your lass
Interpretation should abuse, and call this
Your lack of love or bounty, you were straited
For a reply, at least if you make a care
Of happy holding her.

Flo. Old sir, I know
She prizes not such trifles as these are:
The gifts she looks from me are pack'd and lock'd
Up in my heart, which I have given already,
But not deliver'd. O hear me breathe my life
Before this ancient sir, who, it should seem,
Hath sometime lov'd. I take thy hand, this hand,
As soft as dove's down and as white as it,
Or Ethiopian's tooth, or the fann'd snow that's bolted
By th' northern blasts twice o'er.

Pol. What follows this?
How prettily the young swain seems to wash
The hand was fair before! I have put you out:
But to your protestation: let me hear
What you profess.

Flo. Do, and be witness to 't.

Pol. And this my neighbour too?

Flo. And he, and more

Schäfer. Laßt Euer Schwatzen: da es diesen guten Leuten gefällt, laßt sie hereinkommen; aber schnell jetzt.

Diener. Nun, sie warten an der Tür, Sir.

Hier ein Tanz von zwölf Satyrn.

Pol. O Vater, Ihr werdet davon hiernach mehr erfahren. *(Zu Camillo.)* Ist es nicht schon zu weit fortgeschritten? Es ist Zeit, sie zu trennen. [345] Er ist einfältig und erzählt viel. *(Zu Florizel.)* Wie nun, schöner Schäfer! Euer Herz ist voll von etwas, das Euren Geist vom Feiern abhält. Aufrichtig, als ich jung war und mit Liebe zu tun hatte wie Ihr, habe ich die Kleine immer mit Kleinigkeiten beladen; ich hätte des Hausierers seidenen Schatz geplündert und ihn [351] zu ihrer Annahme ausgeschüttet: Ihr habt ihn gehen lassen und nicht mit ihm gehandelt. Wenn Euer Mädchen Deutung mißbrauchen[48] und dies Euren Mangel an Liebe oder Freigebigkeit nenne sollte, hättet Ihr Mühe [355] mit einer Antwort, zumindest wenn Ihr es Euch zur Sorge macht, sie weiter glücklich zu sehen.

Flo. Alter Herr, ich weiß, sie schätzt solche Kleinigkeiten, wie diese es sind, nicht: die Geschenke, die sie von mir erwartet, sind in meinem Herzen verpackt und eingeschlossen, das ich ihr schon geschenkt, [360] aber nicht abgeliefert[49] habe. Oh, hört mich mein Innerstes aussprechen vor diesem alten Herrn, der, so sollte es scheinen, einmal geliebt hat. Ich nehme deine Hand, diese Hand, so weich wie Taubenflaum und so weiß wie dieser oder wie der Zahn einer Äthiopierin[50] oder der gefächelte Schnee, der von den Nordwindböen zweimal gesiebt wurde.

Pol. Was folgt daraus? [366] Wie hübsch der junge Bursche die Hand zu waschen scheint, die zuvor schön war! Ich habe Euch rausgebracht; aber zu Eurer Beteuerung: laßt mich hören, was Ihr gelobt.

Flo. Tut es, und seid Zeuge davon. [370]

Pol. Und dieser mein Nachbar auch?

Flo. Und er und mehr als er und Menschen, der Himmel und

Than he, and men, the earth, the heavens, and all;
That were I crown'd the most imperial monarch
Thereof most worthy, were I the fairest youth
That ever made eye swerve, had force and knowledge
More than was ever man's, I would not prize them
Without her love; for her, employ them all;
Commend them and condemn them to her service,
Or to their own perdition.

Pol. Fairly offer'd.

Cam. This shows a sound affection.

Shep. But my daughter,
Say you the like to him?

Per. I cannot speak
So well, nothing so well; no, nor mean better:
By th' pattern of mine own thoughts I cut out
The purity of his.

Shep. Take hands, a bargain!
And, friends unknown, you shall bear witness to 't.
I give my daughter to him, and will make
Her portion equal his.

Flo. O, that must be
I' th' virtue of your daughter: one being dead,
I shall have more than you can dream of yet;
Enough then for your wonder. But come on,
Contract us 'fore these witnesses.

Shep. Come, your hand;
And, daughter, yours.

Pol. Soft, swain, awhile, beseech you;
Have you a father?

Flo. I have: but what of him?

Pol. Knows he of this?

Flo. He neither does nor shall.

Pol. Methinks a father
Is at the nuptial of his son a guest
That best becomes the table. Pray you once more,
Is not your father grown incapable
Of reasonable affairs? is he not stupid

alles; wäre ich zum kaiserlichsten Monarchen gekrönt und dessen höchst würdig, wäre ich der schönste Jüngling, der je das Auge zum Abschweifen brachte, hätte Kraft und Wissen, mehr als je einem Menschen war, ich würde dies nicht schätzen [376] ohne ihre Liebe; würde für sie dies alles einsetzen; dies ihrem Dienst oder zu ihrem eigenen Verderben empfehlen und verdammen.[51]

Pol. Schön angeboten.

Cam. Dies zeigt eine gesunde Liebe.

Schäfer. Aber meine Tochter, [380] sagt Ihr das gleiche zu ihm?

Per. Ich kann nicht so gut sprechen, nichts so gut; nein, nicht besseres beabsichtigen: nach dem Muster meiner eigenen Gedanken schneide ich die Reinheit der seinen aus.

Schäfer. Nehmt Euch bei der Hand, ein Handel! Und, unbekannte Freunde, ihr sollt ihn bezeugen. [385] Ich gebe ihm meine Tochter und will ihre Mitgift seiner gleich machen.

Flo. Oh, die muß in der Tugend Eurer Tochter bestehen: wenn einer tot ist, habe ich mehr, als Ihr Euch träumen laßt;[52] genug dann für Euer Staunen. Aber kommt nun, [390] schließt uns vor diesen Zeugen zusammen.

Schäfer. Kommt, Eure Hand; und Tochter, Eure.

Pol. Gemach, Bursche, eine Weile; habt Ihr einen Vater?

Flo. Ja, aber was ist mit ihm?

Pol. Weiß er hiervon?

Flo. Nein, und er soll auch nicht.

Pol. Mir scheint, ein Vater [395] ist bei der Vermählung seines Sohnes ein Gast, der dem Tisch am besten ansteht. Bitte Euch noch einmal, ist Euer Vater nicht für vernünftige Angelegenheiten unfähig geworden? Ist er nicht dumm vor

With age and alt'ring rheums? can he speak? hear?
Know man from man? dispute his own estate?
Lies he not bed-rid? and again does nothing
But what he did being childish?
Flo. No, good sir;
He has his health, and ampler strength indeed
Than most have of his age.
Pol. By my white beard,
You offer him, if this be so, a wrong
Something unfilial: reason my son
Should choose himself a wife, but as good reason
The father (all whose joy is nothing else
But fair posterity) should hold some counsel
In such a business.
Flo. I yield all this;
But for some other reasons, my grave sir,
Which 'tis not fit you know, I not acquaint
My father of this business.
Pol. Let him know 't.
Flo. He shall not.
Pol. Prithee, let him.
Flo. No, he must not.
Shep. Let him, my son: he shall not need to grieve
At knowing of thy choice.
Flo. Come, come, he must not.
Mark our contract.
Pol. Mark your divorce, young sir,
Discovering himself.
Whom son I dare not call; thou art too base
To be acknowledg'd: thou a sceptre's heir,
That thus affects a sheep-hook! Thou, old traitor,
I am sorry that by hanging thee I can
But shorten thy life one week. And thou, fresh piece
Of excellent witchcraft, who, of force, must know
The royal fool thou cop'st with, –
Shep. O, my heart!
Pol. I'll have thy beauty scratch'd with briers and made

Alter und veränderndem Schleim?[53] Kann er sprechen? hören? Menschen unterscheiden? Sein eigenes Gut verhandeln? Ist er nicht ans Bett gefesselt und tut wieder nichts, als was er als Kind tat?

Flo. Nein, guter Herr; er hat seine Gesundheit und reichlicher Kraft als die meisten seines Alters.

Pol. Bei meinem weißen Bart, Ihr fügt ihm, wenn dies so ist, ein Unrecht zu, das einem Sohn nicht ansteht: billig, daß mein Sohn sich selbst eine Frau wählt, aber ebenso billig, daß der Vater (dessen ganze Freude nichts ist als schöne Nachkommenschaft) seinen Rat beisteuert in solch einer Sache.

Flo. Ich gebe all dies zu; aber aus einigen anderen Gründen, mein ernster Herr, die zu wissen sich für Euch nicht schickt, mache ich meinen Vater mit dieser Sache nicht bekannt.

Pol. Laßt sie ihn wissen.

Flo. Das soll er nicht.

Pol. Bitt dich, laß ihn.

Flo. Nein, er darf nicht.

Schäfer. Laß ihn, mein Sohn, er soll sich nicht darüber zu grämen brauchen, deine Wahl zu kennen.

Flo. Kommt, kommt, er darf nicht. Achtet auf unsern Vertrag[54].

Pol. Achtet auf Eure Scheidung, junger Herr *(er gibt sich zu erkennen),* den ich nicht wage, Sohn zu nennen; du bist zu niederträchtig, um anerkannt zu werden: du, eines Szepters Erbe, der du so einem Schäferhaken zugetan bist! Du, alter Verräter, schade, daß ich durch Hängen dein Leben nur um eine Woche verkürzen kann. Und du, frisches Stück hervorragender Hexerei, die du natürlich den königlichen Toren kennst, mit dem du dir zu schaffen machst –

Schäfer. Oh, mein Herz!

Pol. Ich will deine Schönheit mit Dornen zerkratzen und

More homely than thy state. For thee, fond boy,
If I may ever know thou dost but sigh
That thou no more shalt see this knack (as never
I mean thou shalt), we'll bar thee from succession;
Not hold thee of our blood, no, not our kin,
Farre than Deucalion off: mark thou my words!
Follow us to the court. Thou churl, for this time,
Though full of our displeasure, yet we free thee
From the dead blow of it. And you, enchantment, –
Worthy enough a herdsman; yea, him too,
That makes himself, but for our honour therein,
Unworthy thee. If ever henceforth thou
These rural latches to his entrance open,
Or hoop his body more with thy embraces,
I will devise a death as cruel for thee
As thou art tender to 't.

Exit.

Per. Even here, undone,
I was not much afeard; for once or twice
I was about to speak, and tell him plainly,
The selfsame sun that shines upon his court
Hides not his visage from our cottage, but
Looks on alike. Will't please you, sir, be gone?
I told you what would come of this: beseech you,
Of your own state take care: this dream of mine –
Being now awake, I'll queen it no inch farther,
But milk my ewes, and weep.

Cam. Why, how now, father!
Speak ere thou diest.

Shep. I cannot speak, nor think,
Nor dare to know that which I know. O sir!
You have undone a man of fourscore three,
That thought to fill his grave in quiet; yea,
To die upon the bed my father died,
To lie close by his honest bones: but now
Some hangman must put on my shroud and lay me
Where no priest shovels in dust. O cursed wretch,

gewöhnlicher als deinen Stand machen lassen. Was dich angeht, verliebter Knabe, wenn ich je erfahre, daß du auch nur seufzt, weil du dieses Flittchen nicht mehr sehen sollst (und ich meine es ernst damit, daß du das nicht sollst), schließen wir dich von der Thronfolge aus; [430] halten dich für nicht von unserem Blut, nein, nicht für unseren Verwandten, für weiter entfernt als Deukalion[55]: beachte meine Worte! Folg mir zum Hof. Du Kerl[56], für dieses Mal, obwohl voll unseres Mißvergnügens, befreien wir dich doch von dessen tödlichem Schlag. Und Ihr, Verzauberung – würdig genug für einen Hirten; ja, auch den, [436] der sich selbst, wäre nicht unsere Ehre beteiligt, deiner unwürdig macht. Wenn du je von nun an diese ländlichen Riegel seinem Eintritt öffnest oder seinen Körper weiter mit deinen Umarmungen bereifst, [440] will ich einen Tod erfinden, der für dich so grausam ist, wie du für ihn zart bist.

Er geht ab.

Per. Nicht einmal hier, vernichtet, hatte ich große Angst; denn einmal oder zweimal war ich kurz davor, zu reden und ihm offen zu sagen, daß dieselbe Sonne, die auf seinen Hof scheint, [445] ihr[57] Gesicht nicht vor unserem Häuschen verbirgt, sondern es ebenso anschaut. Beliebt es Euch, Sir, davonzugehen? Ich habe Euch gesagt, was hieraus werden würde: bitte Euch, nehmt Rücksicht auf Euren eigenen Stand: über diesen meinen Traum – da ich jetzt wach bin, will ich keinen Zoll weiter Königin sein,[58] [450] sondern meine Mutterschafe melken und weinen.

Cam. Was, wie nun, Vater! Sprich, bevor du stirbst.

Schäfer. Ich kann nicht sprechen und auch nicht denken, noch wage ich zu wissen, was ich weiß. O Sir! Ihr habt einen Mann von dreiundachtzig vernichtet, der sein Grab in Frieden zu füllen gedachte; ja, [455] in dem Bett zu sterben, in dem mein Vater starb, nahe bei seinen redlichen Knochen zu liegen: aber jetzt muß ein Henker mir mein Leichentuch anziehen und mich hinlegen, wo kein Priester Staub hineinschaufelt.[59] O verfluchte Elende, die du wuß-

That knew'st this was the prince, and wouldst adventure
To mingle faith with him! Undone! undone!
If I might die within this hour, I have liv'd
To die when I desire.
Exit.

Flo. Why look you so upon me?
I am but sorry, not afeard; delay'd,
But nothing alter'd: what I was, I am;
More straining on for plucking back; not following
My leash unwillingly.

Cam. Gracious my lord,
You know your father's temper: at this time
He will allow no speech (which, I do guess,
You do not purpose to him) and as hardly
Will he endure your sight as yet, I fear:
Then, till the fury of his highness settle,
Come not before him.

Flo. I not purpose it.
I think – Camillo?

Cam. Even he, my lord.

Per. How often have I told you 'twould be thus!
How often said, my dignity would last
But till 'twere known!

Flo. It cannot fail, but by
The violation of my faith; and then
Let nature crush the sides o' th' earth together,
And mar the seeds within! Lift up thy looks:
From my succession wipe me, father; I
Am heir to my affection.

Cam. Be advis'd.

Flo. I am: and by my fancy. If my reason
Will thereto be obedient, I have reason;
If not, my senses, better pleas'd with madness,
Do bid it welcome.

Cam. This is desperate, sir.

Flo. So call it: but it does fulfil my vow;

test, daß dies der Prinz war, und es wagen wolltest, Treue mit ihm zusammenzutun! Vernichtet! Vernichtet! Wenn ich in dieser Stunde sterben darf, habe ich es erlebt zu sterben, wann ich es wünsche.[60]

Er geht ab.

Flo. Warum schaut Ihr mich so an? Ich bin nur traurig, nicht voll Angst; aufgehalten, aber in nichts verändert: was ich war, bin ich; strenge mich nur mehr an dafür, daß ich zurückgerissen werde, und folge meiner Fessel nicht unwillig.

Cam. Mein gnädiger Herr, Ihr kennt Eures Vaters Temperament: zu dieser Zeit wird er keine Rede erlauben (was, wie ich vermute, Ihr ihm gegenüber auch nicht beabsichtigt), und ebensowenig wird er vorläufig Euren Anblick ertragen, fürchte ich: darum kommt, bis die Wut seiner Hoheit sich legt, nicht vor ihn.

Flo. Das beabsichtige ich nicht. Ich glaube – Camillo?[61]

Cam. Genau der, Mylord.

Per. Wie oft habe ich Euch gesagt, so würde es kommen! Wie oft gesprochen, meine Würde würde nur dauern, bis es bekannt wäre![62]

Flo. Es kann nicht scheitern, es sei denn durch den Bruch meiner Treue; und dann laß Natur die Seiten der Erde zusammenquetschen und die Samen darin verderben![63] Heb deinen Blick: streich mich aus deiner Erbfolge aus, Vater; ich bin Erbe meiner Liebe.

Cam. Laßt Euch raten.

Flo. Ja, und von meiner Liebe[64]. Wenn meine Vernunft ihr gehorchen will, habe ich Vernunft; wenn nicht, heißen meine Sinne, denen Wahnsinn besser gefällt, ihn willkommen.

Cam. Das ist verzweifelt, Sir.

Flo. Nennt es so: aber es erfüllt meinen Eid; ich muß es ein-

I needs must think it honesty. Camillo,
Not for Bohemia, nor the pomp that may
Be thereat glean'd: for all the sun sees, or
The close earth wombs, or the profound seas hides
In unknown fathoms, will I break my oath
To this my fair belov'd. Therefore, I pray you,
As you have ever been my father's honour'd friend,
When he shall miss me, – as, in faith, I mean not
To see him any more, – cast your good counsels
Upon his passion: let myself and fortune
Tug for the time to come. This you may know,
And so deliver, I am put to sea
With her whom here I cannot hold on shore;
And most opportune to our need, I have
A vessel rides fast by, but not prepar'd
For this design. What course I mean to hold
Shall nothing benefit your knowledge, nor
Concern me the reporting.

Cam. O my lord,
I would your spirit were easier for advice,
Or stronger for your need.

Flo. Hark, Perdita.
Drawing her aside.
[*To Cam.*] I'll hear you by and by.

Cam. He's irremoveable,
Resolv'd for flight. Now were I happy, if
His going I could frame to serve my turn,
Save him from danger, do him love and honour,
Purchase the sight again of dear Sicilia
And that unhappy king, my master, whom
I so much thirst to see.

Flo. Now good Camillo;
I am so fraught with curious business that
I leave out ceremony.

Cam. Sir, I think
You have heard of my poor services, i' th' love
That I have borne your father?

fach für Redlichkeit halten. Camillo, nicht für Böhmen noch den Pomp, den man dort sammeln[65] kann: nicht für alles, was die Sonne sieht oder die abgeschlossene Erde in sich birgt oder die tiefgründige See in unbekannten Faden Tiefe verbirgt, will ich meinen Schwur dieser meiner schönen Geliebten gegenüber brechen. Darum, ich bitte Euch, da Ihr immer schon meines Vaters geehrter Freund seid, wenn er mich vermißt – da ich auf Ehre ihn nicht mehr sehen möchte –, erteilt seiner Leidenschaft Euren guten Rat: laßt mich und das Geschick um die zukünftige Zeit kämpfen. Dies dürft Ihr wissen und so melden, ich bin mit ihr in See gestochen, die ich hier am Ufer nicht halten kann; und höchst gelegen für unsere Not habe ich ein Schiff, das nahebei liegt, aber nicht vorbereitet für diese Absicht. Welchen Kurs ich zu steuern beabsichtige, soll Eurem Wissen nichts nützen, noch liegt mir daran, es zu berichten.

Cam. Oh, Mylord, ich wollte, Euer Geist wäre dem Ratschlag zugänglicher oder stärker für das, was für Euch nötig ist.

Flo. Horcht, Perdita.

Er zieht sie beiseite.

(Zu Camillo.) Ich will Euch gleich[66] hören.

Cam. Er ist unerschütterlich; entschlossen zur Flucht. Jetzt wäre ich glücklich, wenn ich sein Gehen so wenden könnte, daß es mir dienlich wäre, ihn aus Gefahr erretten, ihm Liebe und Ehre erweisen, das Wiedersehen mit dem lieben Sizilien und mit dem unglücklichen König, meinem Herrn, erkaufen könnte, den mich so zu sehen dürstet.

Flo. Nun, guter Camillo; ich bin so befrachtet mit einer Sache, die meine Aufmerksamkeit erfordert, daß ich Förmlichkeit beiseite lasse.

Cam. Sir, ich glaube, Ihr habt von meinen armseligen Diensten gehört, in der Liebe,[67] die ich Eurem Vater zeigte?

Flo. Very nobly
Have you deserv'd: it is my father's music
To speak your deeds, not little of his care
To have them recompens'd as thought on.
Cam. Well, my lord,
If you may please to think I love the king,
And through him what's nearest to him, which is
Your gracious self, embrace but my direction,
If your more ponderous and settled project
May suffer alteration. On mine honour,
I'll point you where you shall have such receiving
As shall become your highness; where you may
Enjoy your mistress; from the whom, I see,
There's no disjunction to be made, but by –
As heavens forefend! – your ruin. Marry her,
And with my best endeavours in your absence
Your discontenting father strive to qualify
And bring him up to liking.
Flo. How, Camillo,
May this, almost a miracle, be done?
That I may call thee something more than man
And after that trust to thee.
Cam. Have you thought on
A place whereto you'll go?
Flo. Not any yet:
But as th' unthought-on accident is guilty
To what we wildly do, so we profess
Ourselves to be the slaves of chance, and flies
Of every wind that blows.
Cam. Then list to me:
This follows, if you will not change your purpose,
But undergo this flight; make for Sicilia,
And there present yourself and your fair princess
(For so I see she must be) 'fore Leontes:
She shall be habited as it becomes
The partner of your bed. Methinks I see
Leontes opening his free arms and weeping

Flo. Sehr edelmütig habt Ihr Euch verdient gemacht: es ist für meinen Vater Musik, Eure Taten auszusprechen, nicht gering seine Sorge, sie belohnen zu lassen wie vorherbedacht.[68]

Cam. Gut, Mylord, wenn es Euch vielleicht beliebt zu glauben, ich liebe den König und durch ihn, was ihm am nächsten ist, nämlich Euer Gnaden selbst, folgt nur willig meiner Leitung, wenn Euer gewichtigeres und festeres Vorhaben Veränderung dulden mag. Bei meiner Ehre, ich will Euch dorthin weisen, wo Ihr solchen Empfang haben werdet, wie er Euer Hoheit zukommt; wo Ihr Euch an Eurer Geliebten erfreuen könnt; von der, wie ich sehe, man keine Trennung vornehmen kann, außer durch – da sei der Himmel vor! – euren Untergang. Heiratet sie, und mit meinen besten Bemühungen in Eurer Abwesenheit will ich mich bemühen, Euren unzufriedenen Vater wiederherzustellen[69] und ihn zur Zuneigung zu bringen.

Flo. Wie, Camillo, kann dies, fast ein Wunder, getan werden? Daß ich dich mehr als einen Menschen nennen und dir danach vertrauen kann.

Cam. Habt Ihr Euch schon einen Ort überlegt, an den Ihr gehen wollt?

Flo. Noch keinen: aber wie der ungeplante Zufall an dem schuldig ist, was wir aufs Geratewohl tun, so bekennen wir uns als Sklaven des willkürlichen Schicksals und als Fliegen für jeden Wind, der weht.[70]

Cam. Dann hört mir zu: dies folgt, wenn Ihr Eure Absicht nicht ändern, sondern diese Flucht unternehmen wollt; haltet auf Sizilien zu und zeigt Euch und Eure schöne Prinzessin (denn das soll sie – sehe ich – sein) vor Leontes: sie soll angetan sein, wie es dem Partner Eures Bettes ansteht. Mir scheint, ich sehe, wie Leontes seine freigebigen Arme öffnet und sein Willkommen hervorweint; erbittet

His welcomes forth; asks thee there 'Son, forgiveness!'
As 'twere i' th' father's person; kisses the hands
Of your fresh princess; o'er and o'er divides him
'Twixt his unkindness and his kindness; th' one
He chides to hell, and bids the other grow
Faster than thought or time.

Flo. Worthy Camillo,
What colour for my visitation shall I
Hold up before him?

Cam. Sent by the king your father
To greet him and to give him comforts. Sir,
The manner of your bearing towards him, with
What you (as from your father) shall deliver,
Things known betwixt us three, I'll write you down:
The which shall point you forth at every sitting
What you must say; that he shall not perceive
But that you have your father's bosom there
And speak his very heart.

Flo. I am bound to you:
There is some sap in this.

Cam. A course more promising
Than a wild dedication of yourselves
To unpath'd waters, undream'd shores; most certain
To miseries enough: no hope to help you,
But as you shake off one, to take another:
Nothing so certain as your anchors, who
Do their best office if they can but stay you
Where you'll be loath to be. Besides, you know
Prosperity's the very bond of love,
Whose fresh complexion and whose heart together
Affliction alters.

Per. One of these is true:
I think affliction may subdue the cheek,
But not take in the mind.

Cam. Yea? say you so?
There shall not, at your father's house, these seven years
Be born another such.

dort von dir »Sohn, Vergebung!«, als wäre es in des Vaters Person; küßt Eurer frischen Prinzessin die Hände;[71] teilt sich wieder und wieder zwischen seiner Lieblosigkeit und seiner Liebe auf; die eine schilt er zur Hölle und befiehlt der anderen, schneller als Gedanke oder Zeit zu wachsen.

Flo. Würdiger Camillo, welchen Vorwand[72] für meinen Besuch soll ich vor ihm nennen?

Cam. Gesandt vom König, Eurem Vater, ihn zu grüßen und ihm Trost zu bringen. Sir, die Art, wie Ihr auf ihn zugehalten habt, mit dem, was Ihr (als von Eurem Vater) berichten sollt, Dinge, die uns dreien bekannt sind, will ich Euch niederschreiben: dies soll Euch bei jeder Sitzung weiter anzeigen, was Ihr sagen sollt; daß er nichts anderes erkennen kann, als daß Ihr Eures Vaters Vertrauen[73] dort habt und ihm aus dem Herzen selbst sprecht.

Flo. Ich bin Euch verbunden: darin ist Lebenskraft.

Cam. Ein vielversprechenderer Kurs als eine wilde Hingabe Eurer selbst an ungespurte Wasser, ungeträumte Küsten;[74] ganz sicher zu genügend Elend: keine Hoffnung, Euch zu helfen als dadurch, daß Ihr, indem Ihr eines abschüttelt, ein anderes hinnehmt: nichts so sicher wie Eure Anker, die ihren besten Dienst verrichten, wenn sie Euch nur festhalten können, wo Ihr zu sein abgeneigt sein werdet. Außerdem, Ihr wißt, Wohlstand ist das wahre Band der Liebe, deren frische Farbe und deren Herz zusammen der Schmerz verändert.

Per. Eins davon ist wahr: ich glaube, Schmerz kann die Wange unterwerfen, aber nicht den Geist einnehmen.[75]

Cam. Ja? Sagt Ihr das? In Eures Vaters Haus wird in den nächsten sieben Jahren[76] nicht noch solch eine geboren.

Flo. My good Camillo,
She is as forward of her breeding as
She is i' th' rear 'our birth.
Cam. I cannot say 'tis pity
She lacks instructions, for she seems a mistress
To most that teach.
Per. Your pardon, sir; for this
I'll blush you thanks.
Flo. My prettiest Perdita!
But O, the thorns we stand upon! Camillo,
Preserver of my father, now of me,
The medicine of our house, how shall we do?
We are not furnish'd like Bohemia's son,
Nor shall appear in Sicilia.
Cam. My lord,
Fear none of this. I think you know my fortunes
Do all lie there: it shall be so my care
To have you royally appointed, as if
The scene you play were mine. For instance, sir,
That you may know you shall not want, – one word.

They talk aside.
Enter Autolycus.

Aut. Ha, ha! what a fool Honesty is! and Trust, his sworn brother, a very simple gentleman! I have sold all my trumpery: not a counterfeit stone, not a ribbon, glass, pomander, brooch, table-book, ballad, knife, tape, glove, shoe-tie, bracelet, horn-ring, to keep my pack from fasting: they throng who should buy first, as if my trinkets had been hallowed and brought a benediction to the buyer: by which means I saw whose purse was best in picture; and what I saw, to my good use I remembered. My clown (who wants but something to be a reasonable man) grew so in love with the wenches' song, that he would not stir his pettitoes till he had both tune and words; which so drew

Flo. Mein guter Camillo, sie ist an Erziehung ebenso voraus wie an Geburt hinter uns zurück.

Cam. Ich kann nicht sagen, es sei schade, daß es ihr an Unterweisung fehlt, denn sie scheint Meisterin fast aller, die lehren.

Per. Eure Vergebung, Sir; hierfür will ich Euch zum Dank erröten.

Flo. Meine hübscheste Perdita! Aber oh, die Dornen, auf denen wir stehen! Camillo, Bewahrer meines Vaters, nun meiner, der Mediziner unseres Hauses; was sollen wir tun? Wir sind nicht ausgerüstet wie Böhmens Sohn, noch werden wir in Sizilien so erscheinen.

Cam. Mylord, fürchtet nichts dergleichen. Ich glaube, Ihr wißt, daß all mein Vermögen dort liegt: es soll so meine Sorge sein, Euch königlich ausstatten zu lassen,[77] als sei die Szene, die Ihr spielt, meine. Zum Beispiel, Sir, damit Ihr wißt, daß es Euch nicht mangeln soll, – ein Wort.

Sie sprechen beiseite.
Autolycus tritt auf.

Aut. Haha, was für ein Tor Redlichkeit ist! und Vertrauen, sein geschworener Bruder,[78] ein sehr simpler Edelmann! Ich habe all meinen Plunder verkauft: nicht ein falscher Stein, nicht ein Band, Spiegel, Duftkugel, Brosche, Notizbuch, Ballade, Messer, Leinenband, Handschuh, Schuhband, Armband, Hornring, um mein Bündel vom Fasten abzuhalten: sie drängeln, wer zuerst kaufen soll, als wären meine Schmuckstücke geheiligt worden und brächten dem Käufer einen Segen: auf diese Weise sah ich, wessen Börse von bestem Ansehen[79] war; und das, was ich sah, merkte ich mir zu meinem guten Gebrauch. Mein Clown (dem es nur an wenig mangelt, um ein vernünftiger Mann zu sein) verliebte sich so in die Lieder für Frauenzimmer, daß er seine Schweinsfüße[80] nicht rühren wollte, bis er Melodie und Worte hatte: was den Rest der Herde so

the rest of the herd to me, that all their other senses stuck in ears: you might have pinched a placket, it was senseless; 'twas nothing to geld a codpiece of a purse; I would have filed keys off that hung in chains: no hearing, no feeling, but my sir's song, and admiring the nothing of it. So that in this time of lethargy I picked and cut most of their festival purses; and had not the old man come in with a whoo-bub against his daughter and the king's son, and scared my choughs from the chaff, I had not left a purse alive in the whole army.

Camillo, Florizel, and Perdita come forward.

Cam. Nay, but my letters, by this means being there
So soon as you arrive, shall clear that doubt.
Flo. And those that you'll procure from King Leontes?
Cam. Shall satisfy your father.
Per. Happy be you!
All that you speak shows fair.
Cam. [*Seeing Autolycus.*] Who have we here?
We'll make an instrument of this; omit
Nothing may give us aid.
Aut. If they have overheard me now, – why, hanging.

Cam. How now, good fellow! why shakest thou so? Fear not, man; here's no harm intended to thee.

Aut. I am a poor fellow, sir.

Cam. Why, be so still; here's nobody will steal that from thee: yet for the outside of thy poverty we must make an exchange; therefore discase thee instantly, – thou must think there's a necessity in 't – and change garments with this gentleman: though the pennyworth on his side be the worst, yet hold thee, there's some boot.

Aut. I am a poor fellow, sir. [*Aside.*] I know ye well enough.

zu mir zog, daß all ihre anderen Sinne in den Ohren steckten: man hätte in einen Schlitz kneifen können, er war fühllos; es war ein Nichts, einen Hosenbeutel um eine Börse zu beschneiden; ich hätte Schlüssel, die an Ketten hingen, abfeilen können: kein Hören, kein Fühlen, außer dem Lied meines Herrn und der Bewunderung für dieses Nichts. So daß ich in dieser Zeit der Lethargie die meisten ihrer Festbörsen stahl oder abschnitt; und wäre nicht der alte Mann mit einem Gezeter gegen seine Tochter und des Königs Sohn herbeigekommen und hätte meine Krähen von der Spreu verschreckt, hätte ich in der ganzen Armee keine Börse am Leben gelassen.

Camillo, Florizel und Perdita treten nach vorn.

Cam. Nein, aber meine Briefe, auf diese Weise dort, sobald ihr ankommt, sollen diesen Zweifel bald aufklären.

Flo. Und die, die Ihr Euch von König Leontes verschafft?

Cam. Sollen Euren Vater befriedigen.

Per. Mögt Ihr glücklich sein! Alles, was Ihr sprecht, zeugt von gutem Sinn.

Cam. (sieht Autolycus). Wen haben wir hier? Wir wollen daraus ein Werkzeug machen; nichts unterlassen, das uns Hilfe geben kann.

Aut. Wenn sie mich jetzt belauscht haben – tja, Aufhängen.

Cam. Wie nun, guter Kerl! Warum zitterst du so? Fürchte nichts, Mann; hier hat niemand Böses gegen dich im Sinn.

Aut. Ich bin ein armer Mann, Sir.

Cam. Nun, das sollst du bleiben; hier ist niemand, der dir das stehlen will: doch an der Außenseite deiner Armut müssen wir einen Tausch vornehmen; darum enthüll dich auf der Stelle – du mußt denken, darin liegt Notwendigkeit – und wechsle die Kleidung mit diesem Edelmann: wenn auch der Pfennigwert auf seiner Seite am geringsten ist, doch, siehst du, da ist Entschädigung.

Aut. Ich bin ein armer Mann, Sir. *(Beiseite.)* Ich kenne Euch gut genug.

Cam. Nay, prithee, dispatch: the gentleman is half flayed already.

Aut. Are you in earnest, sir? [*Aside.*] I smell the trick on't.

Flo. Dispatch, I prithee.

Aut. Indeed, I have had earnest; but I cannot with conscience take it.

Cam. Unbuckle, unbuckle.

Florizel and Autolycus exchange garments.

Fortunate mistress, – let my prophecy
Come home to ye! – you must retire yourself
Into some covert: take your sweetheart's hat
And pluck it o'er your brows, muffle your face,
Dismantle you, and (as you can) disliken
The truth of your own seeming; that you may
(For I do fear eyes over) to shipboard
Get undescried.

Per. I see the play so lies
That I must bear a part.

Cam. No remedy.
Have you done there?

Flo. Should I now meet my father
He would not call me son.

Cam. Nay, you shall have no hat.

Giving it to Perdita.

Come, lady, come. Farewell, my friend.

Aut. Adieu, sir.

Flo. O Perdita, what have we twain forgot?
Pray you, a word.

They draw aside.

Cam. What I do next, shall be to tell the king
Of this escape and whither they are bound;
Wherein my hope is I shall so prevail
To force him after: in whose company
I shall re-view Sicilia, for whose sight
I have a woman's longing.

Cam. Nein, bitt dich, mach schnell: der Edelmann ist schon halb gehäutet.

Aut. Seid Ihr im Ernst, Sir? *(Beiseite.)* Ich wittere die List dabei.

Flo. Mach schnell, ich bitt dich.

Aut. In der Tat, ich habe schon eine Anzahlung bekommen; aber ich kann sie nicht mit gutem Gewissen annehmen.[81]

Cam. Knöpf auf, knöpf auf.

Florizel und Autolycus tauschen die Kleidung.

Glückliche Dame – möge meine Prophezeiung auf Euch zutreffen! –, Ihr müßt Euch in ein Versteck zurückziehen: nehmt Eures Liebsten Hut und zieht ihn Euch in die Stirn, verhüllt Euer Gesicht, zieht Euren Umhang aus und macht Euch (so sehr Ihr es könnt) der Wahrheit Eurer Erscheinung unähnlich;[82] damit Ihr (denn ich fürchte Spione von oben) unerspäht an Bord des Schiffes gelangt.

Per. Ich sehe, das Stück steht so, daß ich eine Rolle übernehmen muß.

Cam. Keine Hilfe. Seid ihr fertig dort?

Flo. Sollte ich jetzt meinem Vater begegnen, würde er mich nicht Sohn nennen.

Cam. Nein, Ihr sollt keinen Hut haben.

Gibt ihn Perdita.

Kommt, Lady, kommt. Lebt wohl, mein Freund.

Aut. Adieu, Sir.

Flo. O Perdita, was haben wir zwei vergessen? Bitte Euch, ein Wort.

Sie gehen beiseite.

Cam. Was ich als nächstes tu, soll sein, dem König von dieser Flucht, und wohin sie unterwegs sind, zu erzählen; wobei meine Hoffnung ist, daß ich so vermag, ihn hinterherzuzwingen: in seiner Begleitung werde ich Sizilien wiedersehen, nach dessen Anblick ich das Verlangen einer Frau habe.

Flo. Fortune speed us!
Thus we set on, Camillo, to th' sea-side.
Cam. The swifter speed, the better.

Exeunt Florizel, Perdita, and Camillo.

Aut. I understand the business, I hear it. To have an open ear, a quick eye, and a nimble hand, is necessary for a cut-purse; a good nose is requisite also, to smell out work for the other senses. I see this is the time that the unjust man doth thrive. What an exchange had this been without boot! What a boot is here, with this exchange! Sure the gods do this year connive at us, and we may do any thing extempore. The prince himself is about a piece of iniquity (stealing away from his father with his clog at his heels): if I thought it were a piece of honesty to acquaint the king withal, I would not do 't: I hold it the more knavery to conceal it; and therein am I constant to my profession.

Enter Clown and Shepherd.

Aside, aside; here is more matter for a hot brain: every lane's end, every shop, church, session, hanging, yields a careful man work.

Clo. See, see; what a man you are now! There is no other way but to tell the king she's a changeling, and none of your flesh and blood.
Shep. Nay, but hear me.
Clo. Nay, but hear me.
Shep. Go to, then.
Clo. She being none of your flesh and blood, your flesh and blood has not offended the king; and so your flesh and blood is not to be punished by him. Show those things you found about her (those secret things, all but what she has with her): this being done, let the law go whistle: I warrant you.

Flo. Das Geschick mache uns schnell! So brechen wir, Camillo, zur Küste auf.

Cam. Je raschere Schnelligkeit, um so besser.

Florizel, Perdita und Camillo gehen ab.

Aut. Ich verstehe die Sache, ich höre sie. Ein offenes Ohr zu haben, ein schnelles Auge und eine flinke Hand, ist für einen Beutelschneider nötig; eine gute Nase ist auch erforderlich, um Arbeit für die anderen Sinne zu wittern. Ich sehe, dies ist die Zeit, in der der Ungerechte gedeiht. Was für ein Tausch wäre dies gewesen ohne Entschädigung! Was für eine Entschädigung haben wir hier mit diesem Tausch! Sicher machen die Götter dieses Jahr gemeinsame Sache mit uns, und wir können alles aus dem Stegreif tun. Der Prinz hat selbst irgend etwas Unrechtes vor (stiehlt sich von seinem Vater fort mit seinem Klotz an den Fersen): wenn ich dächte, es wäre etwas Redliches, es dem König bekanntzumachen, täte ich es nicht; ich halte es für eine größere Schufterei, es zu verbergen; und darin bin ich meinem Beruf treu.

Clown und Schäfer treten auf.

Beiseite, beiseite; hier ist mehr Stoff für ein heißes Hirn: jedes Ende einer Landstraße, jeder Laden, jede Kirche, Sitzung, jedes Hängen wirft einem sorgfältigen Mann Arbeit ab.

Clown. Seht, seht; was Ihr jetzt für ein Mann seid! Es bleibt nichts anderes übrig, als dem König zu sagen, daß sie ein Feenkind ist und nicht von Eurem Fleisch und Blut.

Schäfer. Nein, aber hör mich.

Clown. Nein, aber hört mich.

Schäfer. Mach zu, also.

Clown. Da sie nicht Euer Fleisch und Blut ist, hat Euer Fleisch und Blut den König nicht beleidigt; und daher darf Euer Fleisch und Blut nicht von ihm bestraft werden. Zeigt die Sachen, die Ihr bei ihr gefunden habt (diese geheimen Sachen, alles außer dem, was sie bei sich hat): wenn dies getan ist, laß das Gesetz nur pfeifen:[83] verlaßt Euch drauf.

Shep. I will tell the king all, every word, yea, and his son's pranks too; who, I may say, is no honest man, neither to his father nor to me, to go about to make me the king's brother-in-law.

Clo. Indeed, brother-in-law was the farthest off you could have been to him and then your blood had been the dearer by I know how much an ounce.

Aut. [*Aside.*] Very wisely, puppies!

Shep. Well, let us to the king: there is that in this fardel will make him scratch his beard.

Aut. [*Aside.*] I know not what impediment this complaint may be to the flight of my master.

Clo. Pray heartily he be at ' palace.

Aut. [*Aside.*] Though I am not naturally honest, I am so sometimes by chance: let me pocket up my pedlar's excrement. [*Takes off his false beard.*] How now, rustics! whither are you bound?

Shep. To th' palace, and it like your worship.

Aut. Your affairs there, what, with whom, the condition of that fardel, the place of your dwelling, your names, your ages, of what having, breeding, and any thing that is fitting to be known, discover!

Clo. We are but plain fellows, sir.

Aut. A lie; you are rough and hairy. Let me have no lying: it becomes none but tradesmen, and they often give us soldiers the lie; but we pay them for it with stamped coin, not stabbing steel; therefore they do not give us the lie.

Clo. Your worship had like to have given us one, if you had not taken yourself with the manner.

Shep. Are you a courtier, and 't like you, sir?

Aut. Whether it like me or no, I am a courtier. Seest thou not the air of the court in these enfoldings? hath not my gait in it the measure of the court? receives not thy nose court-odour from me? reflect I not on thy baseness, court-contempt? Think'st thou, for that I insinuate, or toaze from

Schäfer. Ich will dem König alles erzählen, jedes Wort, ja, und seines Sohnes Streiche auch; der, das darf ich sagen, kein redlicher Mann ist, weder seinem Vater noch mir gegenüber, sich daran zu geben, mich zu des Königs Schwager zu machen.

Clown. In der Tat, Schwager war das Entfernteste, das Ihr ihm hättet sein können, und dann wäre Euer Blut um ich weiß wie manche Unze teurer gewesen.

Aut. (beiseite). Sehr weise, ihr Äffchen[84].

Schäfer. Gut, laß uns zum König: in dem Beutel da ist etwas, das ihn dazu bringen wird, sich den Bart zu kratzen.

Aut. (beiseite). Ich weiß nicht, welches Hindernis diese Klage für die Flucht meines Herrn bedeuten kann.

Clown. Bitte von Herzen, daß er im Palast ist.

Aut. (beiseite). Wenn ich auch nicht von Natur redlich bin, bin ich es manchmal zufällig: laß mich meinen Hausierer-Auswuchs in die Tasche stecken. *(Nimmt seinen falschen Bart ab.)* Wie nun, Landleute! Wohin seid Ihr unterwegs?

Schäfer. Zum Palast, wenn es Euer Hochwürden beliebt.

Aut. Offenbart Eure dortigen Angelegenheiten, was, mit wem, den Zustand jenes Beutels, den Ort Eurer Wohnung, Eure Namen, Euer Alter, von welcher Herkunft, Erziehung und alles, was zu wissen passend ist!

Clown. Wir sind nur einfache Leute, Sir.

Aut. Eine Lüge; ihr seid rauh und haarig. Laßt mich keine Lügen hören: das gehört sich nur für Händler, und sie belügen uns Soldaten oft; aber wir zahlen sie dafür mit geprägter Münze, nicht erdolchendem Stahl; darum belügen sie uns nicht.[85]

Clown. Euer Hochwürden hätte uns wahrscheinlich belogen, wenn Ihr Euch nicht selbst dabei ertappt hättet.

Schäfer. Seid Ihr ein Höfling, wenn es Euch beliebt, Sir?

Aut. Ob es mir beliebt oder nicht, ich bin ein Höfling. Siehst du nicht das Flair des Hofes in dieser Gewandung? Hat nicht mein Gang darin das Schreiten[86] des Hofes? Empfängt nicht deine Nase Hof-Duft von mir? Reflektiere ich nicht auf deine Niedrigkeit, Hof-Verachtung? Denkst

thee thy business, I am therefore no courtier? I am courtier *cap-a-pe*; and one that will either push on or pluck back thy business there: whereupon I command thee to open thy affair.

Shep. My business, sir, is to the king.
Aut. What advocate hast thou to him?
Shep. I know not, and 't like you.
Clo. Advocate's the court-word for a pheasant: say you have none.
Shep. None, sir; I have no pheasant, cock nor hen.

Aut. How blessed are we that are not simple men!
Yet nature might have made me as these are;
Therefore I will not disdain.
Clo. This cannot be but a great courtier.
Shep. His garments are rich, but he wears them not handsomely.
Clo. He seems to be the more noble in being fantastical: a great man, I'll warrant; I know by the picking on's teeth.

Aut. The fardel there? What's i' th' fardel? Wherefore that box?
Shep. Sir, there lies such secrets in this fardel and box, which none must know but the king; and which he shall know within this hour, if I may come to th' speech of him.

Aut. Age, thou hast lost thy labour.
Shep. Why, sir?
Aut. The king is not at the palace; he is gone aboard a new ship to purge melancholy and air himself: for, if thou bee'st capable of things serious, thou must know the king is full of grief.

Shep. So 'tis said, sir; about his son, that should have married a shepherd's daughter.
Aut. If that shepherd be not in hand-fast, let him fly: the

du, weil ich schönrede oder dir dein Geschäft abschmeichle, bin ich darum kein Höfling? Ich bin ein Höfling vom Scheitel bis zur Sohle; und einer, der dein Geschäft entweder weiterschieben oder zurückzerren wird: weshalb ich dir befehle, mir deine Angelegenheit zu eröffnen.

Schäfer. Mein Geschäft, Sir, ist mit dem König.

Aut. Was für einen Fürsprecher hast du bei ihm?

Schäfer. Ich weiß nicht, wenn es Euch beliebt.

Clown. Fürsprecher ist das Hof-Wort für Fasan[87]: sagt, Ihr habt keinen.

Schäfer. Keinen, Sir; ich habe keinen Fasan, weder Hahn noch Henne.

Aut. Wie gesegnet sind wir, die wir nicht simpel sind! Doch hätte die Natur mich so wie diese machen können; darum will ich nicht verachten.

Clown. Dies muß ein großer Höfling sein.

Schäfer. Seine Kleidung ist reich, aber er trägt sie nicht elegant.[88]

Clown. Er scheint um so edler dadurch, daß er wunderlich ist: garantiert ein großer Mann; ich bemerke es darin, wie er in seinen Zähnen stochert.

Aut. Der Beutel da? Was ist in dem Beutel da? Wozu diese Schachtel?

Schäfer. Sir, in diesem Beutel und dieser Kiste liegen solche Geheimnisse, die niemand außer dem König erfahren darf; und die er binnen einer Stunde erfahren soll, wenn ich zur Aussage bei ihm kommen kann.

Aut. Alter, deine Mühe ist vergebens.

Schäfer. Warum, Sir?

Aut. Der König ist nicht im Palast; er ist an Bord eines neuen Schiffes gegangen, um sich von der Melancholie[89] zu reinigen und an die Luft zu kommen: denn, wenn du ernste Dinge verstehst, mußt du wissen, der König ist voll Schmerz.

Schäfer. So sagt man, Sir; wegen seines Sohnes, der eines Schäfers Tochter heiraten sollte.

Aut. Wenn der Schäfer nicht dingfest gemacht ist, laß ihn

curses he shall have, the tortures he shall feel, will break the back of man, the heart of monster.

Clo. Think you so, sir?

Aut. Not he alone shall suffer what wit can make heavy and vengeance bitter; but those that are germane to him, though removed fifty times, shall all come under the hangman: which, though it be great pity, yet it is necessary. An old sheep-whistling rogue, a ram-tender, to offer to have his daughter come into grace! Some say he shall be stoned; but that death is too soft for him, say I. Draw our throne into a sheepcote! All deaths are too few, the sharpest too easy.

Clo. Has the old man e'er a son, sir, do you hear, and 't like you, sir?

Aut. He has a son, who shall be flayed alive, then 'nointed over with honey, set on the head of a wasps' nest, then stand till he be three quarters and a dram dead; then recovered again with aqua-vitæ or some other hot infusion; then, raw as he is, and in the hottest day prognostication proclaims, shall he be set against a brick wall, the sun looking with a southward eye upon him, where he is to behold him, with flies blown to death. But what talk we of these traitorly rascals, whose miseries are to be smiled at, their offences being so capital? Tell me (for you seem to be honest plain men) what you have to the king: being something gently considered, I'll bring you where he is aboard, tender your persons to his presence, whisper him in your behalfs; and if it be in man, besides the king, to effect your suits, here is man shall do it.

Clo. He seems to be of great authority: close with him, give him gold; and though authority be a stubborn bear, yet he is oft led by the nose with gold: show the inside of your

fliehen: die Flüche, die er haben soll, die Foltern, die er fühlen soll, brechen einem Menschen den Rücken, einem Ungeheuer das Herz.

Clown. Glaubt Ihr, Sir?

Aut. Nicht er allein soll leiden, was Verstand schwer und Rache bitter machen kann; sondern alle, die mit ihm verwandt sind, wenn auch um fünfzig Ecken, sollen alle dem Henker unterkommen: was, wenn es auch sehr schade ist, doch notwendig ist. Ein alter, nach Schafen pfeifender Schelm, ein Widder-Hüter, der sich anheischig macht, seine Tochter zu Gnaden[90] kommen zu lassen! Einige sagen, er soll gesteinigt werden; aber der Tod ist zu weich für ihn, sage ich. Unsern Thron in eine Schäferkate ziehen! Alle Tode sind zu wenig, die schmerzlichsten zu leicht.

Clown. Hat der alte Mann etwa einen Sohn, Sir, hört Ihr, wenn es Euch beliebt, Sir?

Aut. Er hat einen Sohn, der bei lebendigem Leib gehäutet, dann mit Honig gesalbt, auf die Spitze eines Wespennestes gesetzt werden, dort stehen soll, bis er drei Viertel und ein Schlückchen tot ist; dann mit *aqua vitae*[91] oder irgendeinem anderen Erguß wiederbelebt; dann, roh, wie er ist, und an dem heißesten Tag, den der Almanach verkündet, soll er an eine Ziegelmauer gestellt werden, wobei die Sonne mit einem südlichen Auge auf ihn schauen und ihn – voll Fliegendreck – bis zu seinem Tod ansehen soll. Aber was reden wir von diesen Verräter-Halunken, über deren Elend man lachen soll, da ihre Vergehen so kapital sind? Sagt mir (denn ihr scheint redliche, offene Männer zu sein), was ihr für den König habt: da man mich für etwas edel ansieht,[92] will ich euch hinbringen, wo er an Bord ist, eure Personen seiner königlichen Gegenwart unterbreiten, ihm in eurem Interesse zuflüstern; und wenn es einem Menschen außer dem König möglich ist, eure Anliegen zu verwirklichen, hier ist der Mensch, der es tun soll.

Clown. Er scheint von großer Autorität zu sein; schließt mit ihm ab, gebt ihm Gold; und wenn auch Autorität ein störrischer Bär ist, wird sie doch oft mit Gold an der Nase her-

purse to the outside of his hand, and no more ado. Remember 'stoned', and 'flayed alive'!

Shep. And 't please you, sir, to undertake the business for us, here is that gold I have: I'll make it as much more and leave this young man in pawn till I bring it you.

Aut. After I have done what I promised?

Shep. Ay, sir.

Aut. Well, give me the moiety. Are you a party in this business?

Clo. In some sort, sir: but though my case be a pitiful one, I hope I shall not be flayed out of it.

Aut. O, that's the case of the shepherd's son: hang him, he'll be made an example.

Clo. Comfort, good comfort! We must to the king and show our strange sights: he must know 'tis none of your daughter nor my sister; we are gone else. Sir, I will give you as much as this old man does when the business is performed, and remain, as he says, your pawn till it be brought you.

Aut. I will trust you. Walk before toward the sea-side; go on the right hand: I will but look upon the hedge and follow you.

Clo. We are blest in this man, as I may say, even blest.

Shep. Let's before, as he bids us: he was provided to do us good.

Exeunt Shepherd and Clown.

Aut. If I had a mind to be honest, I see Fortune would not suffer me: she drops booties in my mouth. I am courted now with a double occasion – gold, and a means to do the prince my master good; which who knows how that may turn back to my advancement? I will bring these two

umgeführt:[93] zeigt das Innere Eurer Börse dem Äußeren seiner Hand, und keine weitere Mühe. Erinnert Euch an »gesteinigt« und »bei lebendigem Leib gehäutet«!

Schäfer. Und wenn es Euch beliebt, Sir, die Angelegenheit für uns zu unternehmen, hier ist das Gold, das ich habe: ich will es noch einmal so viel machen und diesen jungen Mann zum Pfand hinterlassen, bis ich es Euch bringe.

Aut. Nachdem ich getan habe, was ich versprochen habe?

Schäfer. Ja, Sir.

Aut. Gut, gebt mir die Hälfte. Seid Ihr Partei in dieser Angelegenheit?

Clown. In gewisser Weise, Sir: aber wenn meine Hülle[94] auch mitleiderregend ist, ich hoffe, ich werde nicht aus ihr gehäutet.

Aut. Oh, das ist die Lage des Sohnes des Schäfers: hängt ihn, man wird ein Exempel an ihm statuieren.

Clown. Trost, guter Trost! Wir müssen zum König und unsere seltsamen Dinge zeigen: er muß erfahren, daß sie gar nicht Eure Tochter noch meine Schwester ist; sonst sind wir hin. Sir, ich will Euch ebenso viel geben wie dieser alte Mann, wenn die Angelegenheit erledigt ist, und hier, wie er sagt, als Euer Pfand bleiben, bis es Euch gebracht wird.

Aut. Ich will euch vertrauen. Geht voraus zur Küste; geht rechter Hand: ich will nur mal die Hecke ansehen[95] und euch folgen.

Clown. In diesem Mann sind wir gesegnet, wie ich sagen darf, richtig gesegnet.

Schäfer. Laß uns voraus, wie er uns befiehlt: er war bestimmt, uns Gutes zu tun.

Schäfer und Clown gehen ab.

Aut. Wenn ich Lust hätte, redlich zu sein, ich sehe, Fortuna würde es nicht dulden: sie läßt mir Beute in den Mund fallen. Mir wird jetzt mit einer doppelten Gelegenheit der Hof gemacht – mit Gold und einem Mittel, dem Prinzen, meinem Herrn, etwas Gutes zu tun; wer weiß, wie sich das zu meinem Vorteil herausstellen mag? Ich will

moles, these blind ones, aboard him: if he think it fit to shore them again and that the complaint they have to the king concerns him nothing, let him call me rogue for being so far officious; for I am proof against that title and what shame else belongs to 't. To him will I present them: there may be matter in it.

Exit.

ACT V

SCENE I

Sicilia. Leontes' palace.

Enter Leontes, Cleomenes, Dion, Paulina, and Servants.

Cleo. Sir, you have done enough, and have perform'd
A saint-like sorrow: no fault could you make,
Which you have not redeem'd; indeed, paid down
More penitence than done trespass: at the last,
Do as the heavens have done, forget your evil;
With them, forgive yourself.

Leon. Whilst I remember
Her, and her virtues, I cannot forget
My blemishes in them, and so still think of
The wrong I did myself: which was so much,
That heirless it hath made my kingdom, and
Destroy'd the sweet'st companion that e'er man
Bred his hopes out of.

Paul. True, too true, my lord:
If, one by one, you wedded all the world,
Or from the all that are took something good,
To make a perfect woman, she you kill'd
Would be unparallel'd.

Leon. I think so. Kill'd!
She I kill'd! I did so: but thou strik'st me

diese zwei Maulwürfe, diese Blinden, zu ihm an Bord bringen: wenn er es für angebracht hält, sie wieder anzulanden und meint, daß die Klage, die sie dem König vorzubringen haben, ihn nichts angeht, mag er mich Schelm nennen, weil ich insoweit übereifrig war; denn ich bin gefeit gegen diesen Titel und die Schande, die sonst zu ihm gehört. Ihm will ich sie vorstellen: vielleicht ist es etwas Gewichtiges.

Er geht ab.

AKT V

SZENE 1

Sizilien. Leontes' Palast.

Leontes, Cleomenes, Dion, Paulina und Diener treten auf.

Cleo. Sir, Ihr habt genug getan und habt einen heiligengleichen Schmerz abgeleistet:[1] keinen Fehler konntet Ihr begehen, den Ihr nicht wiedergutgemacht habt; in der Tat mehr Buße gleich gezahlt als Verfehlung begangen: zu guter Letzt, tut, wie es der Himmel getan hat, vergeßt Euer Übel; und mit ihm vergebt Euch selbst.[2]

Leon. Solange ich an sie denke und an ihre Tugenden, kann ich meine Flecken in ihnen nicht vergessen und denke so immer an das Unrecht, das ich selbst getan habe; das so groß war, daß es mein Königreich ohne Erben gelassen und die süßeste Gefährtin vernichtet hat, aus der je ein Mann seine Hoffnung zog[3].

Paul. Wahr, zu wahr, Mylord: wenn Ihr, eine nach der anderen, die ganze Welt heiratetet oder von allen, die es gibt, etwas Gutes nähmt, um eine perfekte Frau zu schaffen, sie, die Ihr getötet habt, bliebe unvergleichlich.

Leon. Das glaube ich. Getötet! Sie habe ich getötet! Ich habe es getan: aber du schlägst mich schmerzhaft, indem du

Sorely, to say I did: it is as bitter
Upon thy tongue as in my thought. Now, good now,
Say so but seldom.

Cleo. Not at all, good lady:
You might have spoken a thousand things that would
Have done the time more benefit and grac'd
Your kindness better.

Paul. You are one of those
Would have him wed again.

Dion. If you would not so,
You pity not the state, nor the remembrance
Of his most sovereign name; consider little,
What dangers, by his highness' fail of issue,
May drop upon his kingdom, and devour
Incertain lookers on. What were more holy
Than to rejoice the former queen is well?
What holier than, for royalty's repair,
For present comfort, and for future good,
To bless the bed of majesty again
With a sweet fellow to 't?

Paul. There is none worthy,
Respecting her that's gone. Besides, the gods
Will have fulfill'd their secret purposes;
For has not the divine Apollo said,
Is 't not the tenor of his Oracle,
That King Leontes shall not have an heir,
Till his lost child be found? which, that it shall,
Is all as monstrous to our human reason
As my Antigonus to break his grave
And come again to me; who, on my life,
Did perish with the infant. 'Tis your counsel
My lord should to the heavens be contrary,
Oppose against their wills. [*To Leontes.*] Care not for issue;
The crown will find an heir. Great Alexander
Left his to th' worthiest; so his successor
Was like to be the best.

sagst, daß ich es tat: es ist so bitter auf deiner Zunge wie in meinen Gedanken. Jetzt, gut jetzt, sag es nur selten.

Cleo. Gar nicht, gute Lady: Ihr hättet tausend Dinge sprechen können, die der Zeit größeren Nutzen gebracht und Eure Güte mehr geziert hätten.

Paul. Ihr seid einer von denen, die wollen, daß er wieder heiratet.[4]

Dion. Wenn Ihr das nicht wollt, habt Ihr kein Mitleid mit dem Staat und nicht mit der Erinnerung an seinen allerhöchsten Namen; erwägt Ihr wenig, welche Gefahren durch Seiner Hoheit Mangel an Nachkommen auf sein Königreich fallen und unsichere Zuschauer verschlingen können. Was wäre heiliger, als darüber zu jubeln, daß es der früheren Königin gutgeht?[5] Was heiliger, als, zur Wiederherstellung des Königtums, zum gegenwärtigen Trost und zum zukünftigen Wohl, das Bett der Majestät mit einer süßen Gefährtin darin zu segnen?

Paul. Dazu ist keine würdig, verglichen mit der, die dahingegangen ist. Außerdem wollen die Götter ihre geheimen Absichten erfüllt sehen; denn hat nicht der göttliche Apollo gesagt, ist es nicht der Tenor seines göttlichen Orakels, daß König Leontes keinen Erben haben wird, bis sein verlorenes Kind gefunden ist?[6] Daß es das wird, ist für unseren menschlichen Verstand ebenso ungeheuerlich, wie daß mein Antigonus sein Grab aufbricht und wieder zu mir kommt; der, bei meinem Leben, mit dem Kleinkind umkam. Es ist euer Rat, daß mein Herr sich gegen den Himmel stellen, sich seinem Willen widersetzen soll. *(Zu Leontes.)* Sorgt Euch nicht um Nachkommen; die Krone wird einen Erben finden. Der große Alexander überließ seine dem Würdigsten,[7] daher war es wahrscheinlich, daß sein Nachfolger der beste war.

Leon. Good Paulina,
Who hast the memory of Hermione,
I know, in honour, – O, that ever I
Had squar'd me to thy counsel! Then, even now,
I might have look'd upon my queen's full eyes,
Have taken treasure from her lips, –
Paul. And left them
More rich for what they yielded.
Leon. Thou speak'st truth.
No more such wives; therefore, no wife: one worse,
And better us'd, would make her sainted spirit
Again possess her corpse, and on this stage
(Were we offenders now) appear soul-vex'd,
And begin, 'Why to me?'
Paul. Had she such power,
She had just cause.
Leon. She had; and would incense me
To murder her I married.
Paul. I should so:
Were I the ghost that walk'd, I'd bid you mark
Her eye, and tell me for what dull part in 't
You chose her: then I'd shriek, that even your ears
Should rift to hear me; and the words that follow'd
Should be 'Remember mine.'
Leon. Stars, stars,
And all eyes else, dead coals! Fear thou no wife;
I'll have no wife, Paulina.
Paul. Will you swear
Never to marry, but by my free leave?
Leon. Never, Paulina; so be blest my spirit!
Paul. Then, good my lords, bear witness to his oath.
Cleo. You tempt him over-much.
Paul. Unless another,
As like Hermione as is her picture,
Affront his eye.
Cleo. Good madam, –
Paul. I have done.

Leon. Gute Paulina, die du das Gedächtnis Hermiones, ich weiß es, in Ehre hältst – oh, daß ich mich immer von deinem Rat hätte leiten lassen! Dann hätte ich, eben jetzt, meiner Königin helle Augen anschauen, Schätze von ihren Lippen nehmen können –

Paul. Und sie reicher zurücklassen, trotz allem, was sie gaben.

Leon. Du sprichst die Wahrheit. Nicht mehr solche Frauen; darum keine Frau: eine schlechtere, und besser behandelt, würde ihren geheiligten Geist ihren Leichnam wieder in Besitz nehmen und auf dieser Bühne (wären wir jetzt Übeltäter) mit gequälter Seele erscheinen und so beginnen lassen: »Warum mir?«[8]

Paul. Hätte sie solche Macht, hätte sie gerechten Grund.

Leon. Den hätte sie; und würde mich dazu anstacheln, die zu ermorden, die ich geheiratet hätte.

Paul. Ich täte es: wäre ich der Geist, der umherginge, würde ich Euch auffordern, ihr Auge zu betrachten und mir zu sagen, für welchen trüben Teil daran Ihr sie ausgesucht habt: dann würde ich aufschreien, daß Eure Ohren selbst beim Hören zerspringen[9] sollten; und die Worte, die folgten, sollten sein: »Denk an mich.«

Leon. Sterne, Sterne, und alle Augen sonst, tote Kohlen! Fürchte du keine Frau; ich will keine Frau nehmen, Paulina.

Paul. Wollt Ihr schwören, nie zu heiraten, außer mit meiner Erlaubnis?

Leon. Nie, Paulina; beim Heil meiner Seele!

Paul. Dann, meine guten Herren, seid Zeugen seines Eides.

Cleo. Ihr versucht ihn zu sehr.

Paul. Wenn nicht eine andere, so Hermione gleich wie ihr Bild, seinem Auge begegnet.

Cleo. Gute Madame –

Paul. Ich bin fertig. Doch, wenn mein Herr heiraten

Yet, if my lord will marry, – if you will, sir;
No remedy but you will, – give me the office
To choose you a queen: she shall not be so young
As was your former, but she shall be such
As, walk'd your first queen's ghost, it should take joy
To see her in your arms.

Leon. My true Paulina,
We shall not marry till thou bid'st us.

Paul. That
Shall be when your first queen's again in breath:
Never till then.

Enter a Servant.

Ser. One that gives out himself Prince Florizel,
Son of Polixenes, with his princess (she
The fairest I have yet beheld) desires access
To your high presence.

Leon. What with him? he comes not
Like to his father's greatness: his approach
(So out of circumstance, and sudden) tells us
'Tis not a visitation fram'd, but forc'd
By need and accident. What train?

Ser. But few,
And those but mean.

Leon. His princess, say you, with him?

Ser. Ay, the most peerless piece of earth, I think,
That e'er the sun shone bright on.

Paul. O Hermione,
As every present time doth boast itself
Above a better gone, so must thy grave
Give way to what's seen now! Sir, you yourself
Have said, and writ so; but your writing now
Is colder than that theme: 'She had not been,
Nor was not to be equall'd'; – thus your verse
Flow'd with her beauty once: 'tis shrewdly ebb'd,
To say you have seen a better.

Ser. Pardon, madam:
The one I have almost forgot, – your pardon, –

will – wenn Ihr es wollt, Sir; keine Hilfe, wenn Ihr nicht wollt –, gebt mir das Amt, Euch eine Königin auszusuchen: sie soll nicht so jung sein wie Eure frühere, aber sie soll so sein, daß, ginge Eurer ersten Königin Geist umher, es ihm Freude bereiten sollte, sie in Euren Armen zu sehen.

Leon. Meine treue Paulina, wir werden nicht heiraten, bis du es uns befiehlst.

Paul. Das soll sein, wenn Eure erste Königin wieder bei Atem ist: nicht eher.

Ein Diener tritt auf.

Diener. Einer, der sich selbst als Prinz Florizel ausgibt, Sohn des Polixenes, begehrt mit seiner Prinzessin (der Schönsten, die ich je gesehen habe) Einlaß zu Eurer hohen Gegenwart.

Leon. Was für welche bei ihm? Er kommt nicht entsprechend seines Vaters Größe: sein Nahen (so ohne Zeremoniell und so plötzlich) sagt uns, dieser Besuch ist nicht geplant, sondern von Not und Unglück erzwungen. Was für ein Gefolge?

Diener. Nur wenige, und die nur niedrig.

Leon. Seine Prinzessin, sagt Ihr, bei ihm?

Diener. Ja, das unvergleichlichste Stück Erde[10], glaube ich, auf das je die Sonne hell schien.

Paul. O Hermione, wie jede Gegenwart sich prahlend über eine bessere Vergangenheit erhebt, so muß dein Grab dem weichen, das man jetzt sieht! Sir, Ihr selbst habt es gesagt und geschrieben; aber Euer Schreiben ist jetzt kälter als das Thema: »Ihr war keine gleich, noch konnte es ihr eine sein«; – so floß Euer Vers einst mit ihrer Schönheit: er ist arg abgeebbt, daß Ihr sagt, Ihr hättet eine bessere gesehen.

Diener. Pardon, Madame: die eine habe ich fast vergessen –

The other, when she has obtain'd your eye,
Will have your tongue too. This is a creature,
Would she begin a sect, might quench the zeal
Of all professors else; make proselytes
Of who she but bid follow.
Paul. How! not women?
Ser. Women will love her, that she is a woman
More worth than any man; men, that she is
The rarest of all women.
Leon. Go, Cleomenes;
Yourself, assisted with your honour'd friends,
Bring them to our embracement.
Exeunt Cleomenes and others.
Still, 'tis strange
He thus should steal upon us.
Paul. Had our prince
(Jewel of children) seen this hour, he had pair'd
Well with this lord: there was not full a month
Between their births.
Leon. Prithee, no more; cease; thou know'st
He dies to me again, when talk'd of: sure,
When I shall see this gentleman, thy speeches
Will bring me to consider that which may
Unfurnish me of reason. They are come.
Enter Florizel, Perdita, Cleomenes and others.
Your mother was most true to wedlock, prince;
For she did print your royal father off,
Conceiving you. Were I but twenty-one,
Your father's image is so hit in you,
His very air, that I should call you brother,
As I did him, and speak of something wildly
By us perform'd before. Most dearly welcome!
And your fair princess, – goddess! – O, alas!
I lost a couple, that 'twixt heaven and earth
Might thus have stood, begetting wonder, as
You, gracious couple, do: and then I lost –
All mine own folly – the society,

Eure Vergebung –, die andere, wenn sie Euer Auge erreicht hat, wird auch Eure Zunge haben. Dies ist ein Geschöpf, wenn sie eine Sekte ins Leben riefe, würde sie den Eifer aller Andersgläubigen löschen; Proselyten[11] aus denen machen, denen sie nur zu folgen geböte.

Paul. Wie! Nicht Frauen?

Diener. Frauen werden sie lieben, weil sie eine Frau ist, mehr wert als jeder Mann; Männer, weil sie die kostbarste aller Frauen ist.

Leon. Geht, Cleomenes; Ihr selbst, unterstützt von Euren geehrten Freunden, bringt sie in unsere Arme.

Cleomenes und andere gehen ab.

Und doch, es ist seltsam, daß er sich so zu uns stiehlt.

Paul. Hätte unser Prinz (ein Juwel von Kind) diese Stunde erlebt, er hätte gut zu diesem Herrn gepaßt: es war nicht einmal ein Monat zwischen ihren Geburtstagen.

Leon. Ich bitt dich, nicht mehr; hör auf; du weißt, er stirbt mir wieder, wenn man von ihm spricht: sicher, wenn ich diesen Edelmann sehe, werden mich deine Reden das erwägen lassen, was mir vielleicht den Verstand nimmt. Sie sind angekommen.

Florizel, Perdita, Cleomenes und andere treten auf.

Eure Mutter war der Ehe ganz treu, Prinz; denn sie hat Euren königlichen Vater abgedruckt, als sie Euch empfing. Wäre ich nur einundzwanzig, Eures Vaters Bild ist so in Euch getroffen, sein Auftreten selbst, daß ich Euch Bruder nennen wie ihn und wild über etwas sprechen würde, das wir früher anstellten. Überaus herzlich willkommen! Und Ihr, schöne Prinzessin – Göttin! –, oh, o weh! ich habe ein Paar verloren, das so zwischen Himmel und Erde hätte stehen und Wunder erzeugen können, wie ihr, edles Paar, es tut: und dann habe ich – alles meine Torheit – die

Amity too, of your brave father, whom
(Though bearing misery) I desire my life
Once more to look on him.

Flo. By his command
Have I here touch'd Sicilia, and from him
Give you all greetings that a king (at friend)
Can send his brother: and, but infirmity
(Which waits upon worn times) hath something seiz'd
His wish'd ability, he had himself
The lands and waters 'twixt your throne and his
Measur'd, to look upon you; whom he loves
(He bade me say so) more than all the sceptres
And those that bear them living.

Leon. O my brother, –
Good gentleman! – the wrongs I have done thee stir
Afresh within me; and these thy offices,
So rarely kind, are as interpreters
Of my behind-hand slackness! Welcome hither,
As is the spring to th' earth. And hath he too
Expos'd this paragon to th' fearful usage
(At least ungentle) of the dreadful Neptune,
To greet a man not worth her pains, much less
Th' adventure of her person?

Flo. Good my lord,
She came from Libya.

Leon. Where the warlike Smalus,
That noble honour'd lord, is fear'd and lov'd?

Flo. Most royal sir, from thence; from him, whose daughter
His tears proclaim'd his, parting with her: thence,
A prosperous south-wind friendly, we have cross'd,
To execute the charge my father gave me
For visiting your highness: my best train
I have from your Sicilian shores dismiss'd;
Who for Bohemia bend, to signify
Not only my success in Libya, sir,
But my arrival, and my wife's, in safety
Here, where we are.

Gesellschaft, auch Freundschaft Eures trefflichen Vaters verloren, den (wenn ich auch Elend ertrage) wiederzusehen ich mir das Leben wünsche.

Flo. Auf seinen Befehl habe ich hier in Sizilien angelegt, und von ihm statte ich Euch alle Grüße ab, die ein König (als Freund) seinem Bruder senden kann: und, hätte nicht Schwäche (die verstrichenen Zeiten aufwartet[12]) seine gewünschte Fähigkeit etwas ergriffen, hätte er selbst die Länder und das Wasser zwischen Eurem Thron und seinem durchmessen, um Euch anzusehen; den er (er befahl mir, es zu sagen) mehr liebt als alle Szepter und als die, die sie lebend tragen.

Leon. O mein Bruder – guter Edelmann! –, das Unrecht, das ich dir getan habe, regt sich aufs neue in mir; und diese deine Dienste, so erlesen liebevoll, sind wie Dolmetscher meines rückständigen Versäumnisses![13] Willkommen hier, wie der Frühling der Erde. Und hat er auch dieses Musterexemplar der furchtbaren Behandlung (zumindest unsanften) des schrecklichen Neptun ausgesetzt, um einen Mann zu grüßen, der ihre Mühe nicht wert ist, viel weniger das Wagnis ihrer Person?

Flo. Mein guter Herr, sie kam aus Libyen.

Leon. Wo der kriegerische Smalus[14], der edle, geehrte Herr, gefürchtet und geliebt wird?

Flo. Höchst königlicher Sir, von dort; von ihm, dessen Tränen beim Abschied seine Tochter als die seine proklamierten: von dort sind wir, da ein günstiger Südwind freundlich war, übergesetzt, um den Auftrag auszuführen, den mein Vater mir gab – Euer Hoheit zu besuchen: mein bestes Gefolge habe ich von Euren sizilianischen Küsten entlassen; es wendet sich nach Böhmen, um nicht nur meinen Erfolg in Libyen anzuzeigen, Sir, sondern meine Ankunft und die meiner Frau in Sicherheit hier, wo wir sind.

Leon. The blessed gods
Purge all infection from our air whilst you
Do climate here! You have a holy father,
A graceful gentleman; against whose person
(So sacred as it is) I have done sin,
For which the heavens (taking angry note)
Have left me issueless: and your father's blest
(As he from heaven merits it) with you,
Worthy his goodness. What might I have been,
Might I a son and daughter now have look'd on,
Such goodly things as you!

Enter a Lord.

Lord. Most noble sir,
That which I shall report will bear no credit,
Were not the proof so nigh. Please you, great sir,
Bohemia greets you from himself, by me;
Desires you to attach his son, who has –
His dignity and duty both cast off –
Fled from his father, from his hopes, and with
A shepherd's daughter.

Leon. Where's Bohemia? speak.

Lord. Here in your city; I now came from him.
I speak amazedly, and it becomes
My marvel and my message. To your court
Whiles he was hast'ning – in the chase, it seems,
Of this fair couple – meets he on the way
The father of this seeming lady and
Her brother, having both their country quitted
With this young prince.

Flo. Camillo has betray'd me;
Whose honour and whose honesty till now
Endur'd all weathers.

Lord. Lay 't so to his charge:
He's with the king your father.

Leon. Who? Camillo?

Lord. Camillo, sir; I spake with him; who now
Has these poor men in question. Never saw I

Leon. Die seligen Götter mögen von aller Ansteckung unsere Luft reinigen, solange ihr hier in diesem Klima weilt![15] Ihr habt einen heiligen Vater, einen Edelmann voll Gnade; gegen dessen Person (so heilig sie ist) ich gesündigt habe, wofür der Himmel (der wütende Notiz davon nahm) mich ohne Nachkommen gelassen hat: und euer Vater ist (wie er es vom Himmel verdient) mit euch gesegnet, seiner Güte würdig. Was hätte ich sein können, hätte ich jetzt auf einen Sohn und eine Tochter sehen können, so stattliche Wesen wie ihr![16]

Ein Lord tritt auf.

Lord. Höchst edler Sir, was ich berichten werde, wird keinen Glauben finden, wäre nicht der Beweis so nahe. Gefalle es Euch, großer Sir, Böhmen grüßt Euch von ihm selbst durch mich; bittet Euch, seinen Sohn festzusetzen, der – seine Würde und Pflicht beide fallengelassen[17] – von seinem Vater geflohen ist, von seinen Hoffnungen, und mit eines Schäfers Tochter.

Leon. Wo ist Böhmen? Sprecht.

Lord. Hier in Eurer Stadt; ich kam gerade von ihm. Ich spreche voller Staunen, und es steht meiner Verwunderung und meiner Botschaft an. Während er zu Eurem Hof eilte – auf der Jagd, scheint es, nach diesem schönen Paar –, trifft er unterwegs den Vater dieser scheinbaren Lady und ihren Bruder, die beide ihr Land mit diesem jungen Prinzen verlassen haben.

Flo. Camillo hat mich betrogen; dessen Ehre und dessen Ehrlichkeit bis jetzt alle Wetter aushielten.

Lord. Legt es ihm zur Last: er ist beim König, Eurem Vater.

Leon. Wer? Camillo?

Lord. Camillo, Sir; ich habe mit ihm gesprochen; der jetzt diese armen Menschen im Verhör hat. Nie sah ich Elende

Wretches so quake: they kneel, they kiss the earth;
Forswear themselves as often as they speak.
Bohemia stops his ears, and threatens them
With divers deaths in death.

Per. O my poor father!
The heaven sets spies upon us, will not have
Our contract celebrated.

Leon. You are married?

Flo. We are not, sir, nor are we like to be:
The stars, I see, will kiss the valleys first:
The odds for high and low's alike.

Leon. My lord.
Is this the daughter of a king?

Flo. She is,
When once she is my wife.

Leon. That 'once', I see, by your good father's speed,
Will come on very slowly. I am sorry,
Most sorry, you have broken from his liking,
Where you were tied in duty; and as sorry
Your choice is not so rich in worth as beauty,
That you might well enjoy her.

Flo. Dear, look up:
Though Fortune, visible an enemy,
Should chase us, with my father, power no jot
Hath she to change our loves. Beseech you, sir,
Remember since you ow'd no more to time
Than I do now: with thought of such affections,
Step forth mine advocate: at your request,
My father will grant precious things as trifles.

Leon. Would he do so, I'd beg your precious mistress,
Which he counts but a trifle.

Paul. Sir, my liege,
Your eye hath too much youth in 't; not a month
'Fore your queen died, she was more worth such gazes
Than what you look on now.

Leon. I thought of her,

so zittern: sie knien, sie küssen die Erde; schwören falsch,[18] sooft sie sprechen. Böhmen verstopft sich die Ohren und droht ihnen verschiedene Tode im Tod an.

Per. O mein armer Vater! Der Himmel setzt Spione auf uns an, will nicht, daß unser Vertrag feierlich erfüllt wird.

Leon. Ihr seid verheiratet?

Flo. Wir sind es nicht, Sir, und werden es wohl auch nicht sein: die Sterne, sehe ich, werden erst die Täler küssen: die Chancen stehen für Hoch und Niedrig gleich.

Leon. Mylord. Ist dies die Tochter eines Königs?

Flo. Sie ist es, wenn sie einmal meine Frau[19] ist.

Leon. Dies »einmal« wird, sehe ich, durch die Geschwindigkeit Eures guten Vaters, sehr langsam kommen. Es tut mir leid, sehr leid, daß Ihr mit seiner Zuneigung gebrochen habt, an die Ihr pflichtgemäß gebunden wart; und ebenso leid, daß Eure Wahl nicht ebenso reich an Würde[20] wie an Schönheit ist, daß Ihr Euch ihrer wohl freuen könntet.

Flo. Liebe, schaut auf: wenn auch Fortuna sichtbar als eine Feindin uns mit meinem Vater jagen sollte, kein Jota Macht hat sie, unsere Liebe zu verändern. Ich bitte Euch, Sir, denkt an die Zeit zurück, zu der Ihr der Zeit nicht mehr schuldetet als ich jetzt. Mit Gedanken an solche Liebesgefühle tretet vor als mein Anwalt[21]: auf Eure Bitte wird mein Vater kostbare Dinge als Nichtigkeiten gewähren.

Leon. Täte er das, würde ich um Eure kostbare Geliebte bitten, die er nur als Nichtigkeit einschätzt.

Paul. Sir, mein Lehnsherr, Euer Auge hat zuviel Jugend in sich; kaum einen Monat, bevor Eure Königin starb, war sie solche Blicke mehr wert als die, die Ihr jetzt anseht.

Leon. Ich habe an sie gedacht, selbst als ich diese Blicke

Even as these looks I made. [*To Florizel.*] But your petition
Is yet unanswer'd. I will to your father:
Your honour not o'erthrown by your desires,
I am friend to them and you: upon which errand
I now go toward him; therefore follow me
And mark what way I make. Come, good my lord.

Exeunt.

SCENE II

Before Leontes' palace.

Enter Autolycus and a Gentleman.

Aut. Beseech you, sir, were you present at this relation?

First Gent. I was by at the opening of the fardel, heard the old shepherd deliver the manner how he found it: whereupon, after a little amazedness, we were all commanded out of the chamber; only this, methought I heard the shepherd say he found the child.

Aut. I would most gladly know the issue of it.

First Gent. I make a broken delivery of the business; but the changes I perceived in the king and Camillo were very notes of admiration: they seemed almost, with staring on one another, to tear the cases of their eyes: there was speech in their dumbness, language in their very gesture; they looked as they had heard of a world ransomed, or one destroyed: a notable passion of wonder appeared in them; but the wisest beholder, that knew no more but seeing, could not say if th' importance were joy or sorrow; but in the extremity of the one it must needs be.

Enter another Gentleman.

Here comes a gentleman that haply knows more. The news, Rogero?

Sec. Gent. Nothing but bonfires: the Oracle is fulfilled; the

sandte. *(Zu Florizel.)* Aber Euer Gesuch ist noch nicht beantwortet. Ich will zu Eurem Vater: wenn eure Ehre nicht von euren Begierden besiegt ist, bin ich ihr und euer Freund; zu welchem Dienst ich jetzt zu ihm gehe; darum folgt mir und achtet darauf, welchen Fortschritt ich mache. Kommt, mein guter Herr.

Sie gehen ab.

SZENE 2

Vor Leontes' Palast.

Autolycus und ein Edelmann treten auf.

Aut. Bitte Euch, Sir, wart Ihr bei dieser Erzählung zugegen?

1. Edelm. Ich war bei der Öffnung des Beutels dabei, hörte den alten Schäfer die Art berichten, wie er es fand: worauf wir alle, nach ein wenig Erstaunen, aus dem Saal[1] gewiesen wurden; nur dies, mir schien, ich hörte den Schäfer sagen, er habe das Kind gefunden.

Aut. Ich wüßte nur zu gern den Ausgang hiervon.

1. Edelm. Ich liefere einen lückenhaften Bericht der Angelegenheit; aber die Veränderungen, die ich an dem König und Camillo bemerkte, waren wahre Zeichen der Verwunderung: vor lauter Einander-Anstarren schienen sie fast ihre Augenhöhlen[2] zu zerreißen: Rede war in ihrer Stummheit, Sprache in ihrer Gestik selbst; sie schauten, als hätten sie von einer erlösten Welt gehört oder einer zerstörten: eine bemerkenswerte Leidenschaft des Wunderbaren erschien an ihnen; aber der klügste Betrachter, der nicht mehr wußte, als was er sah, konnte nicht sagen, ob die Bedeutung Freude oder Schmerz war; aber eines der beiden mußte es notwendig im höchsten Maß sein.

Ein weiterer Edelmann tritt auf.

Hier kommt ein Edelmann, der vielleicht mehr weiß. Was Neues, Rogero?

2. Edelm. Nichts als Freudenfeuer: das Orakel ist erfüllt; des

king's daughter is found: such a deal of wonder is broken out within this hour, that ballad-makers cannot be able to express it.

Enter a third Gentleman.

Here comes the Lady Paulina's steward: he can deliver you more. How goes it now, sir? This news, which is called true, is so like an old tale that the verity of it is in strong suspicion. Has the king found his heir?

Third Gent. Most true, if ever truth were pregnant by circumstance: that which you hear you'll swear you see, there is such unity in the proofs. The mantle of Queen Hermione's, her jewel about the neck of it, the letters of Antigonus found with it, which they know to be his character; the majesty of the creature in resemblance of the mother, the affection of nobleness which nature shows above her breeding, and many other evidences proclaim her, with all certainty, to be the king's daughter. Did you see the meeting of the two kings?

Sec. Gent. No.

Third Gent. Then have you lost a sight which was to be seen, cannot be spoken of. There might you have beheld one joy crown another, so and in such manner that it seemed sorrow wept to take leave of them, for their joy waded in tears. There was casting up of eyes, holding up of hands, with countenance of such distraction, that they were to be known by garment, not by favour. Our king, being ready to leap out of himself for joy of his found daughter, as if that joy were now become a loss, cries 'O, thy mother, thy mother!' then asks Bohemia forgiveness; then embraces his son-in-law; then again worries he his daughter with clipping her; now he thanks the old shepherd, which stands by, like a weather-bitten conduit of many kings' reigns. I

Königs Tochter ist gefunden; eine solche Menge an Wunderbarem ist innerhalb der letzten Stunde ausgebrochen, daß Balladenmacher nicht in der Lage sein können, es auszudrücken.

Ein dritter Edelmann tritt auf.

Hier kommt der Verwalter der Lady Paulina: er kann euch mehr berichten. Wie geht es jetzt, Sir? Diese Nachricht, die wahr genannt wird, ist einem alten Märchen so ähnlich, daß seine Wahrheit in starkem Verdacht steht. Hat der König seinen Erben gefunden?

3. *Edelm.* Höchst wahr, wenn je Wahrheit durch Indizien offensichtlich wurde: das, was ihr hört, werdet ihr zu sehen schwören, solche Einheit ist in den Beweisen. Der Umhang der Königin Hermione, ihr Schmuck an dessen Kragen, die Briefe des Antigonus dabei gefunden, die sie an seiner Handschrift erkennen; die Majestät des Geschöpfes ähnlich der der Mutter, die Qualität[3] des Adels, die Natur eher als Erziehung zeigt, und viele andere Indizien verkünden, daß sie, mit aller Gewißheit, des Königs Tochter ist. Habt ihr das Treffen der beiden Könige gesehen?

2. *Edelm.* Nein.

3. *Edelm.* Dann habt ihr einen Anblick versäumt, den man sehen mußte, von dem man nicht sprechen kann. Dort hättet ihr sehen können, wie eine Freude die andere krönte, so und auf solche Weise, daß es schien, als weine der Schmerz, von ihnen Abschied zu nehmen, denn ihre Freude watete in Tränen. Dort schlug man die Augen nach oben, hielt die Hände hoch, mit einem Ausdruck von solcher Zerstreuung, daß man sie an der Kleidung, nicht am Auftreten[4], erkennen mußte. Unser König, bereit, vor Freude über seine gefundene Tochter ganz außer sich zu geraten, als ob diese Freude jetzt ein Verlust geworden wäre, weint: »Oh, deine Mutter, deine Mutter«, bittet dann Böhmen um Verzeihung; umarmt dann seinen Schwiegersohn; dann wieder plagt[5] er sie mit seinen Umarmungen; jetzt dankt er dem alten Schäfer, der dabeisteht wie ein vom Wetter gegerbter Wasserspeier,[6] viele

never heard of such another encounter, which lames report to follow it, and undoes description to do it.

Sec. Gent. What, pray you, became of Antigonus, that carried hence the child?

Third Gent. Like an old tale still, which will have matter to rehearse, though credit be asleep and not an ear open. He was torn to pieces with a bear: this avouches the shepherd's son; who has not only his innocence, which seems much, to justify him, but a handkerchief and rings of his that Paulina knows.

First Gent. What became of his bark and his followers?

Third Gent. Wrecked the same instant of their master's death, and in the view of the shepherd: so that all the instruments which aided to expose the child were even then lost when it was found. But O, the noble combat that 'twixt joy and sorrow was fought in Paulina! She had one eye declined for the loss of her husband, another elevated that the Oracle was fulfilled: she lifted the princess from the earth, and so locks her in embracing as if she would pin her to her heart, that she might no more be in danger of losing.

First Gent. The dignity of this act was worth the audience of kings and princes; for by such was it acted.

Third Gent. One of the prettiest touches of all, and that which angled for mine eyes (caught the water though not the fish) was, when at the relation of the queen's death (with the manner how she came to 't bravely confessed and lamented by the king) how attentiveness wounded his daughter; till, from one sign of dolour to another, she did, with an 'Alas,' I would fain say, bleed tears, for I am sure my heart wept blood. Who was most marble, there changed colour;

Regierungszeiten von Königen alt. Nie zuvor hörte ich von einer solchen Begegnung, die den Bericht lähmt, der darauf folgt, und die Beschreibung hindert, sie auszudrücken.[7]

2. Edelm. Was, ich bitte Euch, wurde aus Antigonus, der das Kind von hier forttrug?

3. Edelm. Noch wie ein altes Märchen, das immer Stoff zu erzählen hat, wenn auch der Glaube schläft und kein Ohr offen ist. Er wurde von einem Bären in Stücke gerissen: dies behauptet des Schäfers Sohn; den nicht nur seine Einfalt, die groß zu sein scheint, rechtfertigt, sondern dessen Taschentuch und Ringe, die Paulina kennt.

1. Edelm. Was wurde aus seiner Barke und seinem Gefolge?

3. Edelm. Zum Wrack geworden genau in dem Augenblick des Todes ihres Herrn und vor den Augen des Schäfers: so daß alle Werkzeuge, die mithalfen, das Kind auszusetzen, genau dann verloren waren, als es gefunden wurde. Aber oh, der edle Kampf, der in Paulina zwischen Freude und Schmerz ausgetragen wurde! Das eine Auge war gesenkt wegen des Verlusts ihres Mannes, das andere erhoben, weil das Orakel erfüllt war: sie hob die Prinzessin vom Boden hoch und schließt sie so fest in die Arme, als wollte sie sie ans Herz heften, damit sie nicht mehr in Gefahr sein könnte, verlorenzugehen.

1. Edelm. Die Würde dieser Tat war das Publikum von Königen und Prinzen wert; denn von solchen wurde sie getan.

3. Edelm. Einer der hübschesten Züge dabei war, und einer, der nach meinen Augen angelte (fing das Wasser, wenn auch nicht den Fisch), als bei der Erzählung vom Tod der Königin (wobei die Art, wie sie dazu kam, vom König tapfer gestanden und bejammert wurde) Aufmerksamkeit[8] seine Tochter verwundete; bis, von einem Zeichen der Pein zum andern, sie mit einem »O weh«, ich würde gerne sagen – Tränen blutete, denn ich bin sicher, mein Herz weinte Blut. Wer am meisten marmorn[9] war, wechselte dort die Farbe; einige wurden ohnmächtig, alle

some swooned, all sorrowed: if all the world could have seen 't, the woe had been universal.

First Gent. Are they returned to the court?

Third Gent. No: the princess hearing of her mother's statue, which is in the keeping of Paulina, – a piece many years in doing and now newly performed by that rare Italian master, Julio Romano, who, had he himself eternity and could put breath into his work, would beguile Nature of her custom, so perfectly he is her ape: he so near to Hermione hath done Hermione, that they say one would speak to her and stand in hope of answer. Thither with all greediness of affection are they gone, and there they intend to sup.

Sec. Gent. I thought she had some great matter there in hand; for she hath privately twice or thrice a day, ever since the death of Hermione, visited that removed house. Shall we thither, and with our company piece the rejoicing?

First Gent. Who would be thence that has the benefit of access? Every wink of an eye, some new grace will be born: our absence makes us unthrifty to our knowledge. Let's along.

Exeunt Gentlemen.

Aut. Now, had I not the dash of my former life in me, would preferment drop on my head. I brought the old man and his son aboard the prince; told him I heard them talk of a fardel and I know not what: but he at that time overfond of the shepherd's daughter (so he then took her to be), who began to be much sea-sick, and himself little better, extremity of weather continuing, this mystery remained undiscovered. But 'tis all one to me; for had I been the finder out of this secret, it would not have relished among my other discredits.

Enter Shepherd and Clown.

waren voller Schmerz; wenn die ganze Welt es hätte sehen können, wäre das Weh universal gewesen.

1. Edelm. Sind sie zum Hof zurückgekehrt?

3. Edelm. Nein: als die Prinzessin von ihrer Mutter Statue hörte, die in der Obhut der Paulina ist – ein Werk, das viele Jahre benötigte und jetzt kürzlich von diesem seltenen italienischen Meister Julio Romano[10] vollendet wurde, der, hätte er selbst die Ewigkeit und könnte seinem Werk Atem geben, die Natur um ihre Kundschaft bringen würde, so perfekt ist er ihr Nachahmer[11]: er hat Hermione so nahe Hermione geschaffen, daß man sagt, man wollte mit ihr sprechen und auf Antwort hoffen.[12] Dorthin sind sie mit aller Gier der Liebe gegangen, und dort beabsichtigen sie, zu Abend zu essen.

2. Edelm. Ich habe mir schon gedacht, daß sie dort etwas Großes vorhatte; denn sie hat insgeheim zwei- oder dreimal am Tag, seit dem Tod Hermiones, dieses abgelegene Haus besucht. Sollen wir dorthin und mit unserer Gesellschaft das Frohlocken vollständig machen?

1. Edelm. Wer wollte von dort weg sein, der das Privileg des Zugangs hat? Jeden Augenblick wird eine neue Anmut geboren: unsere Abwesenheit macht uns wenig bedacht auf den Vorteil unseres Wissens. Laßt uns hin.

Die Edelleute gehen ab.

Aut. Hätte ich nicht das Zeichen[13] meines früheren Lebens an mir, würden mir jetzt Vergünstigungen auf den Kopf fallen. Ich brachte den alten Mann und seinen Sohn zu dem Prinzen an Bord; sagte ihm, ich hörte sie von einem Bündel und ich weiß nicht was sprechen: aber da er zu der Zeit ganz vernarrt in die Schäferstochter war (dafür hielt er sie damals), die ganz seekrank zu werden begann und er selbst wenig besser dran, weil das elende Wetter andauerte,[14] blieb dieses Geheimnis unentdeckt. Aber es ist mir einerlei; denn wäre ich der Herausfinder dieses Geheimnisses gewesen, hätte es unter meinen anderen Schandtaten nicht gut geschmeckt.

Schäfer und Clown treten auf.

Here come those I have done good to against my will, and already appearing in the blossoms of their fortune.

Shep. Come, boy; I am past moe children, but thy sons and daughters will be all gentlemen born.

Clo. You are well met, sir. You denied to fight with me this other day, because I was no gentleman born. See you these clothes? say you see them not and think me still no gentleman born: you were best say these robes are not gentleman born: give me the lie; do; and try whether I am not now a gentleman born.

Aut. I know you are now, sir, a gentleman born.
Clo. Ay, and have been so any time these four hours.
Shep. And so have I, boy.
Clo. So you have: but I was a gentleman born before my father; for the king's son took me by the hand, and called me brother; and then the two kings called my father brother; and then the prince, my brother, and the princess, my sister, called my father father; and so we wept; and there was the first gentleman-like tears that ever we shed.

Shep. We may live, son, to shed many more.

Clo. Ay; or else 'twere hard luck, being in so preposterous estate as we are.
Aut. I humbly beseech you, sir, to pardon me all the faults I have committed to your worship, and to give me your good report to the prince my master.

Shep. Prithee, son, do; for we must be gentle, now we are gentlemen.
Clo. Thou wilt amend thy life?
Aut. Ay, and it like your good worship.

Hier kommen welche, denen ich gegen meinen Willen Gutes getan habe, und erscheinen schon in der Blüte ihres Glücks.

Schäfer. Komm, Junge; meine Zeit für Kinder ist vorbei, aber deine Söhne und Töchter werden alle Edelleute von Geburt[15] an sein.

Clown. Gut, Euch zu treffen, Sir. Ihr habt Euch neulich geweigert, mit mir zu kämpfen, weil ich kein Edelmann von Geburt war. Seht Ihr diese Kleider? Sagt, Ihr seht sie nicht und haltet mich nicht für einen Edelmann von Geburt an; Ihr sagt am besten, diese Roben sind nicht die eines Edelmanns von Geburt: sagt, ich lüge; tut es; und probiert, ob ich jetzt nicht ein Edelmann von Geburt bin.

Aut. Ich weiß, Ihr seid jetzt, Sir, ein Edelmann von Geburt.

Clown. Ja, und schon die ganze Zeit seit jetzt vier Stunden.

Schäfer. Und ich auch, Junge.

Clown. Ja: aber ich war ein Edelmann von Geburt an vor meinem Vater; denn der Sohn des Königs nahm mich bei der Hand und nannte mich Bruder; und dann nannten die zwei Könige meinen Vater Bruder; und dann nannten der Prinz, mein Bruder, und die Prinzessin, meine Schwester, meinen Vater Vater; und so weinten wir; und das waren die ersten edelmannsähnlichen Tränen, die wir je vergossen.

Schäfer. Wir erleben es vielleicht, Sohn, daß wir noch viele mehr vergießen.

Clown. Ja; oder sonst wäre es Pech, da wir nun einmal in diesem lächerlichen[16] Stand sind.

Aut. Ich bitte Euch demütig, Sir, mir alle Fehltritte zu vergeben, die ich gegen Euer Hochwürden begangen habe, und dem Prinzen, meinem Herrn, einen guten Bericht über mich abzustatten.

Schäfer. Bitt dich, Sohn, tu es; denn wir müssen edel sein, jetzt, da wir Edelmänner sind.

Clown. Du willst dein Leben bessern?

Aut. Ja, wenn es Euer Hochwürden beliebt.

Clo. Give me thy hand: I will swear to the prince thou art as honest a true fellow as any is in Bohemia.

Shep. You may say it, but not swear it.

Clo. Not swear it, now I am a gentleman? Let boors and franklins say it, I'll swear it.

Shep. How if it be false, son?

Clo. If it be ne'er so false, a true gentleman may swear it in the behalf of his friend: and I'll swear to the prince thou art a tall fellow of thy hands and that thou wilt not be drunk; but I know thou art no tall fellow of thy hands and that thou wilt be drunk: but I'll swear it, and I would thou would'st be a tall fellow of thy hands.

Aut. I will prove so, sir, to my power.

Clo. Ay, by any means prove a tall fellow: if I do not wonder how thou dar'st venture to be drunk, not being a tall fellow, trust me not. Hark! the kings and the princes, our kindred, are going to see the queen's picture. Come, follow us: we'll be thy good masters.

Exeunt.

SCENE III

A room in Paulina's house.

Enter Leontes, Polixenes, Florizel, Perdita, Camillo, Paulina, Lords, and Attendants.

Leon. O grave and good Paulina, the great comfort
That I have had of thee!
Paul. What, sovereign sir,
I did not well, I meant well. All my services
You have paid home: but that you have vouchsaf'd,
With your crown'd brother and these your contracted
Heirs of your kingdoms, my poor house to visit,

Clown. Gib mir die Hand: ich will dem Prinzen schwören, du bist ein so ehrlicher Kerl wie je einer in Böhmen.

Schäfer. Ihr mögt es sagen, aber es nicht schwören.[17]

Clown. Es nicht schwören, jetzt, da ich ein Edelmann bin? Laß Rüpel und Bauern[18] es sagen, ich will es schwören.

Schäfer. Wie, wenn es falsch ist, Sohn?

Clown. Wenn es noch so falsch ist, ein wahrer Edelmann darf es für seinen Freund schwören: und ich will dem Prinzen schwören, du bist ein tüchtiger Bursche der Tat,[19] und daß du dich nicht betrinken willst; aber ich weiß, du bist kein tüchtiger Bursche der Tat, und daß du dich betrinken willst: aber ich will es schwören, und ich wollte, du wolltest ein tüchtiger Bursche der Tat sein.

Aut. Als das will ich mich, Sir, nach Kräften zeigen.

Clown. Ja, auf jeden Fall zeig dich als tüchtiger Bursche: wenn ich mich nicht frage, wie du es zu riskieren wagst, dich zu betrinken, da du kein tüchtiger Bursche bist, dann trau mir nicht. Horcht! Die Könige und die Prinzen, unsere Verwandtschaft, gehen sich das Bild der Königin ansehen. Komm, folg uns: wir wollen deine guten Herren sein.

Sie gehen ab.

SZENE 3

Ein Zimmer in Paulinas Haus.

Leontes, Polixenes, Florizel, Perdita, Camillo, Paulina, Lords und Diener treten auf.

Leon. O ernste und gute Paulina, der große Trost, den ich an dir habe!

Paul. Was, höchster Sir, ich nicht gut tat, meinte ich gut. All meine Dienste habt Ihr genau bezahlt: aber daß Ihr Euch dazu herabgelassen habt, mit Eurem gekrönten Bruder und diesen euren verlobten[1] Erben eurer Königreiche, mein armseliges Haus zu besuchen, das ist ein Übermaß Eurer

It is a surplus of your grace, which never
My life may last to answer.

Leon. O Paulina,
We honour you with trouble: but we came
To see the statue of our queen: your gallery
Have we pass'd through, not without much content
In many singularities; but we saw not
That which my daughter came to look upon,
The statue of her mother.

Paul. As she liv'd peerless,
So her dead likeness, I do well believe,
Excels whatever yet you look'd upon,
Or hand of man hath done; therefore I keep it
Lonely, apart. But here it is: prepare
To see the life as lively mock'd as ever
Still sleep mock'd death: behold, and say 'tis well.

Paulina draws a curtain, and discovers Hermione standing like a statue.

I like your silence, it the more shows off
Your wonder: but yet speak; first you, my liege.
Comes it not something near?

Leon. Her natural posture!
Chide me, dear stone, that I may say indeed
Thou art Hermione; or rather, thou art she
In thy not chiding; for she was as tender
As infancy and grace. But yet, Paulina,
Hermione was not so much wrinkled, nothing
So aged as this seems.

Pol. O, not by much.

Paul. So much the more our carver's excellence,
Which lets go by some sixteen years and makes her
As she liv'd now.

Leon. As now she might have done,
So much to my good comfort as it is
Now piercing to my soul. O, thus she stood,
Even with such life of majesty, warm life,
As now it coldly stands, when first I woo'd her!

Gnade, dem zu entsprechen mein Leben nie genug dauern kann.

Leon. O Paulina, wir ehren Euch mit einer Bürde: aber wir sind gekommen, um die Statue unserer Königin zu sehen: Eure Galerie haben wir durchschritten, nicht ohne viel Entzücken über manche Einzigartigkeiten; aber wir haben nicht gesehen, was meine Tochter anzuschauen kam, die Statue ihrer Mutter.

Paul. Wie sie ohnegleichen lebte, so übertrifft ihr totes Ebenbild, das glaube ich ganz gewiß, alles, das Ihr je angeschaut habt oder das Menschenhand geschaffen hat; darum verwahre ich es allein, abseits. Aber hier ist es: bereitet Euch darauf vor, das Leben so lebendig vorgetäuscht zu sehen, wie je der Schlaf den Tod vortäuschte;[2] seht es an und sagt, es ist gut.

Paulina zieht einen Vorhang zur Seite und offenbart Hermione, die wie eine Statue steht.

Mir gefällt euer Schweigen, es zeigt um so mehr euer Staunen: aber sprecht doch; erst Ihr, mein Lehnsherr. Kommt es nicht ziemlich nahe?

Leon. Ihre natürliche Haltung! Schilt mich, lieber Stein, daß ich wirklich sagen kann, du bist Hermione; oder eher, du bist sie, da du nicht schiltst; denn sie war so zart wie Kindheit und Gnade. Aber doch, Paulina, Hermione hatte nicht so viele Falten, nichts so gealtert, wie dieses scheint.

Pol. Oh, bei weitem nicht.

Paul. Um so größer die hervorragende Kunst unseres Bildhauers, der ungefähr sechzehn Jahre verstreichen läßt und sie macht, als lebte sie jetzt.

Leon. Wie sie es jetzt hätte tun können, so sehr zu meiner großen Freude, wie es jetzt mein Herz durchsticht. Oh, so stand sie, mit ebensolchem Leben der Majestät, warmem Leben, wie es jetzt kalt steht, als ich zuerst um sie warb!

I am asham'd: does not the stone rebuke me
For being more stone than it? O royal piece!
There's magic in thy majesty, which has
My evils conjur'd to remembrance, and
From thy admiring daughter took the spirits,
Standing like stone with thee.

Per. And give me leave,
And do not say 'tis superstition, that
I kneel, and then implore her blessing. Lady,
Dear queen, that ended when I but began,
Give me that hand of yours to kiss.

Paul. O patience!
The statue is but newly fix'd, the colour's
Not dry.

Cam. My lord, your sorrow was too sore laid on,
Which sixteen winters cannot blow away,
So many summers dry: scarce any joy
Did ever so long live; no sorrow
But kill'd itself much sooner.

Pol. Dear my brother,
Let him that was the cause of this have power
To take off so much grief from you as he
Will piece up in himself.

Paul. Indeed, my lord,
If I had thought the sight of my poor image
Would thus have wrought you – for the stone is mine –
I'd not have show'd it.

Leon. Do not draw the curtain.

Paul. No longer shall you gaze on 't, lest your fancy
May think anon it moves.

Leon. Let be, let be!
Would I were dead, but that methinks already –
What was he that did make it? – See, my lord,
Would you not deem it breath'd? and that those veins
Did verily bear blood?

Pol. Masterly done:
The very life seems warm upon her lip.

Ich schäme mich: tadelt mich nicht der Stein, weil ich mehr Stein bin als er? O königliches Werk! Zauber liegt in deiner Majestät, der meine Übeltaten in mein Gedächtnis bannen läßt, und der deiner bewundernden Tochter die Lebensgeister nahm, daß sie wie Stein mit dir steht.

Per. Und erlaubt mir – und sagt nicht, es ist Aberglauben –, daß ich knie und ihren Segen erflehe. Lady, liebe Königin, die endete, als ich kaum anfing, gebt mir diese Eure Hand zum Kuß.

Paul. O Geduld! Die Statue ist eben erst fixiert[3], die Farbe nicht trocken.

Cam. Mylord, Euer Schmerz war so schwer aufgelegt, daß sechzehn Winter ihn nicht wegblasen können, so viele Sommer nicht trocknen: kaum eine Freude lebte je so lang; kein Schmerz, der sich nicht selbst viel früher tötete.

Pol. Mein lieber Bruder, laß ihn, der die Ursache hierfür war, Macht haben, so viel Kummer von Euch zu nehmen, wie er in sich selbst aufhäufen will.[4]

Paul. In der Tat, Mylord, wenn ich gedacht hätte, der Anblick meines armen Abbildes hätte so auf Euch gewirkt – denn der Stein ist mein –, hätte ich es nicht gezeigt.

Leon. Zieht den Vorhang nicht vor.
Paul. Nicht länger sollt Ihr es anschauen, damit Eure Einbildung nicht denkt, es bewegt sich gleich.
Leon. Laß sein, laß sein! Ich wollte, ich wäre tot, außer mir scheint bereits – wer hat es noch gemacht? – Seht, Mylord, könnte man nicht glauben, es atme, und daß diese Adern wahrhaft Blut tragen?

Pol. Meisterhaft gemacht: das Leben selbst scheint warm auf ihren Lippen.

Leon. The fixure of her eye has motion in 't,
As we are mock'd with art.
Paul. I'll draw the curtain:
My lord's almost so far transported that
He'll think anon it lives.
Leon. O sweet Paulina,
Make me to think so twenty years together!
No settled senses of the world can match
The pleasure of that madness. Let 't alone.
Paul. I am sorry, sir, I have thus far stirr'd you: but
I could afflict you farther.
Leon. Do, Paulina;
For this affliction has a taste as sweet
As any cordial comfort. Still methinks
There is an air comes from her. What fine chisel
Could ever yet cut breath? Let no man mock me,
For I will kiss her.
Paul. Good my lord, forbear:
The ruddiness upon her lip is wet;
You'll mar it if you kiss it, stain your own
With oily painting. Shall I draw the curtain?
Leon. No: not these twenty years.
Per. So long could I
Stand by, a looker on.
Paul. Either forbear,
Quit presently the chapel, or resolve you
For more amazement. If you can behold it,
I'll make the statue move indeed; descend,
And take you by the hand: but then you'll think
(Which I protest against) I am assisted
By wicked powers.
Leon. What you can make her do,
I am content to look on: what to speak,
I am content to hear; for 'tis as easy
To make her speak as move.
Paul. It is requir'd
You do awake your faith. Then all stand still:

Leon. Die Stellung ihres Auges hat Bewegung in sich, so wie wir von Kunst getäuscht werden.

Paul. Ich will den Vorhang vorziehen: mein Herr ist so in Verzückung, daß er gleich denken wird, es lebt.

Leon. O süße Paulina, laß mich das zwanzig Jahre lang denken! Keine gefaßten Sinne der Welt können der Lust[5] dieses Wahnsinns gleichkommen. Laßt es in Ruhe.

Paul. Es tut mir leid, Sir, sehr leid, daß ich Euch soweit gerührt habe; aber ich könnte Euch noch weiter plagen.

Leon. Tu es, Paulina; denn diese Plage hat so süßen Geschmack wie nur irgendein herzstärkender Trost. Immer noch, scheint mir, geht Luft von ihr aus. Welcher feine Meißel konnte je Atem hauen? Soll sich niemand über mich lustig machen, denn ich will sie küssen.

Paul. Mein guter Herr, laßt ab: das Rot auf ihren Lippen ist feucht; Ihr schadet ihm, wenn Ihr es küßt; befleckt Eure eigenen mit öliger Malerei. Soll ich den Vorhang vorziehen?

Leon. Nein: die nächsten zwanzig Jahre nicht.

Per. So lange könnte ich dabei sein, als Betrachter.

Paul. Entweder laßt ab, verlaßt sogleich die Kapelle, oder rüstet euch für mehr Erstaunen. Wenn ihr es anschauen könnt, will ich in der Tat die Statue sich bewegen lassen; herabsteigen und euch bei der Hand nehmen: aber dann werdet ihr glauben (wogegen ich protestiere), mir wird von bösen Mächten assistiert.[6]

Leon. Was Ihr sie tun lassen könnt, bin ich zufrieden anzusehen: was zu sprechen, bin ich zufrieden zu hören; denn es ist ebenso leicht, sie sprechen wie sich bewegen zu lassen.

Paul. Es ist erforderlich, daß ihr euren Glauben erweckt.

Or – those that think it is unlawful business
I am about, let them depart.
Leon. Proceed:
No foot shall stir.
Paul. Music, awake her; strike!
Music.
'Tis time; descend; be stone no more; approach;
Strike all that look upon with marvel. Come!
I'll fill your grave up: stir, nay, come away:
Bequeath to death your numbness; for from him
Dear life redeems you. You perceive she stirs:
Hermione comes down.
Start not; her actions shall be holy as
You hear my spell is lawful. [*To Leontes.*] Do not shun her
Until you see her die again; for then
You kill her double. Nay, present your hand:
When she was young you woo'd her; now, in age,
Is she become the suitor?
Leon. O, she's warm!
If this be magic, let it be an art
Lawful as eating.
Pol. She embraces him!
Cam. She hangs about his neck!
If she pertain to life, let her speak too!
Pol. Ay, and make it manifest where she has liv'd,
Or how stolen from the dead!
Paul. That she is living,
Were it but told you, should be hooted at
Like an old tale: but it appears she lives,
Though yet she speak not. Mark a little while.
[*To Perdita.*] Please you to interpose, fair madam, kneel
And pray your mother's blessing. [*To Hermione.*] Turn, good lady,
Our Perdita is found.
Her. You gods, look down,
And from your sacred vials pour your graces

Dann steht alle still; oder – laßt jene, die, was ich vorhabe, für eine ungesetzliche Sache halten, weggehen.

Leon. Macht weiter: kein Fuß soll sich rühren.

Paul. Musik, erwecke sie; spielt!

Musik.

Es ist Zeit; steigt herab; seid nicht mehr Stein; kommt näher; versetzt alle, die zusehen, in Staunen. Kommt! Ich will Euer Grab auffüllen: rührt Euch, nein, kommt dort weg: hinterlaßt dem Tod Eure Starre; denn von ihm erlöst Euch das liebe Leben. Ihr nehmt wahr, sie rührt sich:

Hermione kommt herab.

Schreckt nicht zusammen; ihre Taten sollen so heilig sein, wie – Ihr hört – mein Zauberspruch gesetzlich ist. *(Zu Leontes.)* Meidet sie nicht, bis Ihr sie wieder sterben seht; denn dann tötet Ihr sie zum zweiten Mal.[7] Nein, reicht Eure Hand: als sie jung war, warbt Ihr um sie; jetzt, im Alter, ist sie zum Freier geworden?

Leon. Oh, sie ist warm! Wenn dies Magie ist, soll sie eine Kunst sein, so gesetzlich wie Essen.

Pol. Sie umarmt ihn!

Cam. Sie hängt an seinem Hals! Wenn ihr Leben zukommt, laß sie auch sprechen!

Pol. Ja, und es kundmachen, wo sie gelebt hat oder wie von den Toten gestohlen wurde!

Paul. Daß sie am Leben ist, würde es euch nur erzählt, sollte wie ein altes Märchen ausgebuht werden: aber es ist offenbar, daß sie lebt, obwohl sie noch nicht spricht. Gebt eine kleine Weile acht. *(Zu Perdita.)* Gefalle es Euch dazwischenzutreten, schöne Madame, kniet und erbittet Eurer Mutter Segen. *(Zu Hermione.)* Dreht Euch um, gute Lady, unsere Perdita ist gefunden.

Her. Ihr Götter, schaut herab und gießt aus euren heiligen Gefäßen eure Gnaden auf meiner Tochter Haupt! Sag mir,

Upon my daughter's head! Tell me, mine own,
Where hast thou been preserv'd? where liv'd? how found
Thy father's court? for thou shalt hear that I,
Knowing by Paulina that the Oracle
Gave hope thou wast in being, have preserv'd
Myself to see the issue.

Paul. There's time enough for that;
Lest they desire (upon this push) to trouble
Your joys with like relation. Go together,
You precious winners all; your exultation
Partake to every one. I, an old turtle,
Will wing me to some wither'd bough, and there
My mate (that's never to be found again)
Lament, till I am lost.

Leon. O, peace, Paulina!
Thou shouldst a husband take by my consent,
As I by thine a wife: this is a match,
And made between 's by vows. Thou hast found mine;
But how, is to be question'd; for I saw her,
As I thought, dead; and have in vain said many
A prayer upon her grave. I'll not seek far –
For him, I partly know his mind – to find thee
An honourable husband. Come, Camillo,
And take her by the hand; whose worth and honesty
Is richly noted; and here justified
By us, a pair of kings. Let's from this place.
What! look upon my brother: both your pardons,
That e'er I put between your holy looks
My ill suspicion. This your son-in-law,
And son unto the king, whom, heavens directing,
Is troth-plight to your daughter. Good Paulina,
Lead us from hence, where we may leisurely
Each one demand, and answer to his part
Perform'd in this wide gap of time, since first
We were dissever'd: hastily lead away.

Exeunt.

mein eigenes Kind, wo wurdest du gerettet? Wo wohntest du? Wie fandest du deines Vaters Hof? Denn du sollst hören, daß ich, weil ich von Paulina wußte, daß das Orakel Hoffnung ließ, es gebe dich noch, mich bewahrt habe, um den Ausgang selbst zu sehen.

Paul. Dafür ist Zeit genug; damit sie nicht (auf diesen Anstoß hin) wünschen, eure Freuden mit ähnlicher Erzählung zu stören. Geht zusammen, ihr kostbaren Gewinner alle; teilt euren Jubel jedem mit. Ich, eine alte Turteltaube, will mich zu einem verwelkten Ast schwingen und dort meinen Gefährten (der nie mehr zu finden ist) bejammern, bis ich verloren bin.

Leon. Oh, Frieden, Paulina! Du solltest einen Mann nehmen mit meiner Zustimmung wie ich eine Frau mit deiner: dies ist eine Partie, und zwischen uns geschlossen durch Gelübde. Du hast die Meine gefunden; aber wie, ist zu erfragen; denn ich sah sie, wie ich dachte, tot; und habe vergeblich manches Gebet an ihrem Grab gesprochen. Ich will nicht weit suchen – was ihn angeht, kenne ich zum Teil seine Meinung –, um dir einen ehrenwerten Mann zu finden. Kommt, Camillo, und nehmt sie bei der Hand; deren Würde und Redlichkeit reichlich[8] bekannt sind; und hier vor uns, einem Paar Könige, bestätigt[9] werden. Laßt uns von diesem Ort. Was! Seht meinen Bruder an: euer beider Vergebung, daß ich je zwischen eure heiligen Blicke meinen üblen Verdacht stellte. Dies Euer Schwiegersohn und Sohn des Königs, der[10] durch Fügung des Himmels Eurer Tochter versprochen ist. Gute Paulina, führt uns von hier fort, dorthin, wo jeder von uns in Muße fragen und beantworten kann, welche Rolle er in dieser weiten Kluft der Zeit gespielt hat, seit wir zuerst getrennt wurden: führe uns rasch davon.

Sie gehen ab.

Anmerkungen

Der englische Text ist der Arden-Ausgabe von J. H. P. Pafford (London 1963) entnommen.

Personen

1 Shakespeare hat die Namen seiner Figuren im wesentlichen der Übersetzung von Plutarchs *Parallel Lives* durch Sir Thomas North (1595) entnommen und auf die Quelle seines Stücks, Robert Greene's Erzählung *Pandosto. The Triumph of Time* (1588), übertragen. Dabei hat Shakespeare zugleich die Schauplätze vertauscht. Zur Behandlung der Vorlage vgl. Nachwort, S. 237, 241.

2 *Officers:* auch »Hofbeamte«; hier aber Gerichtsbeamte, da sie nur in III,2, der Gerichtsszene, und nur in dieser Funktion auftreten.

Akt I, Szene 1

1 (1–45) Bei Shakespeare sprechen die Angehörigen niedriger Volksschichten und unernste Figuren durchweg Prosa; die Versform bleibt den höheren Schichten und den ernsten Figuren vorbehalten. Daß an dieser Stelle auch Archidamus und Camillo, der würdige und chorisch eingesetzte Berater von Leontes, und später Polixenes die gedrechselte Sprache des Hofes – mit ihren komplexen syntaktischen Strukturen und substantivischen Wendungen – sprechen, ist eher als eine Ausnahme anzusehen; vgl. auch IV,2, wo Camillo und Polixenes Prosa sprechen.

2 (7) *him:* bezieht sich auf *Bohemia* (Z. 6), das metonymisch für »König von Böhmen« steht; vgl. auch Z. 21.

3 (8) *entertainment:* hier in diesem engeren Sinne von »Bewirtung« benutzt; vgl. auch Z. 13–16.

4 (14 f.) Die zweifache Verneinung und die beiden aus dem Lateinischen entlehnten Ausdrücke *intelligence* und *sufficience* dienen der Unterstreichung des Gesagten.

5 (21) *over-kind: kind* hieß damals nicht einfach wie heute »freundlich«, sondern noch »dem von der Natur geforderten Verhalten entsprechend«; vgl. *Much Ado about Nothing*, V,1,287.

6 (23 f.) Die Ausdrücke *rooted* und *branch* verweisen auf den naturgemäßen Verlauf, auf das organische Wachstum der Freundschaft zwischen Leontes und Polixenes. Um so unnatürlicher muß daher später Leontes' unbegründete Eifersucht gegen Polixenes erscheinen.

7 (28) *loving:* hier, wie öfter bei Shakespeare, im Sinne von »lieb«.

8 (31) *winds:* In damaligen Landkarten wurden die Winde (Himmelsrichtungen) oft in Form blasender Gesichter an den Kartenrändern eingezeichnet; daher weist der hier benutzte Vergleich auf sehr große Distanz hin, um die Größe der Liebe zu betonen, die eine solche Entfernung überbrücken kann.

9 (31) *heavens:* Der Plural markiert im Englischen die metaphorische Verwendung dieses Worts; vgl. II,1,106; III,3,5; V,1,5.

10 (33 f.) Eine vorweggenommene Verurteilung von Leontes' Verhalten als jeder menschlichen Norm widersprechend.

11 (38) *physics the subject: to physic* bedeutet hier »kurieren«, »als Medizin dienen«; *the subject* steht synekdochisch für »Nation«, »alle Untertanen«; vgl. *As You Like It*, I,1,86.

12 (44 f.) Archidamus' Aussage unterstreicht die Notwendigkeit eines Erben für das Königreich. Zu den schlechten Lebensaussichten frühreifer Knaben vgl. *Richard III*, III,1,94, und das Sprichwort »Short Summers lightly have a forward Spring«.

Akt I, Szene 2

1 (1) *watery star:* der Mond, als das für Ebbe und Flut verantwortliche Gestirn; vgl. *Hamlet*, I,1,121; *Midsummer Night's Dream*, II,1,103 f.

2 (2) *note:* hier Zeichen für den Verlauf der Zeit; auch in V,2,11 in der Bedeutung »Zeichen für etwas« verwendet. Schon mit seinen ersten Worten kennzeichnet Polixenes Böhmen als das Land des Pastoralen, der idealisierten Schäferwelt; vgl. zur Darstellung des pastoralen Ideals auch Nachwort, S. 239–244.

3 (6 f.) *cipher:* steht hier, wie auch in *Henry V*, Prolog, 15–18, für die Null, die ihren Wert erst durch die davor stehenden Ziffern erhält.

4 (9 f.) In diesen doppeldeutigen Worten – einerseits als Bitte zu längerem Bleiben aufzufassen, andererseits als implizite Warnung – sieht John Dover Wilson einen ersten Hinweis auf die latente Eifersucht des Leontes (William Shakespeare, *The Winter's Tale*, hrsg. von A. Quiller-Couch und J. Dover Wilson, Cambridge 1931, The New Cambridge Shakespeare, S. 131). Zu dieser Frage vgl. Nachwort, S. 237 f.

5 (11–14) Wenn auch der Tenor dieser Rede klar ist – Polixenes befürchtet Unruhen oder gar Rebellionen auf Grund seiner zu langen Abwesenheit vom Hofe –, besteht in Details Unklarheit; Polixenes befürchtet wahrscheinlich, seine Abwesenheit (*that*) verhindere, daß er die ersten Sprossen der Rebellion erkennen und

durch kalte Winde töten könne; vgl. Wilson (Anm. 4) S. 131. Die Erklärung dieser Stelle in der Arden-Ausgabe erscheint dagegen etwas gewaltsam: William Shakespeare, *The Winter's Tale*, hrsg. von J. H. P. Pafford, London 1963 (The Arden Shakespeare), S. 6.

6 (14) *put forth:* Mit dem Verb »sprießen« greift Shakespeare die Wachstumsmetapher aus Z. 12 f. (*breed*) wieder auf; vgl. Z. 254.

7 (16) *put us to 't:* zu dieser vom *OED* belegten Bedeutung vgl. auch IV,4,153; *Measure for Measure*, III,2,91 f.

8 (21 ff.) Hätte Polixenes Gründe erfahren, warum für Leontes seine Anwesenheit zwingend erforderlich ist, würde er, der politischen Notwendigkeit seiner Rückkehr zum Trotz, bleiben. Der *necessity*-Begriff spielt vor allem in den Historien Shakespeares eine wichtige Rolle: vgl. I,1,25; IV,4,38.635; *Richard II*, V,1,21; *2 Henry IV*, III,1,73.92 f.; IV,1,104; *Richard III*, IV,4,416, und Machiavellis *necessità* in *Il Principe* (1513), der den Engländern in einer aus dem Französischen übersetzten und gegen Machiavelli gerichteten Schrift Gentillets bekannt war.

9 (33) *ward:* Verteidigungsstellung oder Parade im Fechten.

10 (35 f.) Zu der Unterscheidung zwischen *say* und *swear* vgl. II,1,62–64; V,2,158; *Cymbeline*, II,3,92–94; II,4,122.143 f.

11 (38) *royal presence:* eigtl. »königliche Gegenwart«, daher laut *OED* auch auf die anwesende königliche Person selbst übertragbar; vgl. IV,4,24; *King John*, I,1,137; *Richard II*, IV,1,115; *Pericles*, II,3,49; *Richard III*, I,3,39; II,1,79.

12 (41) *gest:* eigentlich Etappen einer königlichen Reise; von Shakespeare nur an dieser Stelle benutzt, um die Dauer einer solchen Etappe zu bezeichnen.

13 (44) *she:* hier substantivisch verwendet; vgl. IV,4,350.

14 (48) *unsphere:* Entsprechend den mittelalterlichen, von Ptolemäus (um 85–160) übernommenen Vorstellungen kreisten die Gestirne in ihren miteinander verbundenen Sphären um die Erde. Die neuen astronomischen Erkenntnisse von Nikolaus Kopernikus (1473–1543), Tycho Brahe (1546–1601) u. a. hatten noch keinen Eingang in das allgemeine Gedankengut der Elisabethaner gefunden.

15 (53) *fees:* Gefangene mußten im Gefängnis nicht nur für Vergünstigungen, sondern auch für ihre Entlassung eine Gebühr entrichten, selbst wenn sie unschuldig waren; vgl. Clifford Dobb, »London's Prisons«, in: *Shakespeare Survey* 17, 1964, S. 94 f.

16 (73–75) Ein Hinweis auf die Unschuld der jugendlichen Pastoralwelt (vgl. Z. 67 ff.) im Vergleich zur schuldhaften höfischen Er-

wachsenenwelt; zugleich elliptischer Verweis auf die Erbsünde, die dem Menschen nach christlicher Auffassung von Natur aus eigene Veranlagung zum Bösen.

17 (80) *boot:* hier im Sinne von »helfen«, vgl. auch III,2,25; IV,4,638; *Richard II*, I,1,164; I,3,174; *Richard III*, V,3,302; *Antony and Cleopatra*, II,5,71. Hermiones spielerischer Ton kontrastiert eindrucksvoll mit Leontes' irrationalem Ausbruch von Z. 108 ff.

18 (83–86) Wenn Leontes diese Worte, aus dem Kontext gerissen, zufällig hört, könnten sie den Ausbruch seiner Eifersucht verursachen. Die Frage nach dem Stand des Gesprächs in Z. 86 legt die Deutung nahe, daß Leontes dem Dialog nicht aufmerksam zugehört hat; vgl. Wilson (Anm. 4) S. 133 und Pafford (Anm. 5) S. 10.

19 (99) *Grace:* Nachdem Hermione zuvor im Scherz von ihrer Teufelsrolle gesprochen hat, möchte sie auch eine gute Rolle spielen. *Grace* ist hier zugleich Hinweis auf die göttliche Gnade und weiblicher Vorname.

20 (110) *tremor cordis:* (lat.) Herzzittern, unbewußtes und nicht steuerbares Flimmern des Herzens, hervorgerufen durch große Erregung.

20a (118) *mort o' th' deer:* Jagdhorn-Signal, mit dem das Erlegen des Wildes angezeigt wird.

21 (120) *I' fecks:* kommt als Variante von *in faith* nur an dieser Stelle vor.

22 (123) *neat:* (1) »rein«, »sauber«, (2) »Hornvieh«. Das Wortspiel läßt sich im Deutschen nicht wiedergeben; vgl. auch IV,4,326.

23 (125) *virginalling:* Ein Virginal ist ein englisches, dem Spinett ähnliches Musikinstrument des 16. Jh.s. – Einer der zahlreichen Anachronismen in diesem Drama. Vgl. auch Nachwort, S. 237, 242.

24 (132) *o'er-dy'd blacks:* Trauerkleidung wurde mit Zusatz von Säure schwarz gefärbt, was die Haltbarkeit stark beeinträchtigte. – Hier möglicherweise auch ein Hinweis darauf, daß Witwentrauer nicht von langer Dauer ist.

25 (138) *Affection* heißt hier »Leidenschaft«, »Wollust« (*OED*) im Gegensatz zu Vernunft.

26 (146) *hard'ning of my brows:* Umschreibung für die Hörner des gehörnten Ehemanns. – Z. 137–146: Die unruhige Syntax und die zweifache Klammer (Z. 144–146) spiegeln die geistige Verwirrung des Leontes.

27 (149) *brow:* eigtl. »Braue«, hier wieder synekdochisch benutzt.

28 (155) *unbreech'd:* Kleine Jungen trugen noch Röcke und Kleider.

Wilson (Anm. 4), S. 136, und Pafford (Anm. 5), S. 14, geben, ausgehend von dieser Stelle, Leontes' Alter mit 30 bzw. 33 Jahren an.

29 (161) *take eggs for money:* Anspielung auf den geringen Wert von Eiern; etwa »sich von jemandem betrügen lassen»; vgl. auch den deutschen Ausdruck »für einen Apfel und ein Ei«.

30 (173) *graver:* (1) »würdevoller«, aber auch (2) »gewichtiger«, »ernster«, »folgenschwerer«. Leontes verwendet das Wort in der zweiten statt, wie angemessen, in der ersten Bedeutung.

31 (194) *sluic'd:* Hier und im folgenden verwendet Leontes Bilder aus dem Angelsport. Fischteiche werden duch Öffnen der Schleusentore so weit geleert, bis man ohne große Mühe Fische fangen kann; vgl. auch Z. 180.

32 (201) *bawdy planet:* Anspielung auf den Planeten Venus. – Astrologische Termini finden sich auch im folgenden: *predominant:* »im Aszendenten befindlich«; *powerful, strike*; vgl. dazu auch II,1,105–107.

33 (204 ff.) Hier verwendet Leontes, der Heftigkeit seiner Eifersucht entsprechend, ausgesprochen obszöne Begriffe, der Sprache des Militärs entlehnt; zu *let in and out* und *bag and baggage* vgl. Eric Partridge, *Shakespeare's Bawdy*, London 1968, S. 134.

34 (214) *came home:* wird in dieser Bedeutung noch heute verwendet, wenn der Anker nicht im Meeresboden hält.

35 (224 f.) Leontes' Sprache wird zunehmend unbeherrscht. Hier vergleicht er Camillo mit dem Holzklotz, auf dem Filzhüte geformt und gefärbt wurden; vgl. auch Z. 227 *head-piece*. – *messes* (ebd.): hier Speiseräume der Mannschaften an Bord eines Schiffes.

36 (226) *severals:* lt. *OED* wie ein Substantiv gebraucht.

37 (249–267) Camillos ernste und würdevolle Rede, abgefaßt nach den strengen Regeln des rationalen Argumentierens, kontrastiert scharf mit der irrationalen Raserei des Leontes.

38 (276) Leontes' widernatürliches Verhalten erreicht hier seinen Höhepunkt; er vergleicht Hermione mit einem Tier, dessen Sexualtrieb reinem Zeitvertreib diene und von der *ratio*, der Vernunft, völlig ungesteuert sei.

39 (278) *troth-plight:* Der Vollzug der Ehe nach dem Eheversprechen war landläufige Praxis, wenn auch die Kirche auf vorheriger kirchlicher Trauung bestand; vgl. etwa *As You Like It*, III,3,59–97.

40 (291) *pin and web:* »der graue Star«: Augenkrankheit, deren Symptome nach damaliger Ansicht ein nadelförmiges Geschwür (*pin*) und eine Verschleierung der Bindehaut (*web*) waren.

41 (308) *who:* Leontes setzt den mit diesem Relativpronomen begonnenen Satz nicht fort; Subjekt des folgenden Hauptsatzes ist *they* in Z. 311.
42 (313 f.) *form ... bench'd:* Im Gegensatz zu *form* »Bank ohne Rükkenlehne« (also für Leute niedrigen Standes) bezeichnet *bench* auch heute noch in der Juristensprache die Sitzgelegenheit einer hohen Amtsperson (»Richterstuhl«).
43 (324) *thee:* In seiner Empörung vergißt Camillo das gebotene Zeremoniell und spricht Leontes respektlos mit du an.
44 (334) *fetch off:* ebenso doppeldeutig wie Z. 347.
45 (355) *rebellion:* Der Ausdruck »Rebellion« ist hier ähnlich negativ besetzt wie in den elisabethanischen Hirtenbriefen, den *homilies*, in denen immer wieder zu staatlicher Ordnung und zu Gehorsam gegenüber der Obrigkeit aufgerufen wurde. Rebellion ist in diesen Schriften geradezu die Sünde wider den Heiligen Geist; vgl. etwa *An Exhortation concerning good Order an Obedience* (1547), Sir John Chekes *The Hurt of Sedition* (1549) und *Homilie against disobedience and wilfull rebellion* (1571), aber auch etwa James I, »Trew Law of Free Monarchies«, in: *The Works of the Most High and Mightie Prince James*, London 1616.
46 (362 f.) *to do't ... break-neck:* kann auch heißen »es geht um Kopf und Kragen«.
47 (365) *warp:* eigentlich ein Ausdruck, der das Sich-Verziehen von Holz bezeichnet.
48 (388) *basilisk:* Der Basilisk ist ein schlangenähnliches Fabelwesen mit tödlichem Blick; vgl. *Richard III*, I,2,154; I,3,225.
49 (397) *ignorant concealment:* die rhetorische Figur der Hypallage des Adjektivs (*transferred epithet* oder Prolepsis), bei der sich ein Adjektiv auf ein anderes als das syntaktisch zugehörige bezieht: die Unwissenheit ist Ergebnis der Verheimlichung; vgl. auch V,1,150; *Richard III*, I,1,5; *Macbeth*, III,4,75.
50 (419) Anspielung auf den Verrat des Judas an Christus.
51 (421) *nostril:* synekdochisch für Geruchssinn; eigtl. »Nüster«, »Nasenloch«.
52 (429–431) Um das Wahngebäude von Leontes' Eifersucht zu beschreiben, verwendet Camillo die Bau-Metaphorik.

Akt II, Szene 1

1 (8–11) Mamillius neckt die Hofdame wegen ihrer schwarzen Brauen, die dem damaligen Schönheitsideal nicht entsprechen, und weil sie offensichtlich einen Augenbrauenstift benutzt; vgl. hierzu etwa Shakespeares *Sonnet* 130, wo ebenfalls eine vom eli-

sabethanischen Schönheitsideal abweichende *dark lady* beschrieben wird, und *As You Like It*, III,5,46 f.

2 (20) *good time:* »eine gute Zeit (der Geburt)«, nach Alexander Schmidt, *Shakespeare-Lexicon*, Bd. 2, Berlin [5]1962, S. 1230.

3 (23) *sad:* (1) »traurig«; (2) »ernst«.

4 (25) Mamillius' Aussage deutet nachdrücklich auf den Titel des Dramas hin, indem sie das potentiell Lebensbedrohende und zugleich den Märchencharakter des Stückes unterstreicht; vgl. Nachwort, S. 248–251, und V,2,28.62.

5 (31) *crickets:* Vgl. den sprichwörtlichen Ausdruck *as merry as a cricket* und *1 Henry IV*, II,4,87, wo ebenfalls das Heimchen als Symbol der Fröhlichkeit und Heiterkeit genannt wird.

6 (39–42) Entsprechend zeitgenössischen landläufigen Vorstellungen war eine Spinne ein lebensgefährliches Gift, wenn man sie mit der Nahrung zu sich nahm, allerdings nur, wenn man davon erfuhr, daß sich eine Spinne in der Nahrung befand; vgl. zu Leontes' Reaktion auch *Othello*, III,3,341–363.

7 (53–55) In dieser Andeutung sieht Wilson in der New Cambridge-Ausgabe einen Hinweis auf Leontes' heimliche Laster, m. E. eine etwas gewagte Spekulation.

8 (64) *nayward:* lt. *OED* Wortschöpfung Shakespeares.

9 (69) *without-door form:* wie in *Cymbeline*, I,6,15, ein Hinweis auf den Unterschied zwischen äußerem Schein und innerer Wirklichkeit.

10 (72) *I am out:* hier im Sinne von »Ich mache einen Fehler«, »ich bin verwirrt«; vgl. *As You Like It*, IV,1,78; *Love's Labour's Lost*, V,2,152; *Coriolanus*, V,3,41.

11 (83–87) Wenn auch Leontes hier oberflächlich bloß das traditionelle *station-and-degree*-Konzept, nach dem die Menschheit wie der gesamte Kosmos statisch hierarchisch geordnet ist, aufgreift, klingt in seinen Worten doch die maßlose Arroganz an, die sich auch später bei der Mißachtung des Orakels zeigt. Dort verläßt Leontes selbst seinen angestammten Platz im Seinsgefüge und stellt sich über die Götter. Vgl. auch Z. 94, wo er das Volk verächtlich *vulgars* nennt.

12 (90) *federary:* hier wie auch in der Form *fedary* nur bei Shakespeare im Sinne von »Komplize«, »Mittäter« benutzt: vgl. *Measure for Measure*, II,4,122; *Cymbeline*, III,2,21.

13 (102 f.) *centre:* Gemeint ist hier die Erde, noch im ptolemäischen Sinne als Zentrum des Universums aufgefaßt. – *top:* Beim Kreiselspiel (westf. Pitschendopp) wurde ein kegelförmiger Kreisel mit

einer Peitsche so geschlagen, daß er sich, auf der Spitze stehend, drehend fortbewegte.

14 (105–107) Man glaubte – der Astrologie gemäß –, daß die Stellung und Entfernung der Planeten zu und von der Erde sowie untereinander, also ihr Aspekt, Einfluß auf die Geschicke der Menschen habe. In der Astrologie wird zu den Planeten auch der Mond gezählt, und ein Planet »herrscht«, wenn er im Zenith seines mächtigsten »Hauses«, in etwa des ihm zugeordneten Tierkreiszeichens, steht. – Hermiones ruhige Entschlossenheit und Gelassenheit dürfen nicht als Zeichen der Schwäche und Farblosigkeit mißdeutet werden; sie verweisen vielmehr darauf, daß Hermione im Besitz einer der christlichen Kardinaltugenden, der Geduld, ist; vgl. III,2,231; *Henry VIII*, II,4,71 f.

15 (111 f.) Den gleichen Gegensatz verwendet Shakespeare in *Romeo and Juliet*, I,2,90–93.

16 (115) Leontes reagiert wohl deswegen gereizt auf Hermiones Geduld, weil er deren Wirkung auf die Höflinge fürchtet.

17 (121) *action:* (1) »Gefecht«, (2) »Anklage«.

18 (134 f.) Antigonus verwendet häufig die Sprache des Pferdeliebhabers (vgl. auch II,3,51); er will seine Frau von anderen Männern fernhalten, indem er sie wie ein Pferd in den Stall sperrt.

19 (138) *dram:* »Drachme«, hier Apothekergewicht, eine Achtel-Unze (3,54 g); als Handelsgewicht eine Sechzehntel-Unze.

20 (143) *land-damn:* lt. *OED* nur an dieser Stelle nachgewiesen.

21 (153 f.) Vermutlich begleitet Leontes diese Worte mit einem tätlichen Angriff auf Antigonus.

22 (156) *grain:* damals kleinste Gewichtseinheit, ein Siebentausendstel britisches Pfund (0,0648 g).

23 (165) *which if:* Der relativische Anschluß eines Konditional- oder Temporalsatzes ist in der Shakespeare-Zeit nicht selten; vgl. auch *Romeo and Juliet*, Prolog,13; *Richard III*, I,2,179; III,7,27.

24 (185) *stuff'd:* wörtl. »gestopft« (wie eine Gans), »genudelt«; vgl. *Romeo and Juliet*, III,5,181; *Othello*, I,3,224.

25 (186) *whose ... had:* im Englischen eigentlich unübliche Partizipialkonstruktion mit eigenem Subjekt.

Akt II, Szene 2

1 (20) *colouring: to colour* (1) »färben«, (2) »falsch erscheinen lassen«.

2 (30) *unsafe:* »nicht sicher«, »dem nicht zu trauen ist«; *lunes:* von lat. *luna* »Mond«; der Mondwechsel wurde für Wahnsinnsanfälle (*lunes*) verantwortlich gemacht.

3 (33) *let ... blister:* Nach M. P. Tilley, *Proverbs in England*, Ann Arbor, Mich., 1950, R84, ist es sprichwörtlich, daß das Lügen Zungenblasen hervorruft; vgl. *Romeo and Juliet*, III,2,90.

4 (34 f.) *red-look'd ... trumpet:* Vgl. etwa dt. »rot vor Zorn«; der Rock des Herolds, dem ein Bote mit einer Signaltrompete voranging, war rot.

5 (52) *wit:* hier im Sinne von *wisdom*.

6 (61) *free'd and enfranchis'd:* Hendiadyoin, wie oft mit einem Wort germanischen und einem Wort lateinischen Ursprungs.

Akt II, Szene 3

1 (8) Hochverräterinnen und Mörderinnen wurden zum Feuertod verurteilt.

2 (11) *discharg'd:* Der Diener benutzt ebenfalls die Schützenmetapher aus Z. 5 f.: eigtl. »abgefeuert«.

3 (30) *free:* hier in diesem Sinne; vgl. *Hamlet*, III,2,236.

4 (38) *humour:* Das Wort entstammt der mittelalterlichen *humores*-Theorie, nach der die Charaktereigenschaften eines Menschen vom Mischungsverhältnis der vier Körpersäfte bestimmt wurden: diese waren *sanguis* (Blut; Luft), *cholera* (gelbe Galle; Feuer), *melancholia* (schwarze Galle; Erde), *phlegma* (Schleim; Wasser). Ungünstige Mischungsverhältnisse führten zu krankhaften Charakterabweichungen, die nur durch Schocktherapie beseitigt werden konnten, oder auch zu Launen; vgl. *As You Like It*, I,2,256; IV,1,19; V,4,59; vgl. Anm. 18 zu III,2.

5 (41) *gossips:* auch schon im Sinne von »Klatschtanten« gebräuchlich; vgl. *Richard III*, I,1,83.

6 (46) *rule:* wie auch *course, rein* und *stumble* (Z. 48,51,52) Ausdrücke aus der Reitersprache.

7 (48) *commit:* (1) »gefangensetzen«; (2) (Verbrechen) »begehen«. Paulina verwendet das Wort in beiden Bedeutungen, im zweiten Fall ironisch.

8 (52–58) In ihrer Aufregung und Nervosität kann Paulina nur syntaktisch unkorrekt und elliptisch sprechen.

9 (67) *mankind:* hier als Substantiv in der Bedeutung »Mannweib«.

10 (74) *woman-tir'd: tired*, ein Ausdruck aus der Falknerei, bezeichnet das Zerren des Falken an einem Übungsköder.

11 (75) *Partlet:* Name der Henne (frz. Namensform Pertelote) in Chaucers Fabel vom Hahn und seiner Henne in *The Nun's Priest's Tale*.

12 (78 f.) Mit *forced baseness* ist die Bezeichnung Bastard gemeint, mit der Leontes seine Tochter belegt.

13 (82) *by this good light:* lt. *OED* steht *light* hier für »Tageslicht«; vgl. *Much Ado about Nothing*, V,4,92.
14 (91 f.) Das Wortspiel auf *beat* und *bait* – Homophone in der elisabethanischen Zeit – läßt sich im Deutschen nicht wiedergeben.
15 (96 f.) Laut Tilley (Anm. 3 zu II,2) L290, eine sprichwörtliche Wendung; *lay to one's charge:* lt. *OED* »beschuldigen«.
16 (103) *goddess Nature:* Zur Sicht der Natur als Gottheit bei Shakespeare vgl. auch IV,4,88–96; *Coriolanus*, V,3,33; *Cymbeline*, V,4,48; IV,2,170; *King Lear*, I,4,284.
17 (105–107) Gelb ist die Farbe des Neides und der Eifersucht. Paulinas Worte können eigentlich nur ihrer Erregung entspringen: Perdita soll, wenn sie eine treue Gattin wird, keine Zweifel bezüglich der Vaterschaft ihrer Kinder haben.
18 (114 f.) Möglicherweise heißt diese Passage auch, wie Pafford (Anm. 5 zu I,2), S. 50, vermutet: »Die Ketzerei der Verurteilten macht das Feuer zu dem, was es ist, nicht die Tatsache, daß eine Frau verbrannt wird.«
19 (118) *weak-hing'd:* »so leicht zu erschüttern wie eine Tür, deren Angeln zu schwach sind«; *fancy* bedeutet »Phantasie« im negativen Sinn, etwa »wirre Vorstellung«.
20 (121) *chamber:* hier nicht, wie sonst, »Privatgemach«, sondern »Audienzsaal«.
21 (157) *not neither:* Die doppelte Verneinung war zu Shakespeares Zeit noch geläufig und dient hier der Betonung der Verneinung.
22 (159) *Margery:* hier verächtlich für *Margaret*; auch *midwife* wird negativ verwendet.
23 (165) Trotz der jungen Töchter scheint Antigonus schon recht alt zu sein; vgl. auch Z. 161.
24 (177) *it:* hier, wie öfter, statt des Possessivpronomens *its* verwendet; vgl. III,2,100.
25 (195) In *Delphi* war der Sitz des Apollinischen Orakels; in seiner Maßlosigkeit hat Leontes den Spruch des Gottes gar nicht abgewartet, sondern läßt seine Tochter, die im übrigen in jedem Fall unschuldig ist, aussetzen; vgl. auch seine Reaktion auf das Orakel in III,2,140 f., und die Vorverurteilung Hermiones in Z. 200–205.
26 (199) *Apollo*, Zwillingsbruder der Artemis, war der Sohn des Zeus und der Leto und Gott der Seeleute und der Kolonialisierung. Die Sprüche des Orakels von Delphi wurden auf die Weisungen Apollos zurückgeführt und aus allen nur erdenklichen – privaten und politischen – Gründen eingeholt. Vgl. Anm. 1 zu III,1.

Akt III, Szene 1

1 (2) *isle:* Schon Shakespeares Quelle, Greenes *Pandosto*, verwechselte wohl die beiden Hauptorte des apollinischen Kults, die Insel Delos mit dem auf dem Festland nahe dem Parnassus gelegenen Delphi.

2 (8–10) Zwar gehörten donnerartige Geräusche nicht zum Zeremoniell des delphischen Orakels (vgl. Mark P. O. Morford / Robert J. Lenarden, *Classical Mythology*, London ²1977, S. 148 bis 153), wohl aber zum Auftreten einer Gottheit allgemein: die obersten Götter, der griechische Zeus, der römische Jupiter und der germanische Thor, sind Donnergötter.

Akt III, Szene 2

1 (1) *sessions:* hier, wie damals möglich, als Singular aufgefaßt; vgl. Z. 141.

2 (7) *purgation:* eigentlich ein religiöser Begriff (*purgatory* »Fegefeuer«). Leontes' Versuch, den Vorwurf der Tyrannei zu entkräften, kann angesichts der Verbannung seiner Tochter, des Mordanschlags auf Polixenes und der Vorverurteilung seiner Frau (vgl. auch III,1,15–17) nicht überzeugen; vgl. auch den weiteren Verlauf des »Schauprozesses«.

3 (17) *pretence:* vgl. zu dieser Bedeutung *Two Gentlemen of Verona*, III,1,47; *Macbeth*, II,3,131.

4 (36) *history:* Historie steht hier mehrdeutig für »Erzählung«, »historisches Drama« und »Tragödie«; vgl. *OED*, Bed. 4, 6a, 6b.

5 (50) *strain'd:* hier lt. *OED* in der Bedeutung von »die strengen Regeln überschreiten«. Hermiones Wortwahl (vgl. auch *uncurrent* und *encounter*, Z. 49) kontrastiert eindrucksvoll mit Leontes' verbalen Exzessen.

6 (55) *vices:* hier eine Anspielung auf die aus den Moralitäten bekannte Figur der *Vice*, die – oft komisch dargestellt – letztlich vergebens gegen die Kräfte des Guten kämpft.

7 (59–61) Unvollständige, elliptische Formulierung. Hermione besteht auf ihrer Unschuld. Sie kann sich zu den harmlosen Treffen mit Polixenes, die ihr zur Last gelegt werden, bekennen.

8 (81) *dreams:* hier im abwertenden Sinne von »eitle Träume«; vgl. zur Bedeutung von Träumen III,3,39; *Romeo and Juliet*, I,4,49–103; V,1,1–11. Zu *level* vgl. auch II,3,6 f.

9 (85) *those:* hier mit Singularbezug; vgl. *Twelfth Night*, I,2,10.

10 (86) *concerns:* ganz selten in dieser Bedeutung. Das *OED* zitiert diese Stelle.

11 (99) *starr'd:* lt. *OED* »unter einem Stern geboren«; »von einem Stern beeinflußt«.
12 (101) *post:* Öffentliche Verlautbarungen wurden an Pfosten angeschlagen.
13 (105 f.) Die frische Luft wurde als schädlich für kränkelnde oder genesende Menschen angesehen; *limit*: eigtl. »Grenze«; so wie hier auch in *Richard III*, III,3,8; *Measure for Measure*, III,1,215.
14 (109) Elliptische Formulierung. Gemeint ist: »Ich rede nicht für mein Leben«.
15 (114) Direkt *Pandosto* folgend, klagt Hermione Leontes der Willkür an, indem er Härte, aber nicht Recht walten läßt.
16 (122) *flatness:* auch lt. *OED* »Vollständigkeit«.
17 (144) *conceit:* hier, wie oft im 17. Jh., als »gedankliche Vorstellung« verwendet; auch »Vorstellungsvermögen« und etwa »Hirngespinst«; vgl. Z. 197.
18 (147) *my injustice:* Solange Mamillius noch lebte, konnte Leontes noch an der Gültigkeit des Orakels zweifeln. Der Tod seines Sohnes und die folgende Meldung vom angeblichen Tod der Königin versetzen Leontes den heilsamen Schock, der zur Genesung eines an einem *humour* Erkrankten erforderlich ist (s. Anm. 4 zu II,3); vgl. hierzu die »comedies of humour« von Ben Jonson, *Volpone* (1606), *Every Man in His Humour* (1598) und *Every Man out of His Humour* (1599). Die Abruptheit der Konversion des Leontes läßt sich auch mit einem Hinweis auf den Märchencharakter des Stückes erklären.
19 (153) *remedies for life:* eigtl. »Hilfsmittel zum Leben«.
20 (163–165) Die sorgfältig ausbalancierte Syntax unterstreicht, daß Leontes seine Fassung und Beherrschung wiedergefunden hat.
21 (184) *spices:* eigtl. »Gewürze«.
22 (187–189) Eigentlich kann Paulina das nicht wissen: bei Leontes' Geständnis war sie nicht zugegen.
23 (222 f.) *What's gone ... past grief:* sprichwörtliche Wendung »Never grieve for that which you cannot help« bei Tilley (Anm. 3 zu II,2) G453; vgl. auch *Othello*, I,3,202; *Macbeth*, III,2,11 f.; *Richard II*, II,3,170.
24 (224) *petition:* Zu ergänzen wäre »um Rache«.
25 (230) *remember:* damals noch reflexiv wie heute *to remind* gebräuchlich.
26 (236) *them:* grammatikalisch inkorrekter Bezug auf *grave*.

Akt III, Szene 3

1 (B. A.) Obwohl im 16. Jh. das Königreich Böhmen vorübergehend an die Adria grenzte (E. Künstler, »Böhmen am Meer«, in: *Shakespeare Jahrbuch* 91, 1955, S. 212–216), braucht man bei Shakespeare die Kenntnis dieses historischen Details nicht vorauszusetzen; er folgte wahrscheinlich schlicht seiner Quelle *Pandosto.*

2 (16 f.) Antigonus glaubt, wie viele seiner Zeitgenossen, nicht an die Existenz von Geistern Verstorbener. Shakespeare folgt in dieser Frage weniger religiösen Vorstellungen als dramatischen Notwendigkeiten; vgl. etwa *Macbeth*, III,4,41–106; *Richard III*, V,3; *Tempest*, *Midsummer Night's Dream*; *Julius Caesar*, IV,3,274–285. Vgl. zur Darstellung der Geister bei Shakespeare H. Geisen, *Die Dimension des Metaphysischen in Shakespeares Historien*, Frankfurt a. M. 1974. S. 25–86.

3 (21 f.) *vessel:* in Anspielung auf die Bibel (1. Petrus 3,7) wird die Frau oft auch von Shakespeare als *vessel* bezeichnet; vgl. *Romeo and Juliet*, I,1,15; mit dem Adjektiv *fill'd* wird auch die nautische Bedeutung von *vessel* »Schiff« mit einbezogen. Gefüllte Segel verweisen auf die weißen, fließenden Gewänder, mit denen Geister, abergläubischen Vorstellungen entsprechend, auftreten; *becoming* kann auch als Wiederaufnahme der nautischen Konnotation auf das Sich-Füllen der Segel bezogen werden.

4 (26) *spouts:* eine Anspielung auf reichliche Tränen des Schmerzes oder der Wut.

5 (33) *Perdita:* abgeleitet aus lat. *perdere* »verderben«, »verlieren«, bedeutet der Name von Hermiones Tochter »Die Verlorene«.

6 (47) *these:* Gemeint ist das Gold, das der Sohn des Schäfers in Z. 119 f. findet und für Feengold hält.

7 (52 f.) Daß Antigonus dem grausamen Befehl des Leontes gehorcht, hat sicher auch mit dessen Drohung zu tun, seine Frau seinen Ungehorsam büßen zu lassen. Vgl. zur Gehorsamsproblematik auch Anm. 45 zu I,2.

8 (B.A.) Da das *bear-baiting* (vgl. IV,3,99), das Zu-Tode-Hetzen eines angeketteten Bären durch eine Hundemeute in elisabethanischen Arenen vor großem Publikum als besondere Attraktion galt, waren Bären in London keine Seltenheit. Eine Bärenszene konnte die Attraktivität eines Stückes nur zusätzlich erhöhen.

9 (69) *barne:* nordenglische Dialektform für *child*; vgl. etwa das schwedische *bjørn*.

10 (70) *child:* hier im Sinne von »Mädchen«; vgl. auch *Tempest*, V,1,198; *Much Ado about Nothing*, IV,1,76; *King Lear*, IV,7,70.

11 (74) *trunk-work:* vgl. Iachimo in *Cymbeline*, der – in einem Koffer verborgen – Imogen beobachtet und belauscht.
12 (88–94) Zu einer ähnlich plastischen Sturmbeschreibung vgl. *Tempest*, I,2,1–13. Solche Beschreibungen waren auf der kulissenlosen elisabethanischen Bühne erforderlich, um das Geschehen plastischer zu machen.
13 (93) *yest:* alte Schreibweise von *yeast*: (1) »Gischt«; (2) »Hefe«, »Gärschlamm« (beim Bier-Brauen) – diese Bedeutung schwingt sicher mit, da in Z. 94 von einem Bier- oder Weinfaß die Rede ist.
14 (98) *flap-dragon'd:* nur von Shakespeare verbal benutzt; das Substantiv *flap-dragon* (verächtlich für »Deutscher«, »Holländer«) bezeichnete auch ein Spiel, in dem Rosinen aus brennendem Branntwein gefischt und verschluckt wurden.
15 (106) *old:* Eigentlich kann der Schäfer das Alter des Antigonus nicht kennen.
16 (113) Die Worte des Schäfers deuten voraus auf den zweiten Teil des Dramas, in dem es um Erneuerung und Wiedergeburt im pastoralen Böhmen geht.
17 (114) *squire:* (1) »Knappe« (im Mittelalter Vorstufe des Ritters), (2) hier eher »Junker« (Angehöriger des niedrigsten Adels).
18 (117) *changeling:* ein von den Feen ausgetauschtes Kind; hier nicht abwertend wie dt. Wechselbalg.

Akt IV, Szene 1

1 (1–32) Auch in anderen Dramen Shakespeares treten Einzelfiguren als Chor, Prolog und Epilog auf, um das Geschehen zu kommentieren oder das Publikum direkt anzusprechen. In *Henry V* dient der Chor dazu, das epische Thema anklingen zu lassen (Prolog) und rasche Ortswechsel plausibel zu machen (II,Chor,34–42; III,Chor,1–35; IV,Chor,1–53; V,Chor,1–45; V,2,Chor); in *2 Henry IV* erinnert der Chor an den Zusammenhang mit dem vorangegangenen Stück; in *As You Like It* beschließt Rosalind als Chor das Stück, und in *Romeo and Juliet* dienen die Prologsonette unter anderem dazu, das Drama in Verbindung mit der Sonett-Tradition zu bringen. Auch in dem mit *The Winter's Tale* etwa zeitgleich entstandenen *Pericles* tritt ein Chor auf. – An dieser Stelle dient der Chor dazu, den chronologischen Sprung von sechzehn Jahren plausibel zu machen und die beiden Hälften des Dramas einerseits schärfer voneinander abzusetzen, andererseits aber thematische Gemeinsamkeiten zu unterstreichen. Im übrigen ist der Chor durchgehend in Reimpaaren geschrieben.
2 (8) *self-born:* Die von der Zeit gebrachten Veränderungen sind

nicht immer vorhersehbar. Zur Frage der Berechenbarkeit geschichtlicher Prozesse vgl. u. a. die Historien, in denen teilweise das Wirken der göttlichen Vorsehung, teilweise aber auch das Gesetz einer weltimmanenten Kausalität dargestellt wird – gelegentlich sogar unverbunden nebeneinander wie in *Richard III*.

3 (12) *them:* bezieht sich auf die in Z. 10 f. genannten vergangenen und gegenwärtigen Ordnungen.

4 (13) *stale:* bezieht sich eigentlich auf das Schal-Werden von Bier u. ä.; vgl. *Lucrece*, 939–958, zur Rolle der Zeit.

5 (16) *scene:* synekdochisch für »Drama«.

6 (25) Gemeint ist »Bewunderung für die Anmut«.

7 (29) *argument:* Vielen zeitgenössischen Dramen waren kurze Inhaltsangaben vorangestellt; vgl. etwa Thomas Sackville / Thomas Norton, *Gorboduc* (1570).

Akt IV, Szene 2

1 (4) *fifteen:* Zwar erscheint es wenig plausibel, daß die Kunde von Leontes' Bekehrung noch nicht nach Böhmen gedrungen ist oder daß Leontes selbst Polixenes noch nicht um Verzeihung gebeten und Camillo nicht eher zurückgerufen hat, doch sind in Märchen derartige Entwicklungen an derTagesordnung. Vgl. auch die Frage, warum Hermione sich erst nach fünfzehn Jahren Leontes wieder zeigt. Die Gründe liegen wohl einfach darin, daß Shakespeare sonst – abweichend von *Pandosto* – das Königspaar nicht hätte wiedervereinen und Perdita nicht mit Florizel hätte verheiraten können. Bei *Pandosto* stirbt die Königin tatsächlich, und ihr Ehemann begeht Selbstmord.

2 (14) *businesses:* Camillo hat politische Initiativen und Maßnahmen eingeleitet, die er auch zu Ende führen soll. Camillo dient Polixenes in gleicher Funktion wie vorher Leontes.

3 (18) *considered:* zu dieser Bedeutung vgl. auch *Measure for Measure*, I,2,103.

4 (36) *eyes:* vgl. das noch heute gebräuchliche *private eye* »Privatdetektiv«. Polixenes macht sich um das Verhalten seines Sohnes ähnliche Sorgen wie der König in *1,2 Henry IV*. Beide Söhne erweisen sich als würdige Nachfolger.

5 (39–41) Vgl. III,3,119–125.

Akt IV, Szene 3

1 (B.A.) Lieder spielen in einigen Dramen Shakespeares eine große Rolle; vgl. etwa in *As You Like It*, II,7,174–193; IV,2,10–19; V,3,14–37; V,4,140–145; *Tempest*, I,2,377–405; II,1,295–300;

II,2,47–55.180–185; IV,1,106–117; V,1,88–94. Hier kommen Lieder nur in IV,3 und IV,4 vor. Dieses erste Lied zeichnet ein Bild der ausgelassenen Fröhlichkeit des Landlebens ungeachtet moralischer Vorschriften. Alle sechs Lieder des Stückes werden von Autolycus, dem Tunichtgut des Stückes, gesungen. Trotz seiner Gaunerei ist Autolycus ein sympathischer Charakter – eine Art Till Eulenspiegel.

2 (4) *pale:* kann auch »Einfriedung« bedeuten.

3 (7) *pugging:* lt. *OED* von ungewisser Bedeutung; möglicherweise ein Druckfehler für *prigging* »diebisch«; möglicherweise aber auch Anspielung auf *pug-tooth*, das in Devon »Augenzahn« bedeutet.

4 (7) *set . . . on edge:* möglicherweise auch in der Bedeutung »macht (mich) begierig«, »schärft (den Zahn)«.

5 (8) *quart:* eine Viertel-Gallone (also 1,136 l), auch heute noch gebräuchlich.

6 (20) *sow-skin budget:* Der Kesselflicker trug sein Werkzeug in einem Schweinslederbeutel mit sich.

7 (22) *stock:* Zur Strafe für kleine Vergehen wurden Leute niederen Stands in Fußeisen geschlossen und öffentlich zur Schau gestellt; vgl. etwa *King Lear*, II,2,133–150, wo Lears Bruder Kent inkognito in Fußeisen geschlossen wird, und Lears Reaktion darauf in II,5.

8 (24) *Autolycus:* In der antiken Mythologie war Autolycus der Sohn des Merkur (Hermes; Z. 25), des Gottes der Kaufleute und Diebe, der den Göttern als durchtriebener Bote diente.

9 (27) *caparison:* eigtl. »verzierte Decke« eines Pferdes als Schmuck oder Schutz.

10 (30) *life to come:* kann sich sowohl auf das irdische Leben (*Measure for Measure*, V,1,429) als auch auf das Jenseits beziehen (*Macbeth*, I,7,7).

11 (31) *prize:* aus der Seemannssprache: »aufgebrachtes feindliches Schiff«.

12 (32) *tods:* von dem Substantiv *tod* abgeleitet; ein Wollgewicht von 2 *stones* oder 28 *pounds* (ca. 13 kg). Der vom Clown genannte Preis entspricht in etwa dem in der elisabethanischen Zeit üblichen. Die Zahl von 1500 Schafen unterstreicht den von Polixenes erwähnten Reichtum des Schäfers.

13 (37) *sheep-shearing feast:* eigentlich ein im Juni gefeiertes Fest in den englischen Schafzuchtgebieten. Das Schafschurfest in *The Winter's Tale* liegt später im Jahr, fällt wahrscheinlich mit dem Erntedankfest im August zusammen (vgl. IV,4,79–81) und

ist, wie die Einkaufsliste des Clowns und Autolycus' Äußerungen zeigen, eine handfeste Feier für die Landarbeiter; vgl. etwa Alison Plowden, *Elizabethan England*, London 1982, S. 139f.; S. 146–157. – Aus Mangel an Arbeitskräften – die Pest hatte im 14. Jh. etwa die Hälfte der englischen Bevölkerung getötet – hatten vor allem in Essex und auch in Shakespeares Heimat Stratford und den südlich davon gelegenen Cotswolds die englischen Großgrundbesitzer die Schafzucht in großem Umfang eingeführt.

14 (43) *means:* Gegen Ende des 16. Jh.s waren damit eigentlich Kontratenöre gemeint – Kopfstimme singende Männer.

15 (44 f.) Die Puritaner, eine dem Calvinismus nahe verwandte Religionsgemeinschaft (entstanden etwa 1560), gewannen in der Shakespeare-Zeit zunehmend an Einfluß auf die bürgerliche Gesellschaft. Den Höhepunkt ihrer politischen Macht erreichten sie mit der Absetzung des Königs Charles I und der Einrichtung der Republik unter Oliver Cromwell (1649–60). Die Puritaner waren allen Vergnügungen gegenüber feindlich eingestellt und wurden deswegen oft zum Gegenstand ironischer Seitenhiebe gemacht – so wie hier, wo ein Puritaner zu lebhafter Tanzmusik – der *hornpipe* war ein Seemannstanz – die Worte eines Psalms singt.

16 (45) *warden:* nach dem Herkunftsgebiet Warden in Bedfordshire benannte Apfelsorte.

17 (61–63) Unkorrekter grammatikalischer Anschluß. Es müßte heißen: *apparel are taken from me.*

18 (85) *troll-my-dames:* ein beliebtes Spiel für Damen. Am Ende eines Brettes waren elf Löcher, in die Kugeln gerollt werden mußten.

19 (93 f.) *Prodigal Son:* zur Geschichte vom Verlorenen Sohn vgl. Lukas 15,11–32.

20 (96) *professions:* möglicherweise eine komische Anspielung auf die traditionellen *professions* des Geistlichen, Juristen, Arztes und Offiziers.

21 (98) *prig:* auch ein Schimpfwort für »Kesselflicker«; nur einmal bei Shakespeare benutzt.

22 (99) *bear-baitings:* vgl. Anm. 8 zu III,3.

23 (114) *hot:* heißt auch »scharf« (gewürzt).

24 (118) *unroll'd:* Handwerkszünfte hatten ein Register, in das jeder, der das Handwerk ausüben wollte, eingetragen sein mußte.

Akt IV, Szene 4

1 (6) *extremes:* vgl. zu dieser Bedeutung auch *Titus Andronicus*, III,1,215. Perdita tadelt mit diesen Worten Florizels Auftreten im Gewand eines Schäfers als unschicklich.

2 (9) *swain:* (1) »Bauernbursche«; (2) »Liebhaber« in der Pastoraldichtung; vgl. auch Z. 392.

3 (10–12) Ausgehend von *mess:* »Scherz«, »Vierergruppe an einem Essenstisch« verwendet Perdita eine Metapher aus dem Bereich der Ernährung, um närrische Gewohnheiten bei Festlichkeiten zu rechtfertigen.

4 (15) *Falcon:* Florizels Anspielung auf den aristokratischen Falknersport macht die Standesunterschiede zwischen den Liebenden besonders deutlich.

5 (21 f.) Vgl. zur Buchmetaphorik in dieser Verwendung auch *Romeo and Juliet*, I,3,81–92; III,2,83 f.

6 (26–30) Florizel begründet sein Verhalten mit dem der Götter der klassischen Mythologie: *Jupiter* entführte in der Gestalt eines Stieres die Europa, die Mutter des Minos; *Neptun* tritt bei Ovid (*Met.* 6,117 f.) als Widder auf (Robert Greene, *Life and Complete Works*, hrsg. von A. B. Grosart, New York 1964, Bd. 6, S. 120); *Apollo*, der Gott des delphischen Orakels, schließlich als Schäfer (*Met.* 2,680 f.). Shakespeare folgt hier fast wörtlich seiner Quelle *Pandosto*.

7 (52) *auspicious:* in dieser Bedeutung auch etwa in *All's Well That Ends Well*, III,3,7 f.

8 (53) *address:* vgl. zu dieser Bedeutung etwa *All's Well That Ends Well*, III,6,92; *Troilus and Cressida*, IV,4,144.

9 (56) *pantler:* abgeleitet aus dem lat. *panis* »Brot«; so auch in 2 *Henry IV*, II,4,235.

10 (74–76) Rosmarin ist das Kraut der Erinnerung und wird oft im Zusammenhang mit Hochzeiten und Todesfällen verwendet; vgl. *Romeo and Juliet*, II,4,202.208; IV,5,79 f.; *Hamlet*, IV,5,173. Raute ist als *herb grace* »Kraut Gnade« bekannt; vgl. *Hamlet*, IV,5,179 f. Zur Rolle von Rosmarin und Raute in der elisabethanischen Zeit vgl. etwa Sinclair Rohde, *Shakespeare's Wild Flowers*, London 1935, S. 165–168.

11 (82) *streak'd gillyvors:* Der Ausdruck bezeichnet in der elisabethanischen Zeit eine ganze Fülle von gezüchteten Blumen; vgl. Leo H. Grindon, *The Shakespeare Flora*, Manchester 1883, S. 168 f. Perdita zieht die natürlich gewachsenen den gezüchteten Blumen vor und gibt damit Polixenes Anlaß, für die Veredelung von Pflanzen, d. h. für menschliche Eingriffe in die Natur, einzutreten.

12 (89 f.) Die rhetorisch sorgfältige Syntax entspricht dem abstrakten Gedankengang des Polixenes, wonach die Natur der Kunst überlegen ist.

13 (92–95) Was Polixenes im Bereich der Pflanzen als gültig anerkennt, will er später (Z. 419 ff.) nicht gelten lassen.
14 (104) *hot:* Damaligen Vorstellungen entsprechend hatten Pflanzen eine Temperatur; vgl. etwa William Turner, *Names of Herbes* (1548).
15 (105 f.) Shakespeares Beschreibung deckt sich mit der zeitgenössischer Botaniker.
16 (116 f.) In Ovids Darstellung in den *Metamorphosen* (5,391–408) wird *Proserpina* beim Blumenpflücken von *Dis* (Pluto), dem Herrn der Unterwelt, gewaltsam entführt.
17 (121 f.) *Juno* (Hera) ist die schöne Königin der Göttinnen, *Cytherea* ein anderer Name der Aphrodite, der Göttin der Schönheit.
18 (124) *Phoebus:* ein anderer Name für Apollo, den Sonnengott.
19 (127) *flower-de-luce:* die bourbonische Lilie oder Iris.
20 (134) *Whitsun pastorals:* Zu den Pfingstfestlichkeiten gehörten Aufführungen von Stücken über Robin Hood und *morris dances*, Volkstänze von glockengeschmückten Männern; vgl. auch *Two Gentlemen of Verona*, IV,4,163–168, und Anm. 13 zu IV,3.
21 (146) *Doricles:* Florizels angenommener Name kommt sowohl in Homers *Ilias* als auch in Vergils *Aeneis* vor.
22 (154 f.) Turteltauben wechseln ihre Partner nicht.
23 (156–159) Trotz dieser Vorahnung erscheint Perdita Polixenes später nicht gut genug.
24 (161) In den Pfingstspielen gab es die »Königin von Quark und Rahm«; s. auch Anm. 20.
25 (183) *pedlar:* Die schlecht entwickelten Verkehrswege im elisabethanischen England machten den Hausierer zu einem unentbehrlichen Bestandteil besonders des Landlebens.
26 (184 f.) *tabor and pipe:* Diese Musikinstrumente spielen auch heute noch in der englischen, irischen und schottischen Volksmusik eine große Rolle.
27 (194) *milliner:* damals »Kurzwarenhändler«, dessen Produkte oft aus Mailand (*Milan*) stammten; heute »Hutmacher«, »Modistin«.
28 (196) *burdens:* Gemeint sind die meist komischen, unsinnigen oder – wie hier – unanständigen Refrains vieler Volksballaden.
29 (199) *gap:* Wurde eine Ballade wechselweise von einer Frau und einem Mann vorgetragen, trug der Mann zuweilen Refrains vor, die vor dem zu erwartenden unanständigen oder zweideutigen Abschluß abgebrochen und durch Gestik beendet wurden.
30 (204) *admirable:* hier adverbial gebraucht wie auch in *Cymbeline*, II,3,18.
31 (205) *unbraided:* »neu«, »nicht verschossen«; im *OED* mit dieser Bedeutung nur an dieser Stelle nachgewiesen.

32 (207) *points:* Der Diener verwendet das Wort im folgenden Relativsatz in der Bedeutung »rechtliche Streitfälle«.

33 (209) *cambrics, lawns:* Die beiden Stoffarten verdanken ihre englischen Bezeichnungen den französischen Herkunftsorten Cambrai und Laon. Kambrik ist feines, weißes Leinen, das für Schweizer Stickereien verwendet wird. Batist ist feiner, durchsichtiger Leinenstoff für Wäsche.

34 (221) *Cypress:* lt. *OED* Abkürzung für *cypress lawn*; zypriotischer, schwarzer Batist wurde oft für Trauerkleidung verwendet.

35 (222) Handschuhe waren oft parfümiert (vgl. Z. 252); hier entstammt das benutzte Parfüm den Blütenblättern der Damaszenerrose; vgl. *As You Like It*, III,5,123; *Sonnet* 130.

36 (226) *stomacher:* Unter dem Spitzenbesatz des Mieders trugen Frauen manchmal ein (mit Juwelen besetztes) Schmuckstück, das die Brust bedeckte.

37 (228) *poking-sticks:* Das Kräuseleisen wurde benutzt, um die gestärkten Falten in plissierten Kleidungsstücken zu plätten.

38 (245 f.) Die Schlitze im Unterrock stehen hier wahrscheinlich metaphorisch für die weiblichen Schamteile; vgl. auch Z. 611 und *Love's Labour's Lost*, III,1,179; *Troilus and Cressida*, II,3,21 und *King Lear*, III,4,98.

39 (247) *kiln-hole: kiln* ist ein kleines Gebäude mit einem Ofen zum Trocknen von Getreide; es diente auch Frauen zu einem nachbarlichen Gespräch.

40 (251 f.) *tawdry-lace:* abgeleitet aus *St. Audrey's lace*, im 16. und 17. Jh. getragenes seidenes Halstuch.

41 (266) *carbonadoed:* »über Kohle gegrillt«. Die mündlich vorgetragenen Volksballaden erfüllten das Bedürfnis der Bevölkerung nach sensationeller Unterhaltung noch bis weit ins 19. Jahrhundert; vgl. etwa Victor E. Neuburg, *Popular Literature*, Harmondsworth 1977, S. 56–101.

42 (278) *fathom:* Ein Faden (1,80 m) entspricht 6 Fuß à 30 cm.

43 (281) Eine Umschreibung für »schlafen mit«.

44 (289) *passing:* hier, wie öfter bei Shakespeare, im Sinne von *surpassing*; vgl. etwa *Richard III*, I,1,94; *Romeo and Juliet*, I,1,234; *Hamlet*, II,2,408.

45 (297) Da Mopsa und Dorcas immerhin den Text dieses Liedes lesen können, darf man sie nicht als völlig ungebildete Tölpel auffassen; allenfalls ein winziger Bruchteil der Landbevölkerung konnte lesen. Lieder spielen in Shakespeares Komödien und späten Stücken eine große Rolle; sie eigneten sich auch gut für die öffentlichen Theateraufführungen, deren Pausen oft mit Musikeinlagen u. ä. gefüllt wurden; vgl. auch Anm. 1 zu IV,3.

46 (328) *Saltiers:* Der Ausdruck erinnert sowohl an Satyrn als auch an Tänzer (aus dem lat. *saltare*: »springen«, »tanzen«).

47 (340) *square:* ein Gerät zur Überprüfung von Winkelgenauigkeiten, besonders im Schreinerhandwerk benutzt; *by the square* bedeutet auch »genau«; *not ... but* ist doppelte Verneinung zur Betonung der bejahten Aussage.

48 (354) *Interpretation should abuse:* typisch für Polixenes' abstrakte Sprechweise, periphrastisch für »fehldeuten«: *misinterpret.*

49 (361) *deliver'd:* Wortspiel mit den beiden Bedeutungen »abliefern« und »erklären«.

50 (365) *Ethiopian's tooth: Ethiopian* galt damals als Synonym für »Neger«; vgl. auch *Romeo and Juliet*, I,5,45, und *As You Like It*, IV,3,35.

51 (378 f.) Ähnliche syntaktische Konstruktion wie in III,2,163–165. *Commend* bezieht sich auf *service, condemn* auf *perdition.*

52 (388 f.) Florizels etwas leichtfertige Anspielung auf den Tod seines Vaters, den er in seiner Verkleidung nicht erkennt, könnte ein Grund für Polixenes' Ärger sein. Zunächst versucht er, Florizel dazu zu bringen, die Einwilligung seines Vaters einzuholen.

53 (400) *alt'ring rheums:* Im Übermaß abgesonderter Schleim wurde als Krankheitszeichen angesehen; zu *alter* in dieser Bedeutung vgl. Z. 576.

54 (418) *contract:* vgl. Anm. 39 zu I,2. Erst nachdem König Polixenes von dem rechtsgültigen Eheversprechen seines Sohnes erfahren hat, reagiert er heftig – vor allem, weil sein Sohn allen staatspolitischen Erwägungen zum Trotz und in krassem Widerspruch zum hierarchischen Denken der Shakespeare-Zeit gehandelt hat. Hatte aber Leontes' Heftigkeit scheinbar tragische Konsequenzen, so bleibt Polixenes' ähnliche Reaktion wegen der Entschlossenheit der Liebenden ohne Folgen.

55 (432) *Deucalion:* Deukalion, der Sohn des Prometheus, ist in der griechischen Mythologie das Äquivalent zu Noah, dem biblischen Stammvater.

56 (433) *churl:* Angesprochen ist der Schäfer, daher der verächtliche, auf niederen sozialen Rang anspielende Ausdruck.

57 (446) *his:* Wie im Französischen und Latein ist die Sonne im Englischen männlich, der Mond weiblich.

58 (450) *queen it:* doppeldeutig; kann sich sowohl auf das Schafschurfest beziehen, dessen Königin sie ist, als auch auf ihren Verzicht auf Einlösung des Eheversprechens durch Florizel.

59 (459) Hingerichteten Verbrechern wurde kein kirchliches Begräbnis zuteil.

60 (462 f.) Auch der Schäfer verurteilt eine Ehe zwischen Prinz und Schäferin als Verstoß gegen die sozialen Normen.
61 (474) Camillo, den Florizel erst jetzt erkennt, bleibt seiner Rolle als Vermittler und Vertreter der Menschlichkeit treu – wohl auch, da er sich von Florizels Redlichkeit hat überzeugen können.
62 (476 f.) Auch Perdita hatte offensichtlich Zweifel an der Erfüllbarkeit des Eheversprechens.
63 (478–480) Wenn die Saaten der Erde vernichtet sind, hört das Leben auf. Mit diesem kosmischen Vergleich unterstreicht Florizel die Unwandelbarkeit seines Entschlusses.
64 (483) *fancy:* damals noch gelegentlich in dieser Bedeutung ohne negative Untertöne geläufig; vgl. *Merchant of Venice*, III,2,63.
65 (490) *glean'd:* landwirtschaftlicher Ausdruck; bezeichnet das Aufsammeln der von den Schnittern liegengelassenen Ähren.
66 (508) *by and by:* vgl. zu dieser Bedeutung etwa *Romeo and Juliet*, II,2,151.
67 (517) *i' th' love:* Camillo bezieht sich hier auf seine Hilfe zur Flucht des Polixenes vor Leontes' ungerechtfertigter Eifersucht; vgl. I,2,364–465.
68 (521) *as thought on:* kann auch heißen »sobald bedacht«.
69 (533) *qualify:* die im *OED* nachgewiesene Bedeutung macht Camillos Einschätzung von Polixenes' Verhalten als widernatürlich offensichtlich. Dem englischen Satz fehlt das Subjekt.
70 (541 f.) Vgl. zu diesem Bild auch *King Lear*, IV,1,36 f.
71 (551 f.) Um die Anschaulichkeit der erwünschten Versöhnungsszene zu unterstreichen, berichtet Camillo sie im Präsens.
72 (556) *colour:* vgl. zu dieser Bedeutung auch etwa *Antony and Cleopatra*, I,3,32; *2 Henry VI*, III,1,236; *Henry VIII*, I,1,178, und Christopher Marlowe, *Edward II*, I,4,281.
73 (564) *bosom:* vgl. zu dieser Bedeutung auch *King Lear*, IV,5,26.
74 (568) Gemeint sind Meere, die noch niemand besegelt, Küsten, von deren Existenz noch niemand auch nur geträumt hat.
75 (577 f.) Um das Gewaltsame des Schmerzes zu betonen, verwendet Perdita Ausdrücke aus der Kriegssprache.
76 (579) *these seven years:* lt. *OED* ein geläufiger Ausdruck für einen sehr langen Zeitraum.
77 (592 ff.) Ob Camillos Nichteinlösung dieses Versprechens auf Shakespeares mangelnde Sorgfalt zurückzuführen ist, bleibt umstritten.
78 (597) *sworn brother:* im Sinne von »Blutsbruder«.
79 (604 f.) *in picture:* sonst bei Shakespeare in dieser Bedeutung nicht belegt.

80 (608) *pettitoes:* auch auf die Füße von Menschen anwendbar.
81 (640–646) Autolycus versucht, den Preis hochzutreiben.
82 (650–653) Da im elisabethanischen Theater Frauenrollen von Knaben gespielt wurden, sind solche Verkleidungsszenen und Hosenrollen häufig, etwa auch Rosalind in *As You Like It* und Viola in *Twelfth Night* sowie Portia in *Merchant of Venice*.
83 (698) *let the law go whistle:* sprichwörtlich für: »dann pfeifen wir auf das Gesetz«.
84 (706) *puppies:* eigtl. »junge Hunde«.
85 (723–726) Autolycus verwendet den Ausdruck *to give s.b. the lie* in doppelter Bedeutung: (1) der Vorwurf, ein Lügner zu sein, zöge unter Soldaten ein Duell nach sich; (2) Händler belügen oft ihre Kunden hinsichtlich der Qualität ihrer Waren.
86 (732) *measure:* eigtl. gemessener Schreittanz; vgl. *Romeo and Juliet*, I,4,10.
87 (743) *pheasant:* Um die Gewogenheit von Richtern zu erhalten, wurden sie oft mit Geschenken bestochen. Ähnlich, so deutet Autolycus an, geht es bei Hofe zu.
88 (750 f.) Daß Autolycus vom Schäfer und seinem Sohn nicht erkannt wird, entspricht den Bühnenkonventionen.
89 (764) *melancholy:* Die Melancholie ist eine elisabethanische Modekrankheit. Sie entsteht durch eine fehlerhafte Mischung der Körpersäfte, durch ein Übermaß an schwarzer Galle; vgl. Anm. 4 zu II,3.
90 (779) *grace: Your Grace* ist die gängige Anrede für Könige und Prinzen.
91 (788) *aqua-vitæ:* schon damals geläufige Bezeichnung für Spirituosen.
92 (797) *gently considered:* (1) »von edlem Ansehen«; (2) »anständig bestochen«.
93 (804) Wie der Nasenring den Bären zahm macht, so macht Gold die Autorität gefügig.
94 (816) *case:* Wortspiel mit den beiden Bedeutungen (1) »Hülle«, »Äußeres« und (2) »Fall«, »Ansehen«.
95 (827) *look upon the hedge:* im Sinne von »mal eben austreten«.

Akt V, Szene 1

1 (1 f.) *perform'd a saint-like sorrow:* Ihr habt so viele Zeichen des Schmerzes gezeigt, daß Ihr dadurch einem Heiligen ähnlich wurdet; *saint-like* bezieht sich auf das Satzsubjekt, nicht auf *sorrow*; zu dieser rhetorischen Figur der Prolepsis vgl. Z. 150 und Anm. 49 zu I,2.

2 (4–6) Mit den Worten *trespass, evil* und *forgive* erinnert Cleomenes an die Formulierungen des Vaterunser.
3 (12) *bred:* auch im Sinne von »ziehen aus« geläufig.
4 (23 f.) Cleomenes wirft Paulina vor, Leontes ungebührlich lange zur Trauer und Ehelosigkeit anzuhalten.
5 (30) Dion glaubt an Hermiones glückliches Weiterleben nach dem Tod, Paulina weiß, daß Hermione noch lebt.
6 (39 f.) Paulinas Worte rufen, rechtzeitig vor Perditas Rückkehr, das Orakel in Erinnerung; vgl. III,2,132–136.
7 (47 f.) Über die Quelle für diese Aussage über die Nachfolgeregelung Alexanders des Großen besteht keine endgültige Gewißheit; die Arden-Ausgabe nennt Quintus Curtius, *The Historie [...] conteining the Actes of [...] Alexander*, übers. von John Brende (1602).
8 (56–60) Entsprechend damals noch verbreiteten Vorstellungen konnten die Geister von Toten den Überlebenden erscheinen. Um die Existenz solcher Geister und die von Hexen war zu Beginn des 17. Jh.s eine heftige Debatte im Gange: auf der einen Seite der Skeptiker Reginald Scot, der Hexerei schlicht für Betrug hielt, auf der anderen Seite James I, der z. B. davon überzeugt war, daß die Ankunft seiner Braut Anna aus Dänemark durch Hexenwerk vereitelt werden sollte. In seiner Regierungspraxis war James gegenüber Hexenprozessen allerdings wesentlich vorsichtiger und zurückhaltender als seine Vorgängerin.
9 (66) *rift:* als Verb nur an dieser Stelle und in *Tempest*, I,2,277, verwendet.
10 (94) *piece of earth:* nicht verächtlich, sondern als Erinnerung an die Herkunft des Menschen aus Staub zu verstehen; vgl. *Romeo and Juliet*, I,2,15.
11 (108) *proselytes:* ursprünglich Andersgläubige, die zum Judentum übergetreten sind.
12 (141) Hier wie auch in Z. 158–167 verwendet Florizel die würdevolle, syntaktisch hochkomplizierte Redeweise der Diplomaten und Fürsten.
13 (150) *behind-hand slackness:* wieder die Figur der Prolepsis: Leontes ist rückständig durch sein Versäumnis.
14 (156) *Smalus:* vermutlich in Anlehnung an Synalus von Plutarch übernommen; vgl. *Plutarch's Lives*, übers. von Bernadotte Perrin, Bd. 6, London 1961, S. 55.
15 (169) *climate:* lt. *OED* nur an dieser Stelle als Verb mit der Bedeutung »an einem Ort wohnen« geläufig.
16 (175–177) In dramatischer Ironie deutet Leontes unbewußt auf sein Glück am Ende des Stückes voraus.

17 (182) Grammatikalisch inkorrekt: eigentlich müßte es heißen *having cast off* oder *having been cast off*.
18 (199) *forswear themselves:* zu dieser Bedeutung vgl. auch *Two Gentlemen of Verona*, II,5,2; *Merry Wives of Windsor*, IV,5,104 f.; *Midsummer Night's Dream*, I,1,240; *3 Henry VI*, V,5,73; *Richard III*, I,3,136 und *Titus Andronicus*, V,1,130.
19 (207 f.) *daughter:* auch als Bezeichnung für »Schwiegertochter« geläufig.
20 (213) *worth:* hier im Sinn von »Stand«, »Rang« benutzt, wie in *Romeo and Juliet*, II,6,32.
21 (220) *advocate:* (1) »Rechtsvertreter«; (2) »Fürsprecher«.

Akt V, Szene 2

1 (5) *chamber:* hier im Sinne von »Audienzsaal« (*audience chamber*) verwendet.
2 (12) *cases:* lt. Schmidt, *Shakespeare Lexicon* (s. Anm. 2 zu II,1), »Augenhöhlen und Augenlider«.
3 (37) *affection:* hier nicht in Anspielung auf affektiertes Auftreten zu verstehen.
4 (50) *favour:* heute lt. *OED* in dieser Bedeutung kaum noch geläufig.
5 (54) *worry:* hier in ähnlicher Bedeutung wie in dem Ausdruck »(mit Hunden) hetzen«; vgl. *Richard III*, IV,4,50.
6 (56 f.) Wasserspeier an alten Kirchen haben oft die Form von Tier- oder Menschengesichtern.
7 (58 f.) Vgl. zu dieser Formulierung auch *Antony and Cleopatra*, II,2,198, wo Cleopatras Schönheit als so groß beschrieben wird, daß Worte ihr nicht gerecht werden können.
8 (84 f.) Grammatikalisch gesehen ist eine der Konjunktionen *when* oder *how* überflüssig. – *attentiveness:* Gemeint ist das Mithören.
9 (89) *marble:* Marmor war der Inbegriff des Harten, Unbeugsamen, Dauerhaften; vgl. *Titus Andronicus*, II,3,144.
10 (96) *Julio Romano:* anachronistische Anspielung auf den italienischen Maler Giulio Romano (1499–1546).
11 (99) *ape:* heute nicht mehr in dieser neutralen Bedeutung geläufig; vgl. *Cymbeline*, II,2,31. In seinem Eifer, die Schönheit der Statue entsprechend redegewandt zu preisen, gelingt es dem Sprecher nicht, den Satz zu vollenden. Das Subjekt *the princess* hat weder Verb noch Objekt.
12 (99–101) Diese Worte bereiten den Zuschauer auf die Überraschung vor, daß Hermione noch lebt.
13 (113) *dash:* hier im Sinn von »Anflug«, »Andeutung«.

14 (117–120) Autolycus verwendet einen heute nicht mehr grammatikalisch korrekten partizipialen Nebensatz mit eigenem Sinnsubjekt.
15 (128 ff.) Shakespeare macht sich hier über die vielen Neu-Adligen seiner Zeit lustig. Den strengen hierarchischen Gesetzen entsprechend konnte man sich als adlig von Geburt an erst in der dritten Generation bezeichnen; vgl. *The Booke of Honour and Armes* (1590); vgl. I,2,393 f.
16 (147 f.) *preposterous:* Malapropismus für *prosperous* »wohlhabend«, »blühend«.
17 (158) *say/swear:* Vgl. auch I,2,35 f., und II,1,62–64.
18 (159 f.) *boors and franklins:* Das erste ist ein verächtlicher Ausdruck für »Bauer«, das zweite bezeichnet einen freien, aber nicht adligen Grundbesitzer.
19 (164) *tall fellow of thy hands:* seit 1632 in dieser Bedeutung nicht mehr verwendet.

Akt V, Szene 3

1 (5) *contracted:* vgl. zu dieser Bedeutung auch *Richard III*, III,7,5; *Romeo and Juliet*, II,2,117.
2 (19 f.) Die Ähnlichkeit zwischen Tod und Schlaf gehört seit der Antike zu den Topoi der Dichtung; vgl. etwa *Cymbeline*, II,2,31, oder Samuel Daniel, *Delia* 51, *Care-charmer Sleep, son of the sable Night.*
3 (47) *fix'd:* im Sinne von »fest werden«, »trocken werden«.
4 (53–56) Trotz der erlittenen Verfolgung durch Leontes erweist sich Polixenes als wahrer Freund, der das Leid des Leontes teilen will.
5 (73) *pleasure:* kann, wie auch im Deutschen »Lust«, mehrdeutig sein.
6 (90 f.) Neben der unerlaubten Schwarzen Magie, die ihre Kraft aus einem Bund mit dem Teufel schöpft, gab es noch die erlaubte »Weiße Magie«; vgl. hierzu etwa den Zauberer Prospero im *Tempest.*
7 (107) Selbst im Augenblick der Versöhnung erinnert Paulina Leontes an seine Schuld.
8 (145) *richly:* vgl. zu dieser Bedeutung auch *Antony and Cleopatra*, IV,14,37.
9 (145) *justified:* vgl. zu dieser Bedeutung auch *Tempest*, V,1,128.
10 (150) *whom:* eigentlich müßte hier *who* stehen.

Nachwort

I

Wahrscheinlich als drittletztes Stück Ende 1610 oder Anfang 1611 geschrieben, wurde *The Winter's Tale* vermutlich Anfang 1611 uraufgeführt, jedoch erst in der Folioausgabe von 1623, also sieben Jahre nach Shakespeares Tod, in einer Druckfassung veröffentlicht.[1] Schon in der Restaurationszeit (1660–1700) geriet das anfänglich beliebte Drama nahezu in Vergessenheit, weil es dem klassizistischen Dichtungsideal der Epoche mit seinem Beharren auf Beachtung der aristotelischen Einheiten und Plausibilitäts- sowie Reinheitsforderungen widersprach. John Dryden etwa warf Shakespeare vor, eine lächerliche, unzusammenhängende Geschichte voller Unwahrscheinlichkeiten verwendet und diese unzulänglich in dramatische Form umgesetzt zu haben: »The Comedy neither caus'd your mirth, nor the serious part your concernment«.[2]

Erst in der Mitte des 18. Jahrhunderts brachte ein relativ unbekanntes Theater das Stück mit einigem Erfolg erneut auf die Bühne, bevor *The Winter's Tale* das gleiche Geschick beschieden war wie auch vielen anderen Dramen Shakespeares im 18. Jahrhundert. Die schon von Dryden behauptete, angeblich unorganische, zweiteilige Form des Stükkes führte zu radikalen Bearbeitungen: McNamara Morgan schuf 1754 die Vorlage für eine Produktion in Dublin mit dem bezeichnenden Titel *The Sheep-Shearing: or, Florizel and Perdita. A Pastoral Comedy*, in der weder Leontes noch

1 Vgl. zur Textgeschichte des Dramas etwa die in den Literaturhinweisen genannten Ausgaben von *The Winter's Tale*, und zwar: Harold Child, »The Stage-History of *The Winter's Tale*«, in: Quiller-Couch/Wilson (1931) S. 185; Bethell (1956) S. 7 f.; Pafford (1963) S. XV–XXVII.

2 *The Works of John Dryden*, hrsg. von H. T. Swedenberg, Jr., Berkeley 1978, Bd. 11, S. 206.

Hermione auftreten,[3] und der berühmte Schauspieler David Garrick komprimierte 1756 in der *Drury Lane*-Produktion durch radikale Schnitte und Veränderungen das Stück auf drei Akte, verlagerte es von Böhmen in das kleinasiatische Bithynien am Schwarzen Meer und gab ihm den Titel *Florizel and Perdita. A Dramatic Pastoral, in Three Acts.*[4]

Das 19. Jahrhundert brachte dann eine Wiederannäherung an den Originaltext mit den Inszenierungen von John Philip Kemble (1802, 1807, 1812), William Charles McReady (1837, 1838/39, 1842/43), Samuel Phelps (45 Aufführungen in der Saison 1845/46) und schließlich Charles Kean (1856), dessen vom antiquarischen Geist seiner Zeit geprägte, spektakuläre Produktion am *Princess's Theatre* an 102 Tagen *en suite* gespielt wurde.[5] Leontes' Sizilien wurde geographisch und chronologisch auf das Syrakus der klassischen Blütezeit fixiert, um die Leichtigkeit dieser hochentwickelten Zivilisation um so eindrucksvoller mit der orientalischen Üppigkeit Bithyniens kontrastieren zu können.[6] Mit archäologischer Liebe zum Detail wählte Kean alle Requisiten, Kostüme und Bühnenbauten aus jener Zeit und Region und wurde dafür von vielen Kritikern gepriesen. Auch das Auftreten von echten Kamelen und Ziegen sowie die aufwendig gestalteten Massenszenen kamen dem Publikumsgeschmack der mittviktorianischen Zeit entgegen.[7] Jedoch wurden bereits damals kritische Einwände gegen einen solchen Inszenierungsstil laut. Die *Times* bezweifelte in einer Besprechung, ob Shakespeares Text tatsächlich eine solch üppige Ausstattung und präzise Festlegung von Ort und

3 Vgl. Child (Anm. 1) S. 186 f. Weitere Bearbeitungen erwähnt z. B. Pafford (Anm. 1) S. 177.

4 Vgl. Child, S. 188; Pafford, S. 177.

5 Vgl. Child, S. 190 f.; Pafford, S. 179.

6 Vgl. W. Moelwyn Merchant, *Shakespeare and the Artist*, London 1959, S. 211. Die Bewertungen entstammen einer Rezension in *The Times* vom 1. 5. 1856.

7 Vgl. Merchant, S. 218.

8 Vgl. Merchant, S. 220.

Zeit rechtfertige,[8] und plädierte damit implizit für einen Aufführungsstil, wie er für die wichtigsten Inszenierungen des 20. Jahrhunderts kennzeichnend ist: nämlich den fast vollständigen Verzicht auf Bühnenbauten und Requisiten.

Drydens Urteil hat übrigens auch in der Shakespeare-Kritik des 20. Jahrhunderts bis heute nachgewirkt. So fällt etwa 1931 der Mitherausgeber der *New Cambridge*-Ausgabe, Arthur Quiller-Couch, ein vernichtendes Urteil:

> »For in this play the tragedy and comedy are not woven; its first and second halves are disparate; while each [...] presents flagrant specimens of inferior artistry, a huddled-up First Act and a hopelessly scamped and huddled-away situation in Act 5.«[9]

Nur die pastorale Szene IV,4 und die Statuenszene V,3 könnten wegen ihrer poetischen Qualität bzw. ihres theatralischen Effekts über die »shreds and patches« sowie die vielen Unwahrscheinlichkeiten hinwegtrösten.[10] Shakespeares Experiment, das Thema Versöhnung dramatisch zu gestalten, sei in *The Winter's Tale* mißlungen.[11]

Die Stichworte Experiment und Versöhnung sind seitdem für die Interpretation des Stücks charakteristisch geworden. Viele Kritiker unterstreichen den Experimentalcharakter des Dramas: die zahlreichen Anachronismen und Unwahrscheinlichkeiten – Böhmens Küste, die Insel Delphi, der Bär in III,3, die Mischung aus klassischer Mythologie und christlichem Gedankengut – werden als bewußt eingesetzte Verfremdungseffekte gedeutet, mit denen Shakespeare den Märchen- und Kunstcharakter des Stückes in den Vordergrund geschoben habe, um Distanz vom Bühnengeschehen zu erzielen. Um dramatische Nachahmung der außerliterarischen Wirklichkeit sei es Shakespeare gar nicht gegangen. Er

9 Arthur Quiller-Couch, »Introduction«, in: Qu.-C./Wilson (Anm. 1) S. XXV; vgl. auch etwa Pettet (1949) S. 176, und Proudfoot (1976) S. 67.
10 Vgl. Quiller-Couch, S. XXVI; XX–XXIV.
11 Vgl. Quiller-Couch, S. XIX.

habe vielmehr auf diese Weise das Verhältnis von Kunst und Natur thematisiert:[12]

> »And surely too it is significant that so much of *The Winter's Tale*'s complex vision – a vision of human life and of human attempts to arrive at expression and understanding of that life – should come to us through the most obviously outmoded dramatic device in the whole melange of archaic and primitive materials that go to make up this play.«[13]

Andere Kritiker sehen dagegen die Hauptaussage des Stücks in seinem »inner meaning«. S. L. Bethell deutet es als Ausdruck des »Christian scheme of redemption«, als Synthese aus heidnischer Schönheit und christlicher Wahrheit;[14] Howard Felperin interpretiert das Drama als Darstellung der Reife: »the whole process of birth, growth, death, and rebirth that it implies, really is all«;[15] und G. P. Fox sieht das friedliche Zusammenleben von Jung und Alt als eines der zentralen Themen.[16] Um diese Inhalte zu vermitteln, hat Shakespeare nach Ansicht vieler Kritiker die traditionellen Formen der Romanze und der Pastoraldichtung benutzt und seinen Zwecken angepaßt:

> »Shakespeare, in submitting to certain superficial aspects of the pastoral tradition, transforms them into devices for commenting seriously upon the theme of reality and experience and its importance to the conduct of a king.«[17]

Diese Adaptation heute nur wenig bekannter literarischer Konventionen könnte auch die zwiespältige Aufnahme dieses

12 Vgl. etwa S. L. Bethell, »Antiquated Technique and the Planes of Reality«, in: Muir (1968) S. 118; Matchett (1969) S. 99, und besonders Young (1972) S. 116; 120; 125; 129; 134.

13 Young (1972) S. 145.

14 Bethell (1947) S. 76. Vgl. auch Donald A. Stauffer, »*The Winter's Tale*«, in: Muir (1968) S. 72; E. M. W. Tillyard, »The Tragic Pattern« (ebd.) S. 80; Frey (1980) S. 27; Matchett (1969) S. 102, und M. M. Mahood, »*The Winter's Tale*«, in: Muir (1968) S. 218.

15 Felperin (1972) S. 225.

16 Fox (1967) S. 17.

17 Bryant (1963) S. 395.

Dramas durch ein modernes Publikum erklären. Wer nicht erkennt, daß *The Winter's Tale* einem ganz anderen Dramenkonzept verpflichtet ist als etwa *Hamlet* oder *Othello*, wer es mit den Maßstäben des »realistischen« Theaters, an der Elle der aristotelischen oder der Renaissance-Poetik mißt, wer nach einem großen Zentralthema sucht, dem alle anderen Aspekte untergeordnet sind, wird sich vermutlich wie Dryden an Anachronismen und »Kunstfehlern« stoßen und das Stück wie Quiller-Couch für mißlungen halten, obwohl doch Shakespeare selbst schon im Titel das Stück als Märchen bezeichnet und damit implizit solche Kriterien ausschließt.

II

Die heute weithin vergessene literarische Form der Romanze konnte bereits im 16. Jahrhundert auf eine lange Tradition zurückblicken. Die klassischen Romanzen – Erzählungen aus dem 3. Jahrhundert, in denen ein Liebespaar getrennt wird und erst nach einer Kette von aufregenden Abenteuern wieder zusammenkommt – haben vermutlich Shakespeare und seine Zeitgenossen nicht direkt beeinflußt, wohl aber die mittelalterlichen Ritterromanzen, den *roman d'aventure* geprägt, wie er etwa in der *Knight's Tale* in Chaucers *Canterbury Tales* (etwa 1380–1400) zum Ausdruck kommt. Auch hier ist einem Liebespaar erst nach schweren Prüfungen und göttlicher Intervention die Erfüllung beschieden. Schon diese frühen Formen verzichten weitgehend auf psychologisch überzeugende Charakterisierungen und Motivationen und zeichnen sich durch eine stark episodische Struktur aus. Sie zeigen den Helden in seiner Suche nach Selbstverwirklichung in der Liebe: »a journey ending in homecoming and reunion in spite of all the obstacles and detours thrown up by the world«.[18]

18 Felperin (1972) S. 14. Die Ausführungen zur Romanzentradition basieren auf Felperin, S. 3–54.

Das religiöse Drama des ausgehenden Mittelalters paßte in den *miracle plays*, die am Leben eines Heiligen exemplarisch den Sieg des Guten über das Böse darstellen, und den *morality plays*, die das gleiche Thema allegorisch abhandeln, die Romanze den dramatischen Erfordernissen an und bereitete damit den Weg für spätere dramatische Versionen dieser Literaturform. Unter dem säkularisierenden Einfluß des Humanismus trat die religiöse Komponente später zunehmend in den Hintergrund. Streit und Versöhnung, Chaos und Harmonie wurden die thematischen Schwerpunkte der dramatischen Romanzen des 16. Jahrhunderts:

»The golden world of humanist romance thus contains extremes of virtue and vice, prosperity and adversity, which our brazen world does not, while its kaleidoscopic shiftings from one extreme to another are concomitantly more rapid and less predictable, since ›trial is by what is contrary‹«.[19]

Den übernatürlichen, mit den Gesetzmäßigkeiten der elisabethanischen Lebenswirklichkeit unvereinbaren Charakter dieser Dramen rechtfertigen Dichtungstheoretiker der Renaissance, allen voran Sir Philip Sidney, gegenüber den Angriffen der Puritaner gegen alles Fiktive als Lüge mit dem Hinweis, daß der Dichter nicht ein bloßer Nachahmer der Natur zu sein brauche, sondern das Recht habe, eine ganz anderen Gesetzen gehorchende Welt selbst zu erschaffen, die mit der Welt der Lebenserfahrung zwar verwandt, ihr jedoch überlegen sei:

»Only the poet, [. . .] lifted up with the vigour of his own invention, doth grow, in effect, into another nature, in making things either better than nature bringeth forth, or, quite anew, forms such as never were in nature, as the heroes, demi-gods, cyclops, chimeras, furies, and such like; so as he goeth hand in hand with Nature, not

19 Felperin, S. 33 f.

enclosed within the narrow warrants of her gifts, but freely ranging only within the zodiac of his own wit.«[20]

Das Nebeneinander von realistischer Nachahmung und poetischer Kreation – *mimesis* und *poiesis* – ist kennzeichnend für den Umgang Shakespeares mit literarischen Traditionen. Er übernimmt zwar eine typische, traditionelle Prosaromanze, indem er Robert Greenes *Pandosto. The Triumph of Time* (1588) als Quelle benutzt, doch wie Sidney geht es Shakespeare um eine Adaptation der literarischen Konvention an die zeitgenössischen Gegebenheiten. Dies erklärt das auf den ersten Blick verwirrende Nebeneinander mythischer und historisch nachprüfbarer Fakten und Anspielungen – den Doppelcharakter des Stücks als zeitloses Märchen und zeitgebundene Darstellung des elisabethanischen Lebens: »If the romances are far from the workaday world in their general outline, the workaday world is nevertheless present everywhere through imagery and reference«.[21]
Nur in der fiktiven Welt der Romanze ist Hermiones sechzehnjähriger Rückzug aus der Welt verständlich, zugleich aber wird der Zuschauer in der Statuenszene durch die Anspielung auf den zeitgenössischen italienischen Architekten und Maler Giulio Romano (1499–1546) auf die eigene Erfahrungswelt verwiesen, und gleiches gilt für die Gerichtsszene, in der das apollinische Orakel und Hermiones Herkunft aus dem russischen Herrscherhaus in einem Atemzug genannt werden (III,2,118 f.).
Auch in der Gestaltung von Leontes' Eifersucht verwendet Shakespeare dieses Prinzip der Kombination aus Naturnachahmung und Romanzentradition. Die Eifersucht überfällt Leontes so überraschend wie eine Naturgewalt, als Einbruch der Irrationalität in die rationale Welt des sizilianischen Hofes. Gleichgültig, ob Leontes das spielerische Gespräch zwischen Polixenes und Hermione ganz oder teilweise mitan-

20 Philip Sidney, »An Apologie for Poetry«, in: *English Critical Texts*, hrsg. von D. J. Enright und Ernest de Chickera, London 1962, S. 8.
21 Bethell (1947) S. 20.

gehört und die letzten Worte Hermiones als Schuldgeständnis seiner Frau fehlgedeutet hat, von einer dem aristotelischen Plausibilitätsgebot entsprechenden Vorbereitung von Leontes' Wahnvorstellung kann keine Rede sein:[22]

> Th' offences we have made you do, we'll answer,
> If you first sinn'd with us, and that with us
> You did continue fault, and that you slipp'd not
> With any but with us. (I,2,83–86)

Die Folgen von Leontes' Anfall werden dagegen dem Zuschauer auch in psychologischen Details überzeugend, wenn auch wie im Zeitraffer vorgeführt. In dem Maße, in dem anfängliche Zweifel an der Berechtigung seines Verdachts (I,2,111–114) nach einer Phase der schlecht gespielten Verstellung (I,2,150–180) in subjektive Gewißheit umschlagen, die Rationalität und Kultur des sizilianischen Hofes sich in Barbarei und Irrationalität verkehren, verliert auch Leontes' Sprache ihren geordneten Charakter und dokumentiert in ihrer syntaktischen Zerrissenheit, ihren Zweideutigkeiten und ihrer dem Tierbereich entlehnten Bildlichkeit die Perversion des Leontes zu einer animalischen, von seiner Wahnvorstellung beherrschten Kreatur, vom König zum Tyrannen,[23] der auch seinen Adligen gegenüber jedes Maß verliert (II,1,151–154), seine Frau in einem Schauprozeß aburteilen will und schließlich sogar das apollinische Orakel, das die Unschuld seiner Frau meldet, in grenzenloser Hybris als Lüge abtut (III,2,140 f.):

> It is a bawdy planet, that will strike
> Where 'tis predominant; and 'tis powerful, think it,
> From east, west, north, and south; be it concluded,
> No barricado for a belly. Know't,

22 Vgl. hierzu Quiller-Couch und Dover Wilson (Anm. 1) S. 131, die glauben, Leontes sei von Anfang an eifersüchtig, und Hart (1964) S. 75. Zu der hier vertretenen Auffassung vgl. Tillyard (Anm. 14) S. 80; Foakes (1971) S. 95; Bethell (1947) S. 78; Siegel (1950) S. 306.

23 Vgl. Neely (1979) S. 325.

It will let in and out the enemy,
With bag and baggage ... (I,2,201–206)

Traitors!
Will you not push her out? Give her the bastard,
Thou dotard! thou art woman-tir'd, unroosted
By thy dame Partlet here. Take up the bastard,
Take 't up, I say; give 't to thy crone. (II,3,72–76)

Auf der kosmischen Ebene findet – gemäß landläufigen elisabethanischen Vorstellungen – das Chaos im Menschen Leontes eine Entsprechung im Chaos der Natur: dem Bären, der Antigonus an der böhmischen Küste frißt, und dem Sturm, der das sizilianische Schiff zerschellen läßt. Die Erzählung des Schäfersohns und Clowns von diesen Ereignissen bereitet einerseits mit ihrer grotesken Komik und ihren zeitgenössischen Vergleichen (»flap-dragoned«, III,3,98) auf den unernsten, versöhnlichen Fortgang des Dramas vor und verweist andererseits durch ihre offensichtlichen Unrichtigkeiten bzw. Unzulänglichkeiten – Bär und böhmische Küste – auf die Fiktivität dieses Märchendramas. Shakespeare schafft so beim Zuschauer Distanz vom Geschehen statt Betroffenheit (III,3,88–101):

»Those techniques for distancing the action and characters, and disengaging our sympathies and moral commitment [...] had to be extended for the last plays. Shakespeare did this most notably by making us continually aware of the incredible fictiveness of the action, by exposing what he is doing with a conscious and often blatant theatricality.«[24]

III

Der gleichen Behandlung unterzieht Shakespeare auch die Pastoraldichtung. Schon in *As You Like It* hatte er sich kritisch mit den Möglichkeiten dieser literarischen Form und ihren Inhalten auseinandergesetzt. Wie die anderen Verfasser

24 Foakes (1971) S. 97.

von pastoralen Gedichten und Dramen in der elisabethanischen Zeit ging auch Shakespeare nicht auf die Ursprünge der Pastorale zurück, wie sie zuerst von Theokrit im dritten vorchristlichen Jahrhundert entwickelt worden war. In seiner Dichtung hatte der Sizilianer, der in Alexandria lebte und wirkte, das Leben von Schäfern von seinen angenehmen Seiten her geschildert, dabei aber auch sehr wirklichkeitsnahe Details eingestreut und damit die pastorale Tradition gegründet: »simple love-making, folk-music (especially singing and piping), purity of morals, simplicity of manners, healthy diet, plain clothing, and an unspoilt way of living«.[25] Spätere Dichter, namentlich Vergil (70–19 v. Chr.) hatten dieser Darstellung eines idealisierten, harmonischen Schäferlebens eine didaktische und satirische Komponente hinzugefügt, indem sie die unverdorbene Reinheit der ländlichen Idylle mit der Korruptheit des Hofes und der Stadt kontrastierten. Das Landleben wurde zum *locus amoenus*, zum Inbegriff der Unschuld verklärt. Die Liebe wurde teils als verspielt – mit Sängerwettstreiten, Geschenken und Lobgesängen auf die Geliebte – teils, wie in der elisabethanischen Zeit, in der petrarkistischen Tradition als für den Mann hoffnungsloses und zerstörerisches Gefühl mit hochstilisierten Verhaltensnormen dargestellt. Man bezog die klassische Mythologie mit ein: in Elegien wurde die tote Geliebte beklagt und zu einer Halbgöttin emporstilisiert. Der Dichter Thomas Heywood drückt das Verhältnis der Elisabethaner zur Pastorale 1612 in seiner *Apologie for Actors* so aus: »If we present a pastoral, we show the harmless love of shepherds diversely moralized, distinguishing between the craft of the city and the innocence of the sheep-cote«[26] und zeichnet damit ein genaues Bild der englischen Pastoraldichtung des 16. Jahrhunderts, die die klassische Tradition auf dem Umweg über deren Adaptation durch südeuropäische Renaissancedichter wie Jacopo Sanna-

25 Gilbert Highet, *The Classical Tradition*, Oxford 1949, zit. nach: *Greek Pastoral Poetry*, hrsg. von Anthony Holden, Harmondsworth 1973, S. 24.
26 Zit. nach: *Poems of the Elizabethan Age*, hrsg. von Geoffrey G. Hiller, London 1977, S. 206.

zaro (1456–1530), Jorge de Montemayor (1520–61), Torquato Tasso (1544–95), Giovanni Battista Guarini (1538 bis 1612), Clément Marot (1496–1544) und Pierre de Ronsard (1524–85) verarbeitete. Edmund Spensers *The Shepheardes Calendar* (1579) und Sir Philip Sidneys pastorale Prosaromanze *The Countess of Pembroke's Arcadia* (1593 in überarbeiteter Form veröffentlicht) waren neben Shakespeare, der schon in *As You Like It* (1599) die pastorale Tradition distanziert und kritisch präsentiert hatte, die wichtigsten englischen Vertreter dieser Literaturform im 16. Jahrhundert. Vor allem Spenser gelang es mit der Einführung des Sprechers Colin Clout, die klassische und die nationale Tradition so eng zu verbinden wie Shakespeare, der in *As You Like It* z. B. dem typisch pastoralen Liebespaar Silvius und Phebe als Pendant Touchstone und Audrey beigibt und das pastorale Ideal an seinem Verhältnis zur elisabethanischen Wirklichkeit mißt (*As You Like It*, III,2,31–85).
Auch in *The Winter's Tale* übernimmt Shakespeare nicht einfach klassische Vorbilder, sondern beweist ein scharfes Bewußtsein für die Spannungen und Kontraste dieser literarischen Form, wenn er in der langen Pastoralszene IV,4 die Grenzen des Pastoralen aufzeigt und sie im Schluß des Dramas überwindet. Florizel und Perdita sind auf den ersten Blick das typische Liebespaar einer pastoralen Romanze: die als Schäferstochter aufgewachsene Prinzessin verteilt Blumengeschenke an die Gäste des ländlichen Festes und ist mit der griechischen Klassik vertraut:

O Proserpina,
For the flowers now that, frighted, thou let'st fall
From Dis's waggon! daffodils,
That come before the swallow dares, and take
The winds of March with beauty; violets, dim,
But sweeter than the lids of Juno's eyes
Or Cytherea's breath; pale primroses,
That die unmarried, ere they can behold
Bright Phœbus in his strength (a malady

Most incident to maids); bold oxlips and
The crown imperial; lilies of all kinds,
The flower-de-luce being one. (IV,4,116–127)

Beide Liebenden lassen an der Reinheit und Tiefe ihrer Gefühle keinerlei Zweifel aufkommen, und schließlich bringt der Dichter durch zahlreiche Anspielungen auf das elisabethanische Landleben – ähnlich wie Spenser – dem Zuschauer das fremdartige, klassische Geschehen näher. Die Lieder und Tänze des Festes, die Blumen, die Waren des Hausierers Autolycus und seine Streiche sind der unmittelbaren Lebenserfahrung der Elisabethaner entnommen. Allerdings sorgt Shakespeare auch hier – wie in seiner Verarbeitung der Romanzentradition – für Distanz, verhindert bewußt eine zu genaue Terminierung. Einerseits findet das den Elisabethanern vertraute Schafschurfest Ende April oder Anfang Mai statt, andererseits erinnert die Szene IV,4 auch an später im Jahr gelegene Feste – an Pfingsten (IV,4,134) und das Erntedankfest in der Mitte des Sommers (IV,4,107).
Durch die Lösung von einem konkreten jahreszeitlichen Anlaß wird dem Zuschauer die Deutung des Festes als Frühlingsritual verwehrt. Es präsentiert keine Welt der reinen Unschuld und Idylle. Autolycus verkörpert – hierin der *vice*-Figur der späteren Moralitäten oder dem etwa zeitgleichen Till Eulenspiegel ähnlich – das Prinzip des Bösen auf sympathisch unmoralische Art, bedeutet aber zugleich keine wirkliche, ernstzunehmende Gefahr für Staat und Gesellschaft:

»With die and drab I purchased this caparison, and my revenue is the silly cheat. Gallows and knock are too powerful on the highway: beating and hanging are terrors to me: for the life to come, I sleep out the thought of it.«
(IV,3,26–30)

Die pastorale Idylle ist nicht von Dauer, ihre Gefährdung ist durch die Anwesenheit der verkleideten Polixenes und Camillo von Anfang an latent. In deutlicher Parallele zu I,2 bricht sich die Irrationalität in dem Wutanfall des Polixenes

Bahn (IV,4,418–442), und doch kontrastiert das Verhalten der beiden Könige. Hatte Leontes' völlig unmotivierte, auch den Zuschauer überraschende Eifersucht Tod und Tyrannei zur Folge, so ist die Gefährdung der Harmonie im zweiten Fall durch Florizel provoziert (IV,4,388 f.; 393; 394; 415), für den Zuschauer vorhersehbar (IV,2,46–55), aber in ihren Auswirkungen doch weit weniger gefährlich. Polixenes' zügellose Drohungen bleiben letztlich folgenlos. Die endgültige Versöhnung der Gegensätze ist allerdings in der Welt der Pastorale nicht möglich. Die Natur wird nicht unkritisch als Allheilmittel eingesetzt: Bär und Sturm sind deutlichster Ausdruck des destruktiven Potentials der Natur – kurz, die pastorale Idylle ist kein idealer, dauerhafter *locus amoenus*, sondern allenfalls vorübergehendes Asyl.[27] So wie Shakespeare in seinen Sonetten 130–154 mit den Mitteln der Sonettform das petrarkistische Sonett überwindet, so benutzt er in *The Winter's Tale* die pastorale Tradition, um die Tauglichkeit des pastoralen Ideals als Lebensentwurf zu leugnen und zugleich auf seinen fiktiven Charakter und damit auf das Thema Kunst und Natur zu verweisen.

Perdita, Florizel als Doricles, Polixenes, Camillo und Autolycus spielen offenkundig Rollen. Durch bewußt eingesetzte, antiquierte dramatische Mittel – Antigonus hätte ebenso gut im Sturm umkommen können; Autolycus' dreifaches Beiseitesprechen (IV,4,706–714); sein Austreten, um Gelegenheit zu einem Monolog zu haben; Florizels Unfähigkeit, seinen kaum getarnten Vater und Camillo zu erkennen – verweist Shakespeare auf die »duality of play world and real world«,[28] um dem Zuschauer die Identifikation mit dem Geschehen unmöglich zu machen und ihn statt dessen zur kritischen Auseinandersetzung mit dem Problem des Zusammenhangs zwischen Kunst und Natur aufzufordern, den schon Polixenes und Perdita ansprechen:

27 Vgl. etwa Weinstein (1971) S. 101 f., 108; Inga-Stina Ewbank, »The Triumph of Time«, in: Muir (1968) S. 109; Bethell (1947) S. 93.

28 Bethell, »Antiquated Technique«, in: Muir (1968) S. 119; vgl. auch etwa Nevill Coghill, »Six Points of Stage-Craft« (ebd.) S. 198–213.

You see, sweet maid, we marry
A gentler scion to the wildest stock,
And make conceive a bark of baser kind
By bud of nobler race. This is an art
Which does mend nature – change it rather – but
The art itself is nature. (IV,4,92–97)

Wenn auch Polixenes mit seinem Argument theoretisch die Oberhand behält, so nimmt Shakespeare die Gültigkeit seiner Aussage zurück, weil der böhmische König nur wenig später in der Praxis seine eigene Aussage Lügen straft. Weder hier noch sonst in *The Winter's Tale* ermöglicht Shakespeare dem Zuschauer eindeutige Reaktionen auf das dramatische Geschehen; es geht ihm weniger um die Erzielung scharf konturierter Effekte als um die Darstellung der Koexistenz verschiedener Seinsweisen und um ihre differenzierte Bewertung: »We are made to sense how completely seeming polarities really meet and interanimate each other«.[29]

IV

Shakespeare benutzt dieses Verfahren nicht nur hinsichtlich der thematischen und gedanklichen Struktur, sondern auch hinsichtlich der anderen dramatischen Kategorien. Der sizilianische Winter (II,1,15 f.) ist nicht nur Zeit des Todes, sondern birgt gleichzeitig Elemente des Lebens in sich (II,1,16–20); der böhmische »Frühling« ist eine Zeit der Reife, des »middle summer« (IV,4,107), des Übergangs vom Leben zum Tod:

Sir, the year growing ancient,
Not yet on summer's death nor on the birth
Of trembling winter. (IV,4,79–81)

Der junge Clown begegnet dem Sterbenden, der alte Schäfer dem Lebenden: »Thou met'st with things dying, I with

29 Frey (1980) S. 101.

things new-born« (III,3,112 f.); die Zeit als Chor schließlich erfüllt nur am Rande die Funktion, sechzehn Jahre zu überbrücken (IV,1,6) und den fiktiven Charakter des Dramas durch die direkte Anrede des Publikums zu unterstreichen (IV,1,29–32); sie dient vor allem der Fokussierung der Zeitthematik selbst:

> since it is in my power
> To o'erthrow law, and in one self-born hour
> To plant and o'erwhelm custom. (IV,1,8–10)

Das gleichzeitige Nebeneinander von Schaffen (»plant«) und Zerstören (»o'erwhelm«) kommt am deutlichsten in der vierfachen Aufzählung von miteinander verknüpften Oppositionen gleich zu Beginn des vierten Aktes zum Ausdruck:

> I that please some, try all: both joy and terror
> Of good and bad, that makes and unfolds error,
> Now take upon me, in the name of Time,
> To use my wings. (IV,1,1–4)

Es gibt keine klare und eindeutige Zuordnung »joy« – »good« und »terror« – »bad«, sondern durch die »both . . . and«-Konstruktion wird die Zeit zur Freude und zum Schrecken des Guten und Bösen gleichermaßen.[30]

Auch bei der Auswahl der Schauplätze, der *plot*-Gestaltung und Charakterisierung sowie dem Wechsel der Figurenkonstellationen verfährt Shakespeare nicht nach dem bloßen Oppositionsprinzip. Das pastorale Böhmen ist nicht utopischer oder idealer Gegenentwurf zum höfischen Sizilien, sondern eine künstliche Welt des Dichters, deren Versöhnung mit der realen Welt erst nach der Rückkehr nach Sizilien möglich ist. Der Auftritt der Zeit und die Parallele zwischen den beiden Prosaszenen I,1 und IV,2 legen zwar die so oft behauptete Zweiteilung des Stückes nahe, doch stiften die Identität der Schauplätze vor und nach dem Zeitsprung sowie die Wiederholung von Figurenkonstellationen und Hand-

30 Vgl. etwa Ewbank (Anm. 27) S. 105, und Young (1972) S. 135–145.

lungsmustern die angeblich fehlende Einheit sehr wohl. Schon in III,3 treten der Schäfer und sein Sohn auf, die auch in IV,3 wieder eine Rolle spielen; Camillos Wunsch, nach Hause zurückzukehren, erinnert an die Vergangenheit und das Sizilien des ersten Teils, deutet aber auch voraus auf die Zukunft und die Versöhnung im Sizilien des fünften Aktes; ebenso weisen die Erkennungszeichen, die Antigonus bei Perdita zurückläßt, und das Orakel mit seiner bislang unerfüllten Prophezeiung (III,2,132–136) auf den dritten Teil des Dramas hin, in dem alle bisherigen Konflikte endgültig gelöst, alle Widersprüche versöhnt und alle noch offenen Fragen geklärt werden. Schließlich hält auch Perdita mit ihrer ungekünstelten Leichtigkeit, ihrer natürlichen Würde und Gelassenheit sowie ihrer Anmut die Erinnerung an ihre Mutter aus den ersten drei Akten wach. Sie nimmt das vermeintliche Ende ihrer Beziehung zu Florizel durch Polixenes' Eingreifen mit der gleichen Gefaßtheit auf wie ihre Mutter die ungeheuerliche Beschuldigung ihres Mannes (II,1,62–64; 105–115):

Even here, undone,
I was not much afeard; for once or twice
I was about to speak, and tell him plainly,
The selfsame sun that shines upon his court
Hides not his visage from our cottage, but
Looks on alike. Will't please you, sir, begone?
I told you what would come of this: beseech you,
Of your own state take care: this dream of mine –
Being now awake, I'll queen it no inch farther,
But milk my ewes, and weep. (IV,4,442–451)

Die Notwendigkeit der Ergänzung der beiden, in den ersten vier Akten dargestellten Welten wird schließlich offenkundig, wenn man die anscheinend jeweils zugeordneten Dramenformen mit ins Spiel bringt. Die Eifersuchtstragödie der ersten drei Akte birgt unterschwellig komödienhafte Elemente und konfrontiert den Zuschauer auch mit Szenen, in denen neben der konkreten Bedrohung potentielle Harmonie

anklingt: die friedliche, idyllische Szene zwischen Hermione, den Hofdamen und dem kleinen Mamillius wird jäh abgebrochen durch Leontes' Auftritt (II,1,1–62); die Hoffnung der Boten Cleomenes und Dion in III,1 ist trügerisch; aber die Raserei des Leontes wird andererseits durch die energische Paulina und ihre unaufhörlichen Appelle an die Vernunft gemildert und sogar um eine komische Komponente ergänzt (II,3,42–76). Ist in diesem Teil des Dramas die Tragödie dominant, die Komödie nur latent, so kehrt sich dieses Verhältnis ab der dritten Szene des dritten Aktes um. Konfusion und Chaos beherrschen hier noch einmal die Szene, doch deutet sich in den Worten des Schäfers (III,3,59–78) sowie der grotesken Beschreibung des Todes von Antigonus und des Schiffsuntergangs bereits die Umkehrung der bisherigen Situation an:

> »And then for the land-service, to see how the bear tore out his shoulder-bone, how he cried to me for help and said his name was Antigonus, a nobleman. But to make an end of the ship, to see how the sea flap-dragoned it: but first, how the poor souls roared, and the sea mocked them: and how the poor gentleman roared, and the bear mocked him, both roaring louder than the sea or weather.« (III,3,94–101)

Trauer und Entsetzen schlagen hier zunächst um in gequältes Lachen, in groteske Komik, die Schauder und aufkeimende Hoffnung zugleich ausdrückt:

> »Through almost three acts we have had tragic drama in the usual mode of tragedy; now suddenly Shakespeare cuts across this with – what? Not just comedy, but with continuing tragedy in the mode of comedy. And not just that either, for we recognize the possibility of a new beginning, a new generation.«[31]

Im vierten Akt gewinnen dann gelöste Heiterkeit und spielerische Leichtigkeit die Oberhand über die Bedrohung der

31 Matchett (1969) S. 102.

pastoralen Szene durch die bösen und irrationalen Elemente in Autolycus und Polixenes. In diesem Teil des Dramas ist die Komödie dominant, die Tragödie latent.[32]

V

Erst das Sizilien des geläuterten Leontes kann die endgültige Lösung aller Konflikte, die Aufhebung aller Widersprüche der vorangegangenen Teile des Dramas bringen. Zur Versöhnung zwischen Polixenes und seinem Sohn tragen Leontes' Intervention zugunsten der Flüchtlinge Perdita und Florizel sowie das Wiedererkennen Perditas durch ihren Vater bei. Dieses Erkennen – typisches Element der Romanze – ist allerdings weniger entscheidend für den Geist der Aussöhnung und Integration, der das Drama beherrscht, als die Konversion des sizilianischen Königs. Leontes nimmt mit seiner Entscheidung für die Liebenden keinerlei Rücksicht auf politische und soziale Erwägungen, die im Sizilien und Böhmen des Dramas eine Ehe zwischen dem Königssohn und der vermeintlichen Schäferstochter ebenso ausschließen würden wie im zeitgenössischen England. Die Welt dieses Schauspiels ist eine Märchenwelt; die sozialen und politischen Implikationen der dramatischen Handlungen sind daher eher belanglos. Für Leontes zählt nur sein Vertrauen auf die Ehrenhaftigkeit der Liebe zwischen Perdita und Florizel:

But your petition
Is yet unanswer'd. I will to your father:
Your honour not o'erthrown by your desires,
I am friend to them and you: upon which errand
I now go toward him; therefore follow me
And mark what way I make. Come, good my lord.
(V,1,227–232)

32 Hierin ist das Stück *Romeo and Juliet* ähnlich. In den ersten beiden Akten stören schlimme Vorzeichen gelegentlich die fröhliche, unernste Grundstimmung, vom dritten Akt ab hellen zuweilen komische Passagen die düstere Stimmung auf.

Mit diesem Vertrauen in die Redlichkeit der Liebenden beweist Leontes, daß die sechzehnjährige Trauer nicht bloß zeremoniellen Charakter hatte, sondern eine radikale Änderung seines Verhaltenskodex mit sich gebracht hat. Vertrauen ist an die Stelle des zerstörerischen Mißtrauens getreten und macht damit die Versöhnung und Wiedervereinigung der königlichen Familien erst möglich, von deren erstem Teil der Zuschauer in einem Botenbericht in Kenntnis gesetzt wird.

Dieser Bericht ist nun keineswegs als künstlerischer Fehlschlag zu deuten, wie es etwa Quiller-Couch getan hat, der sein Urteil: »But the greatest fault of all [...] is the manner in which the play mishandles Leontes' recognition of Perdita«[33] mit der Nichtbefolgung der Regeln des antiken Dramas und mit Shakespeares angeblich unverständlichem und unverzeihlichen Verzicht auf eine szenische Darstellung begründet. Vielmehr gibt die *oratio obliqua* dem Dramatiker die Möglichkeit, den Vorgang in seiner Einmaligkeit zu schildern und zugleich zu kommentieren, nicht Illusion von Wirklichkeit, sondern Erkennen von Fiktion zu vermitteln. Gerade in den Schlußszenen häufen sich noch einmal die Hinweise auf den Spielcharakter des dramatischen Geschehens. Die Worte des zweiten Edelmanns: »Such a deal of wonder is broken out within this hour, that ballad-makers cannot be able to express it« (V,2,23–25) und: »This news, which is called true, is so like an old tale that the verity of it is in strong suspicion« (Z. 27–29) erinnern nachdrücklich an die wundersamen Begebenheiten aus den Balladen des Autolycus (IV,4,260–282), und der dritte Edelmann verweist auch den Bericht vom Tod des Antigonus *expressis verbis* in den Bereich der Fabel: »Like an old tale still, which will have matter to rehearse, though credit be asleep and not an ear open« (V,2,62–64). Das Geschehen ist so »märchenhaft«, daß es mit den Mitteln der Sprache nicht mehr adäquat beschrieben werden kann, daß nur ein Überschreiten der traditionellen Dramenform seine erfolgreiche Darstellung erwarten läßt. Shakespeare bereitet

33 Quiller-Couch (Anm. 1) S. XXIII.

daher den Zuschauer auf die Statuenszene vor, indem er ausdrücklich auf die Unzulänglichkeit der Sprache aufmerksam macht (V,2,23–25; 57–59) und sich vorwiegend auf die Vermittlung optischer Eindrücke beschränkt. Verben und Substantive aus dem Bereich der *optischen* Wahrnehmung dominieren in den *gehörten Reden* der beiden Edelmänner: »perceive« (10), »staring«, »eyes« (12), »sight« (43), »beheld« (44 f.), »eyes«, »countenance« (48). Die indirekte Darstellung des Wiedersehens zwischen Vater und Tochter kann nur noch übertroffen werden von der direkten Darstellung der Versöhnung zwischen Leontes und Hermione: das Anhören einer Erzählung von vorwiegend optischen Eindrücken findet sein Korrelat im Betrachten einer Szene mit zugleich optischen und akustischen Eindrücken. Die Darstellungsmodi des Fiktionalen und Dramatischen müssen sich ergänzen, um das »wunderbare«, »fabelhafte« Geschehen des Dramenschlusses mitzuteilen, in dem sich in der Statuenszene endlich Kunst und Natur in einem synästhetischen Eindruck verbinden. Den drei Dimensionen Hören, Sehen und Reden wird die vierte des Fühlens als krönender Abschluß hinzugefügt. In der symbolischen Geste des Händedrucks und in der Umarmung der Gatten kulminiert die Versöhnung aller Gegensätze des Dramas: Tragödie und Komödie, Jugend und Alter, Leben und Tod, Stadt und Land, Literatur und Plastik, Natur und Kunst kommen zusammen in einem einzigen, ästhetischen Gesamteindruck der friedlichen Ruhe und Harmonie:

> »In the lastingly joined hands of Leontes and Hermione, as in the instant of the statue's waking, there is a power of gestural recapitulation that can hardly be overstated. Through its gradually accumulated wakings and greetings the whole drama flows into the two climactic moments, and the spectators can see feelingly the deepest impulse of alienated beings to wake and reconnect.«[34]

34 Frey (1980) S. 165; vgl. auch Derek Traversi, »The Final Scenes«, in: Muir (1968) S. 175.

Darum verzichtet das Drama auch auf eine Schlußszene der ausgelassenen Fröhlichkeit und Leichtigkeit wie etwa am Ende von *As You Like It*. Nach dem überwältigenden Schauspiel des fünften Aktes ist nur noch ein ruhiger Ausklang und keine weitere Steigerung mehr möglich:

> Good Paulina,
> Lead us from hence, where we may leisurely
> Each one demand, and answer to his part
> Perform'd in this wide gap of time, since first
> We were dissever'd: hastily lead away.
>
> (V,3,151–155)

The Winter's Tale ist kein Drama, das sich auf ein oder zwei thematische Grundaussagen reduzieren läßt, sondern eines, das seinen Reiz bezieht aus der Darstellung der synthetischen Aufhebung antithetischer Konzepte und Seinsweisen, das letztlich Fusion und Integration bedeutet und sich der trennenden Analyse von präzise definierten zentralen Aussagen in weit stärkerem Maße entzieht als die meisten anderen Dramen Shakespeares.

Literaturhinweise

Ausgaben

The Winter's Tale, hrsg. von Arthur Quiller-Couch und John Dover Wilson, Cambridge: University Press, 1931 (The New Cambridge Shakespeare).

The Winter's Tale, hrsg. von S. L. Bethell, Oxford: Clarendon, 1956 (The New Clarendon Shakespeare).

The Winter's Tale, hrsg. von J. H. P. Pafford, London: Methuen, 1963 (The Arden Shakespeare).

The Winter's Tale, hrsg. von Ernest Schanzer, Harmondsworth: Penguin, 1969 (The New Penguin Shakespeare).

Sekundärliteratur

Adelman, Janet, »Masculine Authority and the Maternal Body in *The Winter's Tale*«, in: *New Casebooks: Shakespeare's Romances*, Basingstoke 2003, S. 145–170.

Barkan, Leonard, »Living Sculptures: Ovid, Michelangelo, and *The Winter's Tale*«, in: *Journal of English Literary History* 48, 1981, S. 639–667.

Barton, Anne, »Leontes and the Spider: Language and Speaker in Shakespeare's Last Plays«, in: *Shakespeare's Styles*, hrsg. von Philip Edwards, Inga-Stina Ewbank und Gilbert Keith Hunter, Cambridge 1980, S. 131–150.

Battenhouse, Roy, »Theme and Structure in *The Winter's Tale*«, in: *Shakespeare Survey* 33, 1980, S. 123–138.

Beauregard, David N., »Shakespeare against the Skeptics: Nature and Grace in *The Winter's Tale*«, in: *Shakespeare's Last Plays: Essays in Literature and Politics*, Lanham (MD) 2002, S. 53–72.

Bellette, A. F., »Truth and Utterance in *The Winter's Tale*«, in: *Shakespeare Survey* 31, 1978, S. 238–248.

Bethell, S. L., *»The Winter's Tale«: A Study*, London 1947.

Blissett, William, »This Wide Gap of Time. *The Winter's Tale*«, in: *English Literary Renaissance* 1, 1971, S. 52–70.

Bradbrook, Muriel C., »Dramatic Romance as Open Form in *The Winter's Tale*«, in: *De Shakespeare à T. S. Eliot: Mélanges offerts à Henri Fluchère*, Paris 1976, S. 81–92.

Bray, Lysde, *Fantastic Garlands: An Anthology of Flowers and Plants from Shakespeare*, Poole 1982.

Bryant, Jerry A., »Shakespeare's Allegory: *The Winter's Tale*«, in:

Sewanee Review 63, 1955, S. 202–222.
– »*The Winter's Tale* and the Pastoral Tradition«, in: *Shakespeare Quarterly* 14, 1963, S. 387–398.
Clubb, Louise G., »The Tragicomic Bear«, in: *Comparative Literature Studies* 9, 1972, S. 17–30.
Coghill, Nevill, »Six Points of Stage-Craft in *The Winter's Tale*«, in: *Shakespeare Survey* 11, 1958, S. 31–41.
Coldiron, A. E. B., »›Tis Rigor and Not Law‹: Trials of Women as Trials of Patriarchy in: *The Winter's Tale*«, in: *Renaissance Papers* 2004, S. 29–68.
Colie, Rosalie L., *Shakespeare's Living Art,* Princeton 1974.
Cox, Lee S., »The Role of Autolycus in *The Winter's Tale*«, in: *Studies in English Literature* 9, 1969, S. 283–301.
Dash, Irene G., *Wooing, Wedding, and Power: Women in Shakespeare's Plays,* New York 1981.
Dolan, Frances E., »Hermione's Ghost: Catholicism, the Feminine, and the Undead«, in: *The Impact of Feminism in English Renaissance Studies,* Basingstoke 2007, S. 213–237.
Edwards, Philip, »Shakespeare's Romances: 1900–1957«, in: *Shakespeare Survey* 11, 1958, S. 1–18.
Egan, Robert, *Drama within Drama: Shakespeare's Sense of His Art in »King Lear«, »The Winter's Tale«, and »Tempest«,* Columbia 1975.
Eggers, Walter F., »Genre and Affective Distance – The Example of *The Winter's Tale*«, in *Genre* 10, 1977, S. 29–46.
Ellison, James, »*The Winter's Tale* and the Religious Politics of Europe«, in: *New Casebooks: Shakespeare's Romances,* Basingstoke 2003, S. 171–204.
Evans, Maurice, *English Poetry in the Sixteenth Century,* London 1967.
Felperin, Howard, *Shakespearean Romance,* Princeton 1972.
Foakes, R. A., *The Dark Comedies to the Last Plays. From Satire to Celebration,* London 1971.
Fowler, Alastair, »Leontes' Contrition and the Repair of Nature«, in: *Essays and Studies* 31, 1978, S. 36–64.
Frey, Charles, »Interpreting *The Winter's Tale*«, in: *Studies in English Literature* 18, 1978, S. 307–329.
– »Shakespeare's Imperilled and Chastening Daughters of Romance«, in: *South Atlantic Bulletin* 43, 1978, S. 125–140.
– *Shakespeare's Vast Romance,* Columbia 1980.
Gajdusek, R. E., »Death, Incest, and the Triple Bond in the Later Plays of Shakespeare«, in: *American Imago* 31, 1974, S. 109–158.

Gourlay, Patricia S., »›O My Most Sacred Lady‹: Female Metaphor in *The Winter's Tale*«, in: *English Literary Renaissance* 5, 1975, S. 375–395.

Hartwig, Joan, *Shakespeare's Tragicomic Vision,* Baton Rouge 1972.

Hellenga, Robert R., »The Scandal of *The Winter's Tale*«, in: *English Studies* 57, 1976, S. 11–18.

Hieatt, Charles W., »The Function of Structure in *The Winter's Tale*«, in: *Yearbook of English Studies* 8, 1978, S. 238–248.

Hoeniger, F. D., »*The Winter's Tale* and the Pastoral Tradition«, in: *Shakespeare Quarterly* 14, 1963, S. 387–398.

– »Shakespeare's Romances Since 1958: A Retrospect«, in: *Shakespeare Survey* 29, 1976, S. 1–10.

Kaula, David, »Autolycus' Trumpery«, in: *Studies in English Literature* 16, 1976, S. 287–303.

Kermode, Frank, *Shakespeare: The Final Plays,* London 1963.

Knapp, James A., »Visual and Ethical Truth in *The Winter's Tale*«, in: *Shakespeare Quarterly* 55, 2004, S. 253–278.

Knights, L. C., »Integration in *The Winter's Tale*«, in: *De Shakespeare à T. S. Eliot: Mélanges offerts à Henri Fluchère,* Paris 1976, S. 81–92.

Langman, F. H., »*The Winter's Tale*«, in: *Southern Review* (Adelaide) 9, 1976, S. 195–204.

Lawlor, John, »*Pandosto* and the Nature of Dramatic Romance«, in: *Philological Quarterly* 41, 1962, S. 96–113.

Leavis, F. R., »The Criticism of Shakespeare's Late Plays: A Caveat«, in: *Scrutiny* 10, 1942, S. 339–345.

Leech, Clifford, »The Structure of the Last Plays«, in: *Shakespeare Survey* 11, 1958, S. 19–30.

Leonard, Nancy N., »Substitution in Shakespeare's Problem Comedies«, in: *English Literary Renaissance* 9, 1979, S. 281–301.

Lindenbaum, Peter, »Time, Sexual Love, and the Uses of Pastoral in *The Winter's Tale*«, in: *Modern Language Quarterly* 33, 1972, S. 3–22.

Livingston, Mary L., »The Natural Art of *The Winter's Tale*«, in: *Modern Language Quarterly* 30, 1969, S. 340–355.

Ludwig, Jay B., »Shakespearean Decorum: An Essay on *The Winter's Tale*«, in: *Style* 8, 1974, S. 365–404.

McFarland, Thomas, *Shakespeare's Pastoral Comedy,* Chapel Hill 1972.

McGinnis Kay, Carol / Henry Jacobs (Hrsg.), *Shakespeare's Romances Reconsidered,* Lincoln, Nebr., 1978.

Martz, Louis L., »Shakespeare's Humanist Enterprise: *The Winter's*

Tale«, in: *English Renaissance Studies Presented to Dame Helen Gardner,* hrsg. von John Carey, Oxford 1980, S. 114–132.

Matchett, William H., »Some Dramatic Techniques in *The Winter's Tale«*, in: *Shakespeare Survey* 22, 1969, S. 93–108.

Metscher, Thomas, »Shakespeares Spätstücke, als episches Theater betrachtet«, in: *Shakespeare Jahrbuch* 115, 1979, S. 35–50.

Mowat, Barbara S., »A Tale of Sprites and Goblins«, in: *Shakespeare Quarterly* 20, 1969, S. 37–46.

– *The Dramaturgy of Shakespeare's Romances,* Athens, Ga., 1977.

Mueller, Martin, »Hermione's Wrinkles, or, Ovid Transformed. An Essay on *The Winter's Tale«*, in: *Comparative Drama* 5, 1971, S. 226–239.

Muir, Kenneth (Hrsg.), *Shakespeare, »The Winter's Tale«*, A Casebook, London 1968.

– »The Conclusion of *The Winter's Tale«*, in: *The Morality of Art,* hrsg. von D. W. Jefferson, New York 1969, S. 87–101.

– *Shakespeare's Comic Sequence,* Liverpool 1979.

Nathan, Norman, »Leonte's Provocation«, in: *Shakespeare Quarterly* 19, 1968, S. 19–24.

Neely, Carol Thomas, »*The Winter's Tale*: The Triumph of Speech«, in: *Studies in English Literature* 15, 1979, S. 321–338.

– »Women and Issue in *The Winter's Tale«*, in: *Philological Quarterly* 57, 1978, S. 181–194.

Nichols, Mary P., »Tragedy and Comedy in Shakespeare's Poetic Vision in *The Winter's Tale«*, in: *Shakespeare's Last Plays: Essays in Literature and Politics,* Lanham (MD) 2002, S. 137–155.

Nuttall, A. D., *Shakespeare: »The Winter's Tale«*, London 1974.

Oberkogler, Friedrich, *Das Wintermärchen von William Shakespeare: Eine geisteswissenschaftliche Studie,* Stuttgart 1976.

Peterson, Douglas L., *Time, Tide, and the Tempest: A Study of Shakespeare's Romances,* San Marino, Cal., 1973.

Pettet, E., *Shakespeare and the Romance Tradition,* London 1949.

Proudfoot, Richard, »Verbal Reminiscences and the Two-Part Structure of *The Winter's Tale«*, in: *Shakespeare Survey* 29, 1976, S. 67–78.

Ravenscroft, Arthur, »Monstrous to Our Human Reason. The Limits of Knowledge in *The Winter's Tale«*, in: *Seven Studies in English for Dorothy Cavers,* hrsg. von Gildas Roberts, Cape Town 1971, S. 1–19.

Reid, Stephen, »*The Winter's Tale«*, in: *American Imago* 27, 1970, S. 263–278.

Salingar, L. G., »Time and Art in Shakespeare's Romances«, in:

Renaissance Drama 9, 1966, S. 3–35.
Schwartz, Murray M., »Leontes' Jealousy in *The Winter's Tale*«, in: *American Imago* 30, 1973, S. 250–273.
»*The Winter's Tale*: Loss and Transformation«, in: *American Imago* 32, 1975, S. 145–199.
Semon, Kenneth J., »Fantasy and Wonder in Shakespeare's Last Plays«, in: *Shakespeare Quarterly* 25, 1974, S. 89–102.
Siemon, J. E., »›But It Appears She Lives‹: Iteration in *The Winter's Tale*«, in: *Publications of the Modern Language Association of America* 89, 1974, S. 10–16.
Smith, Hallett, *Shakespeare's Romances: A Study of Some Ways of the Imagination,* San Marino, Cal., 1972.
Smith, Jonathan, »The Language of Leontes«, in: *Shakespeare Quarterly* 19, 1968, S. 317–327.
Studing, Richard, »Spectacle and Masque in *The Winter's Tale*«, in: *English Miscellany* 21, 1970, S. 56–80.
Taylor, J., »Patience of *The Winter's Tale*«, in: *Essays in Criticism* 23, 1973, S. 333–356.
Thorne, J. P., »The Grammar of Jealousy: A Note on the Character of Leontes«, in: *Edinburgh Studies in English and Scots,* hrsg. von A. J. Aitken u. a., London 1971, S. 55–65.
Tigner, Amy L., »*The Winter's Tale*: Gardens and the Marvels of Transformation«, in: *English Literary Renaissance* 36, 2006, S. 114–134.
Toliver, Harold E., *Pastoral Forms and Attitudes,* Berkeley 1971.
Uphaus, Robert W., »The Comic Mode of *The Winter's Tale*«, in: *Genre* 3, 1970, S. 40–54.
Velie, Alan R., *Shakespeare's Repentance Plays,* Rutherford, N. J., 1972.
Waller, G. F., »Romance and Shakespeare's Philosophy of Time in *The Winter's Tale*«, in: *Southern Review* (Adelaide) 4, 1970, S. 130–138.
Weinstein, Philip M., »An Interpretation of Pastoral in *The Winter's Tale*«, in: *Shakespeare Quarterly* 22, 1971, S. 97–109.
White, R. S., *Shakespeare and the Romance Ending,* Newcastle 1981.
Wood, David Houston, »›He Something Seems Unsettled‹: Melancholy, Jealousy, and Subjective Temporality in *The Winter's Tale*«, in: *Renaissance Drama* 31, 2002, S. 185–213.
Wyckham, Glynne, »Romance and Emblem: A Study in the Dramatic Structure of *The Winter's Tale*«, in: *Elizabethan Theatre III,* hrsg. von David Galloway, Hamden, Conn., 1973, S. 82–99.
Young, David, *The Heart's Forest. A Study of Shakespeare's Pastoral Plays,* New Haven 1972.